教育部全国高等学校民族学类本科专业教学指导委员会
中央民族大学民族学与社会学学院 编

田野教学与实践

2020
第一辑

九州出版社 JIUZHOUPRESS ｜全国百佳图书出版单位

图书在版编目（CIP）数据

田野教学与实践. 2020. 第一辑 / 教育部全国高等
学校民族学类本科专业教学指导委员会，中央民族大学民
族学与社会学学院编. -- 北京 ：九州出版社，2020.12
　　ISBN 978-7-5108-9963-8

　　Ⅰ．①田… Ⅱ．①教… ②中… Ⅲ．①民族学－教学
研究－高等学校 Ⅳ．①C95

中国版本图书馆CIP数据核字(2020)第239775号

田野教学与实践. 2020. 第一辑

作　　者	教育部全国高等学校民族学类本科专业教学指导委员会
	中央民族大学民族学与社会学学院　编
责任编辑	古秋建
出版发行	九州出版社
地　　址	北京市西城区阜外大街甲 35 号（100037）
发行电话	(010)68992190/3/5/6
网　　址	www.jiuzhoupress.com
电子信箱	jiuzhou@jiuzhoupress.com
印　　刷	北京捷迅佳彩印刷有限公司
开　　本	710 毫米 ×1000 毫米　16 开
印　　张	20.5
字　　数	320 千字
版　　次	2020 年 12 月第 1 版
印　　次	2021 年 11 月第 2 次印刷
书　　号	ISBN 978-7-5108-9963-8
定　　价	89.00 元

主办单位

中央民族大学民族学与社会学学院

编辑委员会

‖ 目录

指导意见

贵州民族大学

龚德全

  是否符合学科理论与研究方法是衡量一篇文章或者是田野调查报告质量的重要标准。众所周知，社会（文化）人类学是以研究他者社会而著称的人文社会科学。传统的社会（文化）人类学强调对地方社会（他者社会）的深描阐释，人们所观察、描述以及阐释的表现为身体实践的社会行为文化与精神文化，并非单独存在的文化特质，而是与物质文化一起构成了文化的整体结构。一般认为，无论是精神文化还是社会行为文化都并非凭空存在的，它们都有特定的底层物质基础。也正因此故，人类学自其产生以来就一直将"物"的研究作为文化研究的重要内容，尤其是关于人造物的研究。这篇文章详细梳理了社会（文化）人类学是如何通过观察"物"来研究"物"所承载的文化与精神的。

  关于这篇文章的田野调查工作，共分两个阶段：第一个阶段是 2018 年 8 月 8 日—15 日。这一阶段李宁阳同学与本专业的两名学生一同前往贵州省安龙县香车河村做当地少数民族传统香料知识的田野调查。在这个调查过程中，当地布依族传统手工制造的"香"让他产生了浓厚兴趣。调查过程中，他围绕"香"共计做了 15 个深度个案访谈。其中，按性别来分，女性个案 9 个、男性个案 6 个。按职业结构来分，村干部 4 个、布摩 1 个、农民 10 个。此外，在当地人的带领下，他亲自观察了制香原材料来源地、加工场所。同时，在当地的集市观察当地人是怎样通过成品香以及香的部分原材料的流动来与其他人发生经济互动的。第二阶段是 2018 年 8 月 24 日—26 日，即当年的中元节期间。通过两个阶段的田野调查，搜集到了包括当地人如何采集制香原料、如何加工生产、生产工具的具体类型、制香过程中的性别劳动分工，以及香在具体的日常生活与特定仪式中所扮演的角色及其发挥的具体功能等资料。虽然田野调查过后业已形成了初步文稿，但民族学的学理性略显不足，文稿的具体构架及行文表达也还不太具有民族学味道。我顺着他的研究旨趣，建议他重新梳理田野材料，并以"结构—功能"的视角来具体探讨作为一种人造物的香在当地社会中发挥的结构性功能。经过数次商讨和修改，最终形成了现在这个版本。

师者，传道授业解惑也。通过与李宁阳同学的这次合作，我认为，作为指导教师，为学生传授基础理论知识、找准理论视角非常关键，而且在引领学生做学术研究时，应大力关注学生自身的研究旨趣并加以鼓励指引。这是我对使学生更轻松、更愉快地进入学术研究大道的感悟，与诸君共勉。

在神圣与世俗之间

——社会人类学视域下的布依族传统香文化研究

贵州民族大学 2017 级民族学本科生　李宁阳

指导教师　龚德全

摘要： 香车河村是贵州省安龙县的一个少数民族村寨，该村以布依族为主，杂居数户苗族。当地布依族有着自己传统的手工制香工艺"故央"以及丰富的用香知识。香作为一种人类行为的实践产物，被当地布依族应用于其日常世俗生活空间和神圣信仰文化空间，他们通过自己的社会文化建构行为赋予香区别和凌驾于世俗生活之上的神圣性与神秘性意涵。在此过程中，香既作为日常生活中的具象物质实体而存在，又表现为仪式行为中抽象的文化性象征符号，其所表达的意义极其复杂：或是人们日常生活中的常见生活用品和经济性工具；或是作为表现使用者身份等级和审美的表征符号；或是用于沟通神灵、祖先的神性媒介；或是作为娱乐符号；或是调解纠纷时的社会整合工具。整体而言，香车河村布依族的香集实用性、工具性及象征性于一体，与当地人的社会生活与集体记忆相互渗透，形成其特定的文化空间，彰显本身在不同实践行为和仪式场景中所发挥的价值、表征的意义及其隐喻的社会结构。

关键词： "故央"；布依族；传统香文化；文化空间；神圣与世俗

香文化作为我国传统文化的重要构成部分，历史悠久，源远流长，内涵丰富。提及香，或许大多数人对它的第一认知可能是与"臭"所区别开来的一种气味，而后可能才是与祭祀、祈福、身体装扮以及药用等有关的具体物质。其实，诸如上述的人们对香的本体形象以及本体之外人类所附加于其上的符号象征意义的认知都是基于香在不同的历史阶段、社会场景以及文化场域中的形态表征。作为一种人类行为实践产物，香凝结着人的特定情感，它所彰显的价值功能及其在不同使用场景中表征或隐喻的社会意义，都是人类的建构表达。人们赋予香以特定的文化内涵与符号象征意义，在实践活动过程中，所赋予或建构的文化内涵与符号象征意义经过代代人的传承濡化而形成一种集体意识，一想到、提及或看到香，就已明了它存在的意义与价值。人们对于香的认知集体意识，既以结构化的社会结构作为支柱，又通过一系列的仪式行为构建了香的文化空间，在香的身上赋以特定的社会文化意义，不断影响和制约着人们的社会行为，维系着社会结构的稳定。本文基于贵州省安龙县香车河村布依族香料传统知识的个案考察，以当地布依族"故央"①及"香的文化空间"作为研究讨论的核心关键词，展开探讨作为"物"的香在当地布依族的日常世俗生活场景和神性信仰文化空间中的结构性作用，以及香在当地社会结构中的关键性位置。

一、物与物的"文化空间"：本研究的社会人类学议题

从社会人类学的研究传统来看，对物的观察、描述和研究，阐释作为客观实体存在的物所表达的深层次内涵与社会意义，发现物的"文化空间"，分析物所联结的社会关系和隐喻的社会结构，一直是社会人类学研究的一项经典议题。自人类学产生以来，人类学学者就长期行走于与西方文化具有明显差异性的非西方的"他者""异文化"世界中，窥探其社会场景中物、人、文化和社会结构，揭示物与人、物与自然生态系统以及物与神灵、鬼怪等之间的关系；物在人类社会文化生态的流动过程中对人类社会发展所产生的影响；物是如何连接人与自然、

---

① 故央，为当地布依语，即做香之意。故央是香车河村布依族传统水磨制香技艺，于2007年入选贵州省非物质文化遗产名录。

人与人、人与社会之间的互动关系，成为塑造和影响人类社会结构的重要元素；人们又是如何通过物来与神、与人、与自然以及与社会进行沟通交流，建构社会秩序与文化规则。

从早期的社会人类学研究开始，就常常以物的发明和发现来作为划分社会进化阶段与文明发展程度的重要"标识符号"。如古典进化论学者摩尔根在《古代社会》中就以"火的使用""陶器出现""弓箭的发明""冶铁技术""文字出现"等作为人类社会文明进化发展的划分标记符号，进而将人类社会划分为"蒙昧—野蛮—文明"三大发展阶段[1]；播化学派的弗罗贝纽斯和格雷布纳也曾比较了物及物的技术的不同，而提出"文化圈"（cultural circle）概念；历史特殊论学派创始人博厄斯以物的分布格局差异特征而提出了"文化区"（culture region）概念，其弟子克拉克·威斯勒发扬其理论，以"食物带"（food regions）将文化区划分得更加细致清晰[2]。在英国功能学派的马林诺夫斯基和法国社会学年刊学派的马塞尔·莫斯的研究视域下，物更多体现的是一种作为"交换价值"的存在。如马林诺夫斯基在特罗布里恩群岛上所发现的"库拉圈"交易，就是以物的交换来维系的，其所交换的价值并不仅仅表现在具体的物上或者其所带来的经济价值上，而是在于通过交换物得到的社会声望以及在其过程中构建起来的社会关系[3]；莫斯则通过"整体呈献"的礼物交换规则来窥探社会的整体性结构，从中发现维系社会稳定，增强社会群体团结的内在核心[4]。法国结构人类学大师列维－斯特劳斯将物作为一种交换价值的存在引申到关于"人作为物"的研究上，他将礼物的交换延伸到了关于人类的亲属制度的研究中来，通过对不同社会集体之间将女性作为一种礼物来交换，分析人类社会的等级关系和制度。受涂尔干的影响，在列维－斯特劳斯的研究中，物不仅仅是一种"标识符号"，更是一种"分类原则象征符号表达"。物不仅仅满足了人类的基本日常生活需求，而且在某些场景中某些特定物品成为人们沟通神灵的重要符号，进而这些物可以在某种仪式场景中通过人类

---

① [美]摩尔根：《古代社会》，杨东莼、马雍等译，商务印书馆，1977。
② [美]克拉克·威斯勒：《人与文化》，钱岗南、傅志强等译，商务印书馆，2004。
③ [英]马林诺夫斯基：《西太平洋上的航海者》，张云江译，中国社会科学出版社，2009。
④ [法]马塞尔·莫斯：《礼物——古式社会的交换形式与理由》，汲喆译，商务印书馆，2016。

行为使其发挥作用，物被赋予了特殊的价值功效和符号象征意义，从人类日常生活的世俗空间进入到神灵生存的神性空间中，成为凡俗与圣境之间的媒介，其本身就已经开始与其他的物区别开来。这种将物作为一种分类体系与原则的研究视角对于之后格尔茨、玛丽·道格拉斯、埃蒙德·利奇、维克多·特纳等象征人类学流派的学者影响比较深远，上述象征人类学学者研究物主要是去发现物背后所隐喻的"意义体系"，通过发现意义来透视物背后的社会结构和文化隐喻，尤其是在"文化空间"中来探讨物及其表征的符号意义之于整合社会关系的特殊价值和作用。

说到"文化空间"，社会人类学的"文化空间"研究探讨，同其他领域（如非物质文化遗产形态及概念研究视角）相比较具有一定的差异性。从学科的起源发展整体脉络来看，社会人类学早已关注"文化空间"，如前文所列的"文化圈""文化区""食物带"等一系列概念都是社会人类学的"文化空间"研究结果。笔者以为，社会人类学视域中的"文化空间"实质上更多表征"意义符号结构体系"和"价值功能载体"的结构，既包含了非物质文化遗产视角中的"唯物"地理物质性空间概念，也表现出社会人类学所特别关注的"唯意义"的虚拟性和非物质性的抽象的超地理空间意义概念，关注重点是人类的生活方式（文化）、价值观念、行为方式、行为逻辑组合机制结构（时间、空间场景、物及其组合关系、人的行为活动、活动目的、价值功能、社会调控原则等）与相互作用关系，表现出明显的时令性、时间性、周期性和季节性等特征[1]，它与布迪厄所提出的"场域"（field）概念极为相似，但又有区别。布迪厄的"场域"主要是一种相对独立的典型的社会空间，是权力关系结构与此结构下的各种资本的组合转化，且空间中规定了其特定的价值观和社会调控原则[2]，而社会人类学的"文化空间"不仅注重文化的社会空间结构，在此基础上也密切关注文化的"地理空间"。

从社会人类学的研究视角来看，物的价值作用的有效发挥与象征意义的透彻

---

① 向云驹：《论"文化空间"》，《中央民族大学学报（哲学社会科学版）》2008 年第 3 期，第 81—88 页。

② [法]皮埃尔·布迪厄、[美]华康德：《实践与反思：反思社会学导引》，李猛、李康等译，中央编译出版社，2004，第 17—18 页、第 138—145 页。

表达，通常在特定的场景和空间中与人的仪式行为紧密联系在一起，久而久之，物在人类社会行为结果下形成了其特定的文化空间，隐喻着其所生存社会的结构特征。本文所考察的贵州省安龙县香车河村布依族的"香"及其表征意义，正是基于特定的文化空间所表达出来的。文化空间的建构形成，通常与当地人的生活方式、仪式观念和仪式行为密不可分，无论是空间的建构还是空间结构下的仪式行为活动，无疑都是当地人的一种强烈情感表达，他们通过仪式而使其行为符合相关的社会规则设定与集体意识认同。作为客观存在的具体的物，在人类的仪式性行为过程中被建构和赋予了特定的社会文化意义，这使得原本稀松平常的存在物，在人类建构过程中与其他同类区别开来并凸显出自身的特殊性。虽说"物的意义"是人类建构行为的结果，但这种意义的建构大多不是凭空而来的，而是人类有目的的基于长期实践基础上的意识产物。且不论最初人类在物之上所赋予的意义是否如后期发展阶段般多元化；不论物是作为社会文明发展阶段的标记符号、不同文化之间的分类符号、礼物交换的价值存在还是意义体系的象征符号，都显示出了作为一个客观存在的物的作用价值及其意义生成都不是简单和单一化形态的存在。在不同的使用场景、不同的文化语境、不同的仪式行为中，物与物的"文化空间"都可能显示出其独特性、多样性和差异性，传达出多元多样的文化信息，与它的社会结构相关联。人类赋予物以特定的社会文化意义，将其建构成为一种特殊文化符码和社会规则，又对人的日常生活与社会行为产生相应的反作用，成为后来者所不断遵循的特定原则，成为一种维系社会交往、整合社会关系，稳定社会结构的重要结构性"链条"。

对物进行一个多元维度的观察研究，通过"小物质"来透视"大社会"，在物的"文化空间"中来揭示物所隐喻的深层次意义和人类社会结构之间的关系，无疑是具有积极价值的。

二、生成与发展：香车河村布依族"香"的生命历程

"故央"作为香车河村布依族的传统制香工艺，于2007年入选贵州省第二批非物质文化遗产名录，成为当地布依族与其他民族区别开来的一个重要文化符号。

现如今这种传统制香工艺仍然有所保留，随着技术的发展，制香用的部分工具已被现代机器所替代，但关于香的神话传说、传统技艺、步骤程序以及香在民俗活动中的使用规则依旧存留于当地布依族的族群记忆中。

（一）"香"的生存空间：香车河村及其聚落空间中的布依族

香车河村位于贵州省黔西南州的安龙县 P 镇。从行政层级的划分上来看，香车河村共计由 20 个村民小组构成，约 1000 户 4000 人，其中少数民族人口约占当地总人口数量的 78%，布依族人口数量占当地少数民族总人口的 55%。① 该村所在县域一年四季雨量充沛，气候温和，年平均温度适中，自然资源较为丰富。据《安龙县志》记载，当地木本植物有 800 余种，草本植物 100 多科 3000 多种，菌类植物 20 多种，除此之外，还有较多的藤本植物。② 当地布依族制香所需原材料大多取材于本地，丰富的自然植物资源为当地布依族"故央"的生成和持续传承发展提供了稳定的资源保障。香车河村布依族"故央"主要分布于 D 寨和 Q 寨，两个寨子相隔一河，寨中主体民族均为布依族，也有少部分苗族和汉族杂居于此。

布依族，是贵州世居少数民族之一，是中华民族共同体大家庭中的重要成员，其文化是构成贵州多彩文化的重要部分。溯其族源，布依族为分布于在我国长江以南的古越人骆越支系后裔③，历经无数次的民族交往、交融，在交往、交融过程中发生着文化交流、互动，甚至涵化，故其许多文化记忆、文化元素以及文化习俗与周围的其他民族具有一定的相通或相似之处，这是文化发展的正常规律。

（二）"香"的生命历程：香的生成、制作、分类和发展

关于香车河村布依族传统水磨制香技艺与香文化的具体历史实在难以考证，香的生成渊源只在当地族群记忆中留下模糊的神话传说，而在具体的历史文本资料或者是志书中都难以找到具体记载。但不可否认的是，制香技艺与香的使用习俗却在现实生活实践中一直持续不断地传承着。

---

① 相关数据源于当地村委会。
② 贵州省安龙县志编纂委员会编《安龙县志》，贵州人民出版社，1992，第 127—129 页。
③ 布依族简史编写组编《布依族简史》，贵州人民出版社，1984。

1. 神话记忆中的"香"

对香车河村布依族"故央"缘由的记忆，大多以神话传说的形式，通过当地人口耳相传而流传下来。在当地布依族中，至今仍流传着关于传授制香技艺于他们祖先的"香太公故事"。故事是这样的：

> 从前在天上有一位专门制香的老者，唤作"香太公"。有一天，香太公教导自己的女儿下到人间来帮助人类脱离苦海。香女来到香车河村，在这里遇到了一个布依族小伙，与其相爱，结为了夫妇。当时香车河村的布依族生活艰苦，香女不辞辛劳，和丈夫一起寻找香料，制造香车，磨香粑，开始制香，并把制香技艺传授给布依族人。当地布依族人靠着制香技艺，生活条件逐渐好了起来。之后为铭记香太公与香女的功德，祖先们就在香车河村 D 寨后山一水井旁修建香祖庙以供奉香太公及其女儿。

至今，每年的农历正月初一，村寨的人就会到香祖庙烧香祭拜。然而在相关历史文本资料以及关于布依族文化的记载文本和学者们的相关研究资料中，笔者发现对于香车河村布依族香料传统知识的研究甚少，目前仅有马辉、邹广天、何彦汝等[①] 曾对"故央"有过简单描述，但尚未深入研究。除此之外，便无其他相关研究。事实上，"故央"是当地布依族文化区别于当地其他民族文化的一个鲜明标志。制香和用香与当地布依族文化习俗与社会结构息息相关。

香太公的传说是否有其史实根据，是属于建构论还是根基论，并不是笔者所想要讨论的重点，也难以考证，故在此不做过多叙述。在本文中，笔者关注的重点在于当地布依族香的文化空间与社会结构的相互渗透关系，旨在分析香在当地布依族人与人、人与自然、人与神之间流动及其流动过程中形成的一整套文化逻辑。

---

① 马辉、邹广天、何彦汝：《美丽乡村背景下黔西南布依族香车河传统村落文化传承与保护》，《黑龙江民族丛刊》2017 年第 6 期，第 116—119 页、第 144 页。

2. 现实空间中的"香"

香车河村布依族的香主要为线香。按照颜色来分，主要分为青香和红香[①]两类；按照长度来分，分为长香和短香两种。香的制作材料均源于当地自然木本植物和草本植物。当地布依族传统制香手法主要有擀香和提香[②]两种，但无论是哪一种，都要先制作香粑（具体工具与制作步骤程序分别如表 1、表 2 所示）。从香的制作原料来看，香签取材于当地布依族自己种植的竹子，香粑主要是由香樟树、枫香树、冬瓜树、侧柏树等木本植物以及马桑叶、艾蒿叶、鸡血藤、水麻、桦叶等草本植物药材所混合构成。现如今香樟树的使用相对之前有所减少，但枫香树、冬瓜树、侧柏树以及马桑叶等基本不变。其中枫香树、冬瓜树以及侧柏树主要是用于打粉制作香粑；马桑叶主要是用于加色润和香粉制作青香；加入艾蒿叶之后，香有驱蚊、养身之效；桦叶等易燃、味道较浓且黏稠，所以通常可黏合香粑和使香燃烧的效果更好。相较于市场上售卖的工业化学产品性质的香，当地布依族传统工艺制作的香首先是原生态纯绿色的，所用原料没有任何的化学调节剂，且成品香的柔性极强，即使将香头香尾折叠重合，也不见香断裂起缝，与市面所售之香相比较，足以见得当地布依族手工制香技艺之高超和灵巧。也正因为如此，布依族传统手工制作的香在当地比较受欢迎，无论是在日常生活还是在各种农事节庆、祭祀等仪式场景中，它都是市场上的工厂化学制香所无法替代的。

[①] 红香是当地人在青香的基础上加入所采的红土石粉末染色而成的最终形态。按当地人的阐释，红香大多用于红事，青香则多用于白事、祭祀等场合。

[②] 需要说明的是，提香技艺现已几乎濒临失传，传承较好的是擀香技艺。

表 1　香车河村布依族传统制香工艺（"故央"）常用工具与用香载体

常用工具	规格	主要用途
斧头	刀口约 8cm，把长 40cm	用于砍树、砍竹
盆	材质不限，直径约 30—40cm	主要用于配制香粑
半截瓷缸	约 50L	用于提香浸泡香汁
锤子	把长 25cm	用于敲碎红土石
镰刀	刀口约 15cm，把长 45cm	用于采集香方原料
锯子	锯长约 60—80cm	用于锯断木头
篾刀	长约 30cm	用于划竹签
筛子	直径约 48cm 的圆筛子，筛孔约 0.05—0.5cm	用于晒细香粉
碓	—	用于舂细香粉
香车	由直径约 1 米左右的木制水轮，往复回环磨木浆的木制杠杆及长方形磨石槽组成	用于磨制干木粉
香桌	约 150cm×60cm	做香的木质操作平台
香凳	约 60 cm×20cm	擀香的木质斜面操作平台，放于香桌上
香板	约 42 cm×13cm	在香凳上擀香的木质平板工具
香刀	长约 25—35cm，宽约 3cm 的竹片	用于赶香粑
香斗	镶在香桌边缘 55 cm×4cm 的竹片	用于暂存条形香粑
凿子	刀口约 3cm，长约 30cm	用于凿修石磨
錾子	刀口约 3cm，长约 30—40cm	用于木料打眼
簸箕	直径约 70cm	用于晒取香面
瓷碗	碗口直径约 10—15cm	用于配制香料
用香载体	**规格**	**主要用途**
香炉	高约 15—20cm，炉口直径 10—15cm	置于家神龛上，用于插香用
香太公像	高约 50cm	重大节事需要烧香祭拜香太公

表 2　香车河村布依族传统制香工艺具体步骤程序

	制作香粑	擀香	提香
1	制香之前举行祭祀香祖、山神和树神等仪式，之后砍树（枫香树、冬瓜树、侧柏树等），混合制香木料。	用香刀将桌子上的香粑擀到香桌边缘条形的香斗上，留下一双筷子大小的条形香粑，然后将多余的香粑擀走。	首先到山上采集鸡血藤、水麻，然后把它装在半截陶瓷罐中以 1 : 3 的比例兑水浸泡。半月之后，除去杂质，即成香汁。
2	利用天然水流动力系统，通过水车将混合好的制香木料与磨石一同磨炼，使其产生木浆，经过沉淀后用布袋将较细的木浆装好，捏成团，然后风干，便成为木粉团。	左手执香签的一头，另一头放在香斗的右端的香粑上，右手拿着香刀按在香签与香粑的结合处，左手顺时针转动香签，让香斗上的条形香粑裹在香签上。	将准备好的香签插入"香汁"中提起，快速放入桌上的黑色木炭粉中打滚，让木炭粉黏附在香签上。等待片刻，再插入"香汁"中提起，然后放入香面中滚动，裹上一层，最后拿到香凳上擀均匀即可。
3	将香叶、马桑叶、柏枝叶、艾蒿叶等晾干，按照 1 : 1 : 1 : 1 的比例混合，碓舂成粉末状，成为作黏合剂用的香粉。	把香签上有香粑的部分放在香面中滚动，让其粘上一层香面。	将提好的香拿到庭院中晾干和风干即成。
4	将木粉、香粉以及水，按照 3 : 1 : 5 的重量比进行配制，揉、搓、调成糊状，发酵约 1 小时，便成为香粑。	左手拿着香签把，把香平放在香凳上，右手拿着香板轻轻地擀，让香滚动均匀、平整、美观。	
5	取香面，主要有两种，一是青香香面，直接以香粉而作；一是红香香面，即在其中加入红土石粉末，与干木粉以 1 : 1 比例混合而成。	将擀好的香拿到庭院中晾干和风干，这便是擀香的整个过程。	

　　表 1 中的制香工具属于传统意义上的，发展至今，部分工具已经由现代机器所替代，如磨制香粉的碓、香车等几乎不再使用，由粉碎机所替代。虽然说部分制作工具已发生转变且提香技艺濒临失传的状态，但是总体上，香车河村布依族最常见的传统制香工艺仍旧继续传承着。

　　"故央"不仅仅是一门民族工艺，工艺结构下形成的香更是当地布依族的一种典型民族文化符号和名片。香与当地布依族的整体生活息息相关，无论是日常生活、经济贸易交往、人生礼仪、农事节庆、信仰文化还是社会关系整合等方面，都离不开香，香既贯穿于当地布依族的整体社会结构的各个系统之中，又以其结构化的社会结构作为支柱，处于一种相互渗透的关系结构之中。

三、"小物质"与"大社会":"香"的文化空间与社会结构

"凡是人造物,其背后都可能隐含有一种文化的意义"①,这种隐含的文化意义实属人类行为的结果。离开了人的行为建构与意义赋予的物,大多数情况下就是一种简单的自然存在,而一旦人在"物"上发生了特定的赋予意义的建构行为实践,物的存在形式、被赋予的内涵及其意义的再表达,与简单自然存在状态之下相比就显得更加复杂化、符号化和抽象化,富有"灵性"和强大而神秘的作用力,规制着人类行为。在人的行为实践中,"小物质"也能表征"大社会",人们对于物的存在形式、价值意义等的认知及其在空间场景中的使用讲究等,都可能是人类特定社会秩序的一种隐喻表达。一般情况下或场景中,物所表达的意义具有模糊性,但是在相关的文化空间中,在人类的仪式行为展演中,就会表达得更加明显、清晰,更加能够反映人的集体认知意识。人们要赋予一个物体以意义,并在之后的实践过程中使其所赋予的意义表现出价值,那么赋予意义的这个行为必然是不同于日常生活中的随意行为,否则怎能体现出这个物及其表达意义的特殊性呢?

(一)日常世俗生活场景里的"香"

在香车河村布依族整体社会叙事系统中,无论是在日常世俗生活场景还是神圣信仰空间中,香始终扮演着重要角色。不同的空间或场景中,香所彰显的价值和作用及其表达的意义也具有差异性。在当地布依族的日常生活中,香作为当地人生活过程中所必不可少的重要物品,贯穿着当地布依族社会文化的方方面面。从香在日常生活的场景看来,彰显出了一种典型的"工具性"意义。香的价值功能的彰显,通常与当地布依族生活的环境空间是相互适应的。当地布依族临水而居,村落靠山而立,所处区域林木、草本植物资源丰富。通过前文叙述,我们已经知道当地布依族所制作的香采用的都是味浓、易燃、黏合性强的混合植物原料,没有掺杂任何的化学物质,其绿色生态价值和意义不言而喻。燃香所产生的气体

---

① 赵旭东:《文化的表达——人类学的视野》,中国人民大学出版社,2009。

具有强大的除臭、清新空气的功效，对于人体而言，非但无害反而具有提神醒脑作用。香车河村布依族生活环境相对潮湿，蚊虫就自然少不了。艾蒿燃烧时有刺激性气味，可以有效驱赶蚊虫，故而在过去，艾蒿是当地布依族制香原材料中必不可少的，加入艾蒿所制成的香常常被当地人用以驱蚊防虫。在市场经济的推动下，现代化生产的蚊香产品的渗透之后，当地人才逐渐减少了艾蒿的使用。

当地布依族男性群体喜欢抽"水烟"和"旱烟"（叶子烟），在他们抽烟时，"香"成为一种常见的点烟工具。关于用香点烟，当地人如此说道：

我们做的这个香多得很，味道也好闻，用它来点烟比用火机、火柴那些好，因为我们古代（传统记忆）都是用这个，还健康，还有，你给我，我给你，可以交流感情嘛。

点燃一支香，几个人围坐着一边聊天一边把香传递给下一位抽烟的人点烟，当地人称其为"转转烟"。采用自家手工制作的香来点烟，这一小小的生活细节已经反映了当地布依族对于香的特殊情结。点烟不一定非要用香，诸如打火机、火柴等都可以，而且燃烧速度无疑比香更快，但至少这说明香已经成为当地布依族特定的日常生活方式，点烟这个细小的动作和过程够彰显的社会文化意义是打火机、火柴等所无法替代的。抽烟的男性们坐在一起，传递着香，互相点烟，分享信息、表达情感，通过传香联结起一种特殊的关系网络。

当然，香车河村布依族传统制香的"工具性"意义自然是与当地社会的经济生活联系在一起的，在此层面上，制香和售香是当地布依族获取经济利益和构建族群社会关系的重要媒介。首先，制香是当地布依族获取经济来源的生产活动，在社会转型过程中，制香的工具难免会融入现代化元素的机器，这是社会转型的必然结果。在制香的过程中还呈现出了明显的性别劳动分工，传统通常是男性寻找香叶、做香签、砍树做香粑，女性主要在家中舂香粉和擀香，每逢市集活动就会将制作好的成香背往市集售卖。虽说其经济效益并不突出，但至少能维持家中日常开销。而随着社会的不断转型，生活消费成本日益增长，单靠制香难以满足一家人的正常开销，男性就开始外出打工赚钱补贴生活，制香在此背景下似乎逐渐成为女性的活动。其次，起初香车河村布依族制香的原材料来自本地，自给自足。随着环境变迁和市场经济的推动，绝对的自给自足模式转变，制作香粑的香叶开始由自主采摘转为向市场购买，而在市场上售卖香叶的多为临近村寨的村民。从笔者田野访谈的事实来看，香车河村布依族人与邻近村子的村民通过购买香叶建立起了一种相对固定的贸易伙伴关系，香车河村布依族制作香所用的香叶来自周围村子，而其成香大多销售往他们的贸易伙伴圈中。单就此来看，香的整个生产消费过程也是香车河村布依族与其族群内外的其他民族的社会互动、关系网络构建的一个过程。

（二）节令生产与信仰文化中的"香"

生产节庆是构成乡土社会结构的重要元素，随着节令周期的变化，人们会依据鸟类迁徙、植物生长形貌、气候变化、风的走向等自然现象的变化来预设并从事着符合该节令的生产劳作活动类型。在特定节令周期的生产习俗中，香的影子随处可见，除了在日常生活中表达出"工具性"意义之外，更多的是隐喻着灵性与神性意义，而与祭祀仪式活动紧密联系在一起。社会人类学研究常常认为人类的社会通常是由神圣与世俗二元结构空间共同构成，而所谓"神圣"与"世俗"的边界，在于人们的仪式行为过程之后的认同，普通的世俗空间一旦经过人们的仪式行为，就可能产生区别于原初空间的边界而被赋予神性意义，成为所谓的"神圣"空间。在涂尔干的研究理论中，这一理念就十分清晰。他指出宗教是由信仰和仪式二者共同构成的，二者属于宗教体系的不同表现形式，仪式在宗教生活中是"神圣/世俗"二元结构层次中重要的沟通符号。[①] 这种现象在许多民族的信仰文化中可以说十分普遍，诸如平常一棵普通的树、一个石头、一摊水，在通过人类的仪式行为建构后，都会被赋予新的神性意义而从世俗空间进入到神圣空间，被赋予区别于其他相同物质的意义与价值功能，这种意义与价值是由其社会结构下的社会成员共同认可的。而在这种仪式过程中，香、纸、祭品以及随之而行的祭词就是赋予将世俗空间转化为神圣空间的仪式结构的元素。

---

① [法] 爱弥儿·涂尔干：《宗教生活的基本形式》，渠敬东、汲喆译，商务印书馆，2016，第45—59页。

　　要在香车河村布依族这一具体社会空间或者文化语境中来探讨香与祭祀之间的渊源关系实属不易，但若是置于中国整体性的历史叙事框架中来进行讨论，其脉络就清晰得多。从我国的整体历史叙事线索来看，烧"香"祭祀天地神灵之俗古已有之，只是在于仪式活动时所用之"香"的差别。早在先秦时期，就有燃烧薪木及"牺牲"来祭祀天地之俗，谓之"燎祭"。《尚书·舜典》中就有关于尧禅让帝位于舜之时，烧柴生烟、祭拜天地的记载。《诗经·大雅·旱麓》中有周人祭祀的叙述，"清酒既载，骍牡既备。以享以祀，以介景福。瑟彼柞棫，民所燎矣。岂弟君子，神所劳矣"①。其中，"骍牡"即黄牛，"燎"为烧柴祭祀。《仪礼·觐礼》中也说："祭天，燔柴。"②《礼记·祭法》中同样有相关描述说："燔柴于泰坛，祭天也。""燔柴""烧牲"祭祀天地神灵，在当时属于天子特权，一般寻常士族和平民是没有权力和资格祭祀天地的，祭祀神灵表现了当时的权威差级阶序结构。随着丝绸之路的开通，西域香料逐渐传入中土，开始成为宫廷礼制的重要标志符号。③在此背景下，焚烧香料开始代替之前的"燔柴""燎祭"之法，香料开始成为祭祀之物而被赋予了神性与灵性意义。如西汉末年的古籍《易林》中第一次出现了关于"燃香"祭祀神灵的记载。④从魏晋时期开始，在道教和佛教的影响下，烧香祭拜之俗更是被广泛地记载、实践和传播，烧香时间也逐步周期化、固定化。在此背景下，烧香不再是天子和贵族的绝对权威，中国传统的祭祀礼仪已突破时间上和阶层上的限制，开始变得常态化和庶民化。需说明的是，这一历史阶段虽有烧香祭拜之俗，但是主要祭拜对象仍是天地神灵，且祭拜所烧之香并不是大多数人记忆中常用的"线香"，"线香"是唐朝中后期才开始出现的。宋之后，香更是普遍于社会，从《清明上河图》中对"香"的商铺的大量描绘就可知晓当时香在市场上的广泛流动，庶民建祠祭祖之风也趋于普遍。除了祭拜天地神灵需要烧香，祖先与家族逝者的祭拜和纪念也需要烧香。

　　回到香车河村布依族的香与祭祀渊源关系上，其历史记忆难以脱离中国整体

---

① 王秀梅译注《诗经·雅颂》（下），中华书局，2015，第 597 页。
② ［清］毕沅：《十三经注疏》，中华书局，1980，第 109 页。
③ 石云涛：《丝绸之路与汉代香料的输入》，《中原文化研究》2014 年第 6 期，第 59—66 页。
④ 龙圣：《朔望烧香祭祖礼仪考源》，《民俗研究》2017 年第 2 期，第 51—58 页、第 158 页。

性的历史叙事框架，它们应当是紧密联系、相互交织在一起的。而且，在祭祀语境中，香与纸所构成的二元组合关系是极其明显的，香与纸总是同时使用，二者缺一不可。布依族是一个信仰文化丰富的民族，其信仰文化是以布依族"主神"信仰和祖先崇拜为主，发展形成了具有本民族特色的摩教文化。此外，布依族还流行自然崇拜与鬼神崇拜，其信仰文化大多体现在其节令生产活动和人生礼仪仪式活动中。

从香车河村布依族的整个农事节令生产周期来看，每个环节都伴随着相应的祭祀仪式。首先，从香本身的生产节令周期来看，一般是在每年的夏秋之际，因为此时制香的原材料与水动力都是一年中最为适宜的。从香签来看，其香签是用当地人自家种植的竹子来制作的，一般夏秋之际的竹子制成的香签韧性较好，不容易断裂。这时候的竹子容易成活，且其生长周期相对于很多木本植物来说要短，砍伐也方便，这是选取竹子作香签的一个重要原因。另外一个原因与布依族的竹崇拜文化密切相关。布依族同许多民族一样，也是崇拜竹的民族，在布依族的族群记忆中，有"人类诞生以竹保佑，人的灵魂从竹而生，独子以竹为伴，年老逝世随竹升天"①的认知观念；有"天生我、地养我，祖先竹膛大河"以及"用水竹作柱，用楠竹作砸，芭蕉叶盖顶"②的民族历史记忆，其"改雅都"仪式就是关于竹崇拜记忆的行为实践与传承载体。当地人对于其竹签香的特定情结与其信仰文化应当是联系在一起的。其次，从关键的农事节庆来看，香在重大的节庆活动中发挥着其特殊作用和表达着特定意义。如春节，在除夕之夜凌晨十二点每家每户会让家里的孩子手执自家所做的香（一般为红香，三炷）、纸、稻草、栋青树叶等到离家最近的三岔路口，点香烧纸，插上稻草，表示迎接守在坟墓及回到祖灵之处的祖宗"灵魂"回家一同过年，然后在家门口也要点上三炷香，以表示同三岔路口所插之香构成一条完整的"回家路线"，以免祖先"走错路"。当然，家里的神龛上也必须要点燃三炷香，因为祖先还有一个"灵魂"是在神龛中守护着家

① 贵州省民族事务委员会编《布依族文化大观》，贵州民族出版社，2012，第103页。
② 伍文义：《论布依族竹图腾》，载贵州省布依学会、安顺地区民委编《布依学研究》，贵州民族出版社，1995，第35—144页。

人。这既是表示将祖宗三个"灵魂"① 全部接回家中，也表示香火不断。除此之外，还需要到河边"拉牛"②。春节期间，除了祭祀祖先，还必须要祭祀众神，如灶神、土地神、树神等，只有在祭祀众神之后，来年才能够开始农业生产。一般要下地干活之前必须要举行一个"动土（醒土）仪式"，"动土仪式"须由家里的男性家长来进行，仪式举行者的选择与父系血缘观念密切相关。在这个仪式过程中，最重要的就是烧香烧纸，一般来说是要点五支香，其中四支呈一个四方形插在四个角落，剩下一支插在中间，这与汉文化中的传统"五行"宇宙观极为相似，在当地人眼中也表示祭祀了各方神灵，祈求神灵保佑来年风调雨顺，五谷丰登。在此仪式之后，才能够从事耕作生产活动。

布依族是一个节日众多的民族，每个节日都会有特定的仪式活动，且针对的对象各有不同。笔者在此主要阐述三个与香车河村布依族香文化联系比较密切的节日，即"二月二""六月六"和"七月半"。"二月二"是春节之后布依族的首个重要节日，"二月二"主要是祭祀"土地神"和"主神"。从时间周期上来看，"二月二"在春耕活动伊始，祭祀"土地神"，是为庄稼苗壮生长祈福。"官厅"文化是布依族文化的一个鲜明符号，每个布依族聚居的村落中央或者寨旁都会建设"官厅"，祭拜"官厅"即祭祀布依族的"主神"。所谓"主神"，即是远古时期带领布依族人远离战乱，为布依族后人建立安全和谐的生存空间的英雄祖先。祭祀"主神"是一种典型的英雄祖先记忆传承的表现。"官厅"一开始是战乱年代布依族人守寨防袭的"瞭望亭"，后逐渐发展成为首领们商议族群社会事务的重要"议事厅"。在当地人的观念中，这个"议事厅"也是他们的"主神"灵魂栖居之所。由此而言，"官厅"是一个汇集世俗性与神圣性的二元结构空间。每逢"二月二"，在官厅祭祀"主神"是一项必须执行的义务活动。这并不是说只是在"二月二"的时候才祭拜"官厅"，每逢寨子里族群整体或者个体家庭有什么重大之事都需要前往"官厅"焚香烧纸、奉献祭品，告知"主神"。在大多数

---

① 布依族同西南地区许多少数民族，如苗族、彝族等，有一种十分相近的"灵魂"观念，认为人死后有三个"灵魂"，一个"灵魂"会留在逝者的墓地看守坟墓，一个"灵魂"留守在家中的神龛（灵牌），保护家里后代子孙，一个"灵魂"则回归到祖灵之处，即这个民族最初起源的地方。

② 所谓"拉牛"，是当地布依族语言的说法，即为马、牛、羊、鸡、犬、猪等六畜烧香祈福，祈求来年家庭六畜兴旺。

的布依族文化中，"六月六"主要是祭祀五谷神、山神、田神、牛王、天王、虫王、龙王等，但是在安龙县的布依族文化语境中，主要是为了纪念清代当地人民反封建统治斗争的胜利，其次才辅以祭祀其他神灵。在香车河村布依族文化语境中，"二月二"和"六月六"主要都是民族祖先记忆和历史记忆的符号载体，所以举行祭祀仪式的所用之香一般情况下都要用当地传统手工制作的香，这其中凝结了强烈的民族情感。在大多数民族尤其是汉族的文化语境中，"七月半"是清明之后祭祀祖先的最重要节日。在香车河村布依族文化中，这不仅是缅怀祖先的节日，也是当地布依族的"儿童节"。香在这个节日中既是沟通他们与祖先的使者，还是孩子们的重要娱乐玩具。每到"七月半"，家长们就会给孩子用稻草扎起一条"稻草龙"，在上面插满点燃的香。在夜里，孩子们拿着插满燃香的稻草龙左右挥舞，燃香的光组合起来就仿佛是一条条小龙在空中飞舞。除了插稻草龙，孩子们还会"插香瓜"，大人在此过程中同样也会参与孩子们的游戏中，玩"打香架"的游戏等。① 香的祭祀意义已经很明显，其作为玩具，看似表现出的是一种娱乐性质，但实际上隐含着一种特别的教育理念。第一，孩子们在娱乐之前需要同家里长辈一起到岔路口迎接祖先回家，通过插香这一活动过程将祖先记忆濡化于孩子的记忆中，教育孩子不能忘祖丢根；第二，娱乐的工具本就是民族文化产品，娱乐的同时也不断将文化自觉注入孩子的意识观念之中，强化着文化传承的意识。所以香无论是在祭祀环节还是娱乐场合，其所发挥的作用和彰显的意义都不是单一形态的，不能将其作为一个简单物品来看待，而应该通过物的空间作用表现来分析其背后文化主体的文化逻辑，揭示其社会结构。

（三）人生礼仪程序中的"香"

"在任何社会中，个体生活都是从一年龄到另一年龄、从一职业到另一种职业之过渡……每一个体总是共时性或历时性地被置于其社会的多个群体之中。为从一群体过渡到另一群体以便与其他个体结合，该个体必须从生至死，始终参与

---

① 插香瓜，即用当地人自己种植的瓜，抠空瓜瓢，瓜种不定，然后在瓜壳上全部插满燃香，用线拴在一根木棍上，整体看来就像是一个灯笼。打香架，大人之间与孩子之间"打香架"的不同之处在于大人用燃香，而孩子不用燃香，这是基于怕在游戏的过程中烫伤孩子的缘故，两个村寨的大人小孩各自隔河互相扔香过河打闹嬉戏。

各种仪式。"① 香在香车河村布依族人的每一个人生礼仪的过渡阶段是多重意义象征符号的表达，不同过渡礼仪场景中所表达的意义各有其特性。在生育习俗中，倘若已婚夫妇婚后无子或者有女无儿，就会举行"做桥"和"要伞与花糯米饭"仪式。"做桥"仪式是西南地区大多数少数民族都会举行的"求子"仪式，笔者在此主要简要介绍"要伞和花糯米饭"仪式，这是布依族较为典型的"求子"仪式。主要过程如下：女方娘家先要在自己家的火塘边上摆置一张桌子，桌子之上会放一把新伞（伞不能被打开）、香、纸、糯米一升（用于插香）以及酒。婆家则请布摩敲定良辰吉日，布摩与男方族中儿女双全的长辈一同带着礼物回到女方娘家"要伞"。来到娘家后，由布摩主持杀鸡、点香烧纸，举行所谓的祭祀"神母"仪式。在仪式结束后，娘家会将已经煮熟的糯米饭装进竹笼，然后放置两副碗筷（分别是给夫妻二人用），再插几炷点燃的香在糯米饭饭笼上，娘家会请族中儿女双全的老妇人相伴而回。出发之前，必须选择多子多女的人来帮忙把装有糯米饭的担子抬上肩，打开伞。走在路上，女子有严格的禁忌讲究，不能回头，不能和任何人讲话，但若是路上遇见行人，要将糯米饭分给路人食用，求讨吉言。"要伞"回到家之后，三天之内不能把伞拿出门，不然就意味着"要伞"失败。整个"要伞"仪式中少不了香，从娘家烧的香，到插在担回夫家担子上的糯米饭上的香，构成了一条从娘家到夫家的完整线路，将娘家的香火接到了夫家。缺少香的联结，这一仪式就相当于缺少了娘家到夫家的香火传递媒介，所以香在这一仪式活动中的符号作用不言而喻。

在整个的婚嫁过程中，香的重要性也很明显。当地布依族的婚嫁完整程序由"择偶—提亲—定亲—要'八字'—结婚—回门—坐家"几个部分构成，而在上述的几个程序过程中，定亲被称为"烧香"，也叫"烧小香"，即男女双方在确定了恋爱关系之后，就要进行议亲活动，双方家里都同意了之后，男方就会买香、酒、糖等，请媒人前往女方家进行第一阶段的点香祭祖，告知女方家族的祖先这门亲事。要"八字"有时是与烧香一起办的，有时又是在烧香之后，但无论哪一种，在要了女方"八字"之后，会将其与男方的"八字"一同放置于男方家中神龛之上，烧香祭拜，告知男方祖先。当地人把婚礼仪式过程中的婚宴过程称为

---

① [法] 阿诺尔德·范热内普：《过渡礼仪》，张举文译，商务印书馆，2012，第5页、第188页。

"烧大香"或者"烧香酒"。仅从上述婚礼过程的命名或者称呼来看，就可以看出香对于整个婚礼的重要性。可以说香是联结两个家庭甚至家族的关键纽带，也是双方关于婚姻认可的象征符号，对于婚姻"合法性"的认同就是通过烧香而形成的。

香车河村布依族传统的丧葬仪式过程大体包括"报丧—洗身换衣服—点香烧纸—请师—入殓—祭棺—封棺—开丧—吊丧—转场—叫场—祭丧—出殡—下葬"等过程。上述过程的大多数程序环节都会涉及烧香。如在为逝者洗身换衣服的时候要用香火在其衣物上打上标记，然后焚香烧纸。请师环节是由布摩在堂屋右角处安放一张小桌子，并在桌子上放置一个装满玉米的斗，斗上覆盖一张白纸，再点燃事前准备好的盏灯与香，灯不能息，香不能灭，之后布摩一边诵颂《请师经》一边进行请师仪式。入殓时会在逝者棺前设置一个方桌，桌上设灵位，写灵牌，摆放祭品，点燃香烛，棺材下用碗或者碟装菜油，作长明灯。"开丧"相当于一种超度仪式，主要是由四个肩扛马刀的布摩站立棺材旁，默诵经文，主要颂唱逝者的整个生命历程以及子女为其所办丧礼的具体过程。叫场仪式环节中，布摩会从屋里面将堂屋大门关上，死者之长子肩挑担子，腰间别一杆秤，担子里一头担着装有小猪的竹笼，另一头担着装有豆腐、香、蜡烛、纸钱和鞭炮的篮子，其他子女紧随其后，立在院子里的幡杆脚下逆时针转三圈后叫三声"开门"。当布摩开门后，他们会一下子扑到灵前，头枕在铜鼓上痛哭，这一过程相当于哭丧。当逝者下葬后，参加送殡的人会将所有的香、纸一起烧尽于逝者墓前。由此看来，在布依族人生最后阶段的丧葬仪式过程中，香同样表达了它的纽带联结符号意义，是联结逝者与其第二世界的纽带，此外，它还是逝者"灵魂"回归祖灵的传递符号和相随者。

（四）嵌入社会秩序中的"香"

从人类学对物的研究议题中可以看出，在人类学的视野中，物不是一种简单存在，物所能表达的社会文化意义多重复杂。人们认识世界、改造世界等一系列的实践行为都是通过对物的认识、创新发明和使用来进行的。不同的地域、不同的文化、不同的语境中，物常常会被作为一种集体意识或者身份的"认同符号"。

诸如物的品种、味道、颜色、形态等，都可能构成认同的边界。而这种认同边界有时是基于地缘关系，而有时却是人们的建构产物，是一种长期累积起来的、最终潜移默化为人们的约定俗成的集体意识。无论是作为交换的媒介、价值等价物、分类原则、象征符号，它都是通过人的意识和行为才得以形成的，物作为一种没有经过人类行为加工的自然存在物状态所表达的意义就是一种"自然物"而已。但是，一旦人类赋予其意义并形成集体意识为人们所共同认可之后，其本身的意义和价值就又会成为人类价值观念和行为实践的一个方向和指南。

很显然，香车河村布依族的香在向人造物的转化过程中，其本身所蕴含的文化意义及其意义的空间表现是当地人经过长期的代代传承的知识生产与文化实践的结果，久而久之，香文化就逐渐成为其社会传统的构成特质，内化于当地布依族族群的深层次心智结构中，人们对于香及其价值意义的认知是约定俗成的，所以其传统制香工艺和香文化才会经久不衰地传承下来。在香车河村，香除了在上述日常生活、生产节令、人生礼仪以及信仰文化中发挥和表达着所处空间的作用与意义之外，它还是香车河村布依族人调解矛盾纠纷，维系社会秩序的嵌入性关键力量元素，它的力量自然是通过人的仪式行为来彰显的。功能结构论大师拉德克利夫·布朗早已指出："仪式特定的社会功能就表现在它对这些社会感情的作用方式上，仪式对这些社会构成所依赖的社会情感在某种程度上起着调节、维持和代代传承的作用。"① 在香车河村，当地布依族人每当有经过寨老调解也解决不了的矛盾纠纷时，就会举行烧香仪式来作为最后的一种纠纷解决方式，即"神判"裁决，通常是在"官厅"中，在布摩的主持下，通过烧香告知当地人观念中的"主神"，让"主神"来进行"神判"。烧香是为了通过烧香这一个过程来联结神与人，"神判"作用效力空间下的人们对"神判"的最终后果都接受，一般经过这一环节之后，矛盾纠纷自然而然就会逐渐化解了。香在这一仪式过程中起着"链条性"作用，烧香的作用力是当地布依族群体社会所共同认可的。再回顾香在当地社会中的经济性作用，制香、售香的环节联结着当地布依族与周围民族之间的交往交流，在人生礼仪的相关环节同样成为联姻家庭和家族纽带联结符号。

---

① ［英］拉德克利夫·布朗：《原始社会的结构与功能》，丁国勇译，中国社会科学出版社，2009，第 154 页。

整体而言，通过对香的各个场景表达的意义分析，明显看得出它也积极地实现了当地布依族社会的整合。

四、结语与讨论

行文至此，不难看出，在香车河村布依族的社会传统中，香车河村布依族的香，其发明与文化的建构是当地人长期经验积累基础上的行为实践产物。就香本身的组合形态及其制作用料来说，是一种经过了人类生产活动的木本植物与草本植物的自然混合物，在人们没有对它进行类型划分和使用场景划分之前，其本身的意义呈现简单化和单一化形态。一旦经过人的文化行为将它运用在某一场景或空间中，其所能发挥的具体功能作用和表达的意义就开始多元化、复杂化和符号化，而这种价值作用的彰显和意义的表达通常是在当地布依族人特定的用香场景和仪式实践行为中。通常来说，仪式是一种特殊的语言符号系统，仪式行为实践本身就是人表达情感的一个具体过程，情感的表达与人们的日常生活、生存空间下的自然现象、经济活动、社会结构等密切相关。

香车河村布依族对香的制作、分类以及使用场景等具体划分的行为模式在其日常生活和信仰文化两个逻辑空间中逐渐构建起了当地所特有的一种香的"文化空间"，使得香这一文化符号成为当地布依族凸显与其他民族差异性的重要标识。香聚实用性、工具性以及象征符号性于一体，与当地布依族的社会生活相互渗透，勾连着当地布依族的客观现实性世界和意识观念性世界，成为一种特殊的社会行动、情感传递、信仰表达、关系建构、心理慰藉、联结媒介、社会整合以及文化意义等的表达符号，逐渐构成了当地布依族生产生活以及民族信仰不可或缺的组成部分，以其结构化的社会结构为支柱。人们又通过香不断再现和维系着日常生活中的社会互动关系，这种互动关系包括人与图腾之间的"血缘"关系；人与人之间的亲属关系、伙伴关系、利益关系、道德关系；人与神、鬼之间的奖惩关系；社会群体的整合、协调关系等。总之，香作为一种"小物质"，在人的仪式行为的构建过程中反映着"大社会"，其文化空间的结构表现实际上就是当地布依族社会结构的表征。

指导意见

重庆三峡学院

陈永碧

2019 年 6 月，按照教学安排，我带着 2017 级民族学专业的 10 名本科生（全班 33 名同学，分为了三个组）和 2018 级的两名研究生到万州区柱山乡进行田野调查实践。带学生进行田野实践是一件让人头疼的事情，既考验老师个人田野调查的专业素养，又对其综合能力提出了更高的要求。对学生而言，第一次田野实践至关重要，这是他们感知田野魅力的机会；对老师而言，也是自我提高、寻找研究切入点的一次机会。当然，这也是促进师生关系最好的契机。对于带队，我个人的经验并不算很多，但也有一些所谓的"经验"。

一、田野点的选择，需要"天时地利人和"

田野点选择，对田野实践教学而言十分重要，柱山乡可以说是我们最好的田野调查点。

第一，柱山乡政府领导的高度重视，给予我们尽可能的最大帮助，为我们的调查创造了有利条件。我们原本计划前往另一乡镇调查一个传统村落，但是柱山乡政府主动联系到我们学院，希望我们能够到那里去帮助他们挖掘、补充和完善当地的历史文化资料，为他们下一步乡村文化和文旅融合发展奠定基础，同时为他们申报传统村落提供资料。所以，我们欣然接受了他们的邀请。在整个调查过程中，他们为我们提供了大力的支持，从食宿、交通到各村联络，他们都派专人与我们接洽，也为我们解决了部分调查资金的难题。当然，作为回馈，我们不仅将我们调查的资料提供给他们，作为带队老师，我还义务为他们撰写了《〈柱山乡文氏家训〉万州区非物质文化遗产申报书》（已获批），并丰富了他们四个传统村落申报的相关资料。今年，柱山乡大力推进文旅融合，打造宗祠和寨堡文化，这些也有我们师生的贡献和功劳。可以说，这次田野调查，真正做到了双赢。

第二，柱山乡是重庆历史文化名镇，历史文化底蕴丰厚。虽说，民族学的田野无处不在，但是对于短期的学生田野调查而言，丰富且鲜明的文化更容易上手。柱山乡"湖广填四川"遗留下来的宗族文化十分发达，与之相关的宗祠、族谱、家族墓葬也十分丰富。又因为地处高山地区，交通不便，很多传统文化与民俗依然有所保留。但作为曾经的交通要道，其寨堡、驿道文化遍布各村。更不要说，那些随处可见的崖墓、石墓、崖居、石刻民间信仰痕迹等。面对如此丰富的历史与文化，我们恨不得人再多一点，时间再久一点，脚力再好一点，那样我们就可以调查到更多、更翔实的资料。可以说，柱山作为历史文化名镇，是我们理想的田野所在。

第三，柱山乡属于万州区的近郊乡镇，为我们之后的补充调查创造了条件。从我们学校出发到乡政府所在场镇仅需四十分钟左右。在我们集中调查之后，梳理出了调查的重点，学生们也针对自己兴趣，再次调整了调查提纲，之后我们师生利用周末多次往返田野调查点进行补充调查。正如这次李爽同学调查的丧葬文化，集中调查期间我们没有遇到一场丧葬，但是我们认识了道师和吹打锣鼓乐队，在补充调查阶段我们参加的四场丧葬，都由他们主动联系，我们才得以进行现场观察。

柱山之行，前后历时半年多，我们与当地的干部和村民建立了良好的关系，相信这也为我们今后开展三峡地区的相关研究奠定了人脉基础。

二、田野调查实践是一门课程，其本质是"教"与"学"

田野调查的带队教师无疑需要具有扎实的田野调查基本功，但这还远远不够，因为田野调查实践本身是一门课程，让学生将课堂上所学的田野调查和民族志写作的理论和方法变为现实。这需要带队教师承担起"教师"的职责，做好以身示范的"教学"工作。

在这次带队中，我通过查阅柱山乡历史文化名镇的申报书，首先选择了历史文化相对丰富的戈厂村作为教学示范点，在该村做了四天的田野调查实践教学。我告诉学生，这四天大家一定要认真看我如何与当地人聊天，如何在聊天中寻找重要信息，如何寻找相关重要报告人。让学生依葫芦画瓢在一个村民小组内进行实践，我从旁观察，晚上开会，对他们在访谈中的表现提出建议，并对他们的田野记录和日志提出修改意见。两天后，在学生可以不依靠我和村干部就能与村民自由沟通后，我又开始了更多的教学，比如，如何调查宗族文化（看宗祠、识族谱），如何通过民间记忆复原民间大院（绘图），如何通过古墓（识碑文）、族谱和民间记忆构建当地历史，如何调查一项非物质文化（艺人、乐器或工具、拜师、行规、古籍等），如何调查人生礼仪比如丧葬仪式，如何调查民间信仰（传说、建筑、民俗及关联人），如何测量和绘制古墓，如何制作拓片，如何用影像和文字来记录田野工作本身，如何利用 QQ 群归纳和整理调查资料（文字和图片）……因为学生们之前系统学过了相关理论和方法，虽然只有四天的实践，大家已经基本掌握了要领。当然这种掌握主要还停留在无技巧阶段，比如访谈，他们很难做到自然无痕迹地询问，很难做到由彼及此的延伸，还是生硬地我问你答，但在我看来，敢问能问，他们就已经完成了自我突破。我相信如果他们能继续学习和深造的话，假以时日，一定会比我这个老师做得更好！

在之后的田野调查中，当学生们遇到自己无法解决的难题，我都会尽可能地帮他们解决。在解决问题的过程中，让学生仔细体会：为什么我能问到信息，而你没有。我相信通过这样的训练，善于认真思考的学生一定会有很大的进步，也会因此爱上田野，事实也证明了这一点。所以，田野实践的带队教师，肩负的是"带队"（安全）和"教师"（实践教学）的双重职责。我个人不建议将学生撒到田野"放养"，因为田野调查的时间很短，可能他们刚刚有点感觉，旅程就结束了。同时，学生在初次进入田野时都会手足无措，严重的还会出现心理问题，教师此刻的言传身教能够比较快地帮他们摆脱困境、找到出路，进而树立信心，这也是爱护他们，进而助其快速成长的捷径。

三、作为带队教师，需要与当地人建立良好的关系，得到他们的认可，才能让学生们在相对放松和自然的氛围中进行田野实践

说实话，带学生下田野与当地干部和村民在短期内建立好关系，让他们认可我和学生，对内向的我来说是最大的难题和挑战。在下田野前，柱山乡对我来说完全是陌生的。没有博士、教授头衔，没有男性的香烟和酒量，没有任何搭档，需要操持普通话的我一个人去面对乡政府的领导和工作人员，去面对基层的村干部和村民，真的很难，这让我抑郁了很久。

首先，认可始于专业。尽管已经不惑的我看上去可能有些像个"小妹"

（当地人大约用这个词来形容年龄小且没有任何见识的女孩），在下田野前的踩点接触中，女性的第六感让我接收到了乡政府领导尤其是乡党委书记质疑的信号。在进入田野之后，我每天都通过微信告诉他我们的工作进度和第二天的安排，不露痕迹地展现着自己的专业。比如，乡文化服务中心登记的信息显示，戈厂村文仁高墓葬的两块墓碑是主墓碑和副墓碑，因为长期从事民族考古学课程的教学工作，我首先对此产生了质疑，然后通过走访，核实到这是按照左昭右穆葬制下葬的文仁高和其次子文贤遇的父子合葬墓，之后我又在《文氏族谱》中找到了相应的信息。通过这种所谓的"交流"，很快我个人取得了乡政府领导的信任，而这种信任直接让我们得到了从上至下的诸多照顾。

其次，重视与村干部和重要报告人的交流。我们的田野调查前后尽管有半年，但是集中调查的时间是比较短的，要想在短时间内最大限度地获取相关信息，取决于与村干部和重要报告人的交流，因为他们对当地人和文化最了解，即使某些情况不知道，他们也知道我们该去问谁。在田野调查中，我没有放过任何一个与他们交流的机会。加上看到我们师生能吃苦，又热情、懂礼貌，他们渐渐地放下防备，从最初的被动变为主动，向我们提供了大量的信息和报告人。很多村支书和村主任放下繁忙的村务亲自给我们做向导，帮我们开路，保护大家的安全，和我们打成一片。看到他们对乡村的熟悉和热爱，我们师生也深受感动。直到现在，我们依然和他们很多人保持着联络。今年大年初二，三木村的詹叔给我打电话，说因为疫情他们村封路了，让我不要上去，要注意安全。听到电话里古稀老人略带含糊的话语，我热泪盈眶……

田野调查最重要的首先就是要"做人"，这样才能赢得当地人的信任，与他们建立起应有的情感关联，得到他们的认可，我们的田野调查才有可能顺利开展。作为带队老师，必须尽一己之力首先打开局面，学生才有可能被接受和接纳，他们才能轻松地游移在田野间。

四、关注学生的心理状态，用包容和鼓励缓解他们的焦虑，才能保证田野调查的顺利进行

虽然是短期的田野调查，但是"文化震撼"依然存在。因为语言、饮食等文化的差异，学生很多在进入田野时都会不适应。我们每天平均步行大约 10 千米，最远的一天接近 17 千米。重庆特殊的地理环境，几乎全是上山、下山，可以说学生的身体经受着巨大的考验。回到驻地，还要汇报交流，写日志、写心得，很多人都熬到凌晨才能入睡，一觉醒来，又满血复活。在田野中，学生们还要面对各种问题：不敢开口，开口了又担心被拒绝，没有被拒绝又可能面对语言的障碍，即使没有障碍又可能面对问不出有效信息的困境……可以说，孩子们每天都经历着一场场巨大的挑战。作为带队教师，必须关注他们的心理状态，进行有效的疏导。

其实，在下田野前，学生们一直都认为我很严厉，对学生的要求很高，性格孤冷而高傲。为了让他们能尽量放松，每天的汇报会，我都尽力包容和鼓励他们，也经常有意识地暴露自己的一些缺点，比如脸盲、记不住人名和地名、恐高、零酒量、害怕尸体，等等，让他们发现原来老师也有短板。在调查中，他们想捡板栗、摘李子、打柿子，只要一个眼神，做老师的我直接就跟当地人提出来，让他们快乐地享受田野的另一种"魅力"。让他们没有任何负担地相信我，不管有什么困难都可以告诉我，我们一起解决。半年多的调查，我和学生们建立了很好的感情，彼此信任。我相信学生要爱上一个专业，首先爱上的是他的老师或者老师们。为学生解决困难，排除障碍，无论是现实的还是心理的，都是爱的表现。

五、做好田野工作记录，为课堂教学积累素材；做好宣传，让其他师生共享田野魅力：有助于学科的发展和提高学生专业学习的兴趣

在下田野之初，我就专门安排了两名同学负责拍摄座谈、访谈、做拓片、识碑文、测量、绘图等，只要是田野工作都进行记录。我们一共拍摄了 300 多张工作照（调查资料影像不包括在内），为今后的田野调查与民族志写作课程积累了丰富的素材资料，这有利于教学和学科发展。

同时，我们在二级学院公众号平台上推出了"田野札记"系列，登载学生自己写的田野心得（文字和图片），与其他师生同步分享他们的田野趣事和困惑，这些文章反映的都是学生的真情实感。其他低年级的同学看到后，对田野充满了好奇，对自己未来的田野充满了期待，这大大提高了他们专业学习的兴趣！

学生的第一次田野有利于他们认知和理解民族学这个专业，带队教师在其中扮演的角色十分重要！离开柱山时，大家恋恋不舍，他们说"痛苦并快乐着"，我说"快乐并痛苦着"。能成就他们这次田野之行，作为老师的我倍感荣幸，所以快乐；但是就像不存在完美的旅行一样，因为我自己的能力和精力，遗憾在所难免。不管怎样，作为第一次田野，我相信他们会永远记得这次专业的洗礼，就像我永远记得二十年前自己的第一次田野——他撒之行一样！行走在田野，希望在远方，路在脚下……

2020 年 7 月 25 日于南浦苑

万州区柱山乡丧葬仪式的变迁及其社会功能探析

重庆三峡学院民族学专业 2017 级本科生　李　爽

指导教师　陈永碧

摘要：丧葬作为个人与社会最后的联系，其仪式复杂，内涵丰富。柱山乡的丧葬仪式既具有川东地区传统丧葬的特点，又因为经济发展、社会风气、人口流动等原因，发生了诸多变迁，仪式更世俗化、简约化，其社会功能也更加丰富，注重娱乐性。

关键词：丧葬仪式；变迁；功能

引言

柱山乡位于重庆市万州区西南部，交通便捷，距离主城区 25 千米，是渝万高速路抵达万州的"入城门"和柱山隧道上美丽的"天街"。因其境内一柱擎天的 918 米高的柱头山和地标性建筑柱山寨而得名。清代至民国初，此地属万县三正里七甲，1935 年改为柱头乡，1938 年改为柱山乡，1950 年初成立柱山乡人民政府。区域面积 53.9 平方千米，下辖 9 个行政村和 1 个社区，人口约 1.7 万人（2017 年），是典型的高山丘陵地形地貌。

这里是万忠古道和万梁古道的重要关隘，具有重要的战略意义，而且这里光照充沛，水资源丰富，高山稻作文化十分发达。或许是这些原因，这里备受诸多"湖广填四川"移民的青睐，很多人离乡背井，在这里安家落户，为当地的经济、社会和文化发展做出了重要贡献。历经岁月，移民渊源地的诸多文化不断与川东文化融合发展，形成了有鲜明特色的川东移民文化体系。但是随着近现代水路和陆路交通体系的发展，曾经因为在山脊上更为安全而作为万梁古道和万忠古道重要关隘的柱山乡，却也因为在高山之上而被抛弃，逐渐淡出了人们的视野，成为交通闭塞、经济落后、文化发展相对停滞的地方。也正因为这样的原因，在这里可以找寻到很多古风遗俗和历史遗迹，可以说，柱山乡是万州历史沉淀最为久远的近郊乡镇。

柱山乡作为重庆历史文化名镇，其历史和民俗文化在古迹的数量上、形态上、时间上和分布地域上体现了它的厚重性。柱山乡历史文化遗存数量较多，仅在 2012 年第三次全国文物普查中就有文物点 15 处，入选历史建筑预备名录 1 处。近期又发掘一批可申报区级文物点 20 余处，如王氏宗祠、柱山一校（老庙改造），其中有 5 处在 2019 年 8 月被认定为区级文物点。其形态丰富，可大致分为古寨群落、宗祠寺庙、驿道老街、古墓遗迹、丧歌夯歌等。柱山乡历史非常悠久，其历史遗迹从汉魏六朝的古墓到宋元古道，到明清"大移民"，一直到社会主义建设时期，绵延不断，传承发展。这些历史文化遗迹的质量较高，体现了科学性、实用性、艺术性的完美结合。农村婚丧嫁娶、传统节日的民俗民风保留较多，是研究三峡文化和万州城市变迁发展的较好样本。

2019 年 6 月 20 日至 7 月 5 日，笔者一行 13 人（其中，带队老师 1 人，研究生 2 人，本科生 10 人），在柱山乡展开了为期 15 天的集中田野调查。之后，在老师的带领下，我们又利用每周周六的课余时间进行了十多次有针对性的补充调查，目前这个工作已基本完成。这次田野调查包括柱山乡全境：柱山社区以及草盘、金牛、何庙、葵花、山田、青高、戈厂、三木、云安 9 个行政村。调查内容主要包括三个大的方面：历史古迹和民间记忆、宗族与文化、民间文化和习俗。笔者负责的专题主要是人生礼仪中的丧葬仪式及相关习俗。在集中调查阶段，我们很遗憾没有遇到一场丧葬，所有的相关资料都来自重要报告人 WBJ[1] 和 WXL[2]。

① 戈厂村村民，69 岁，男，道师，是当地丧葬仪式的重要主持者，家中有很多师承相传的经书和法器。

② 戈厂村现任村支书，55 岁，男，民间吹打锣鼓"入口传"传承人，熟悉相关文化。

幸运的是在补充调查阶段，我们全程参加了两场丧葬（逝者分别为 LCH 和 SDZ）的所有仪式，并部分观察和访谈了另外两场丧葬。在整个调查过程中，我们结识了主持丧葬仪式的道师（也可写为"道士"，但是为了与丧葬中道教派别区分，全文写作"道师"）WBJ 和他的师弟 CSC①，他们自称属于佛教"双桂堂"派别②，他们本人也属于在家修行的佛教居士，日常生活中也恪守相关戒律。通过他们，我们也收集了与丧葬相关的经文和文书、符纸材料，并对整个丧葬仪式、吹打锣鼓演奏以及孝歌演唱进行了全程拍摄。

通过对丧葬仪式近距离地观察和细致访谈，笔者深入了解了柱山乡丧葬仪式的整个过程，以及相关习俗和文化。发现与传统丧葬仪式（报告人：WBJ 和 CSC）相比，现实的仪式发生了诸多的变化，整体趋向于简约化和世俗化，其社会功能更加丰富，除了传统的功能外，还注重娱乐性。

一、丧葬仪式流程

在调查中，笔者发现当地的仪式比较复杂多变。在传统丧葬中，根据逝者的情况，可大致分为正常死亡和非正常死亡。所谓"非正常死亡"，当地人主要从两个角度来看：一是逝者父母健在，即我们所谓的"白发人送黑发人"，这种情况无论因何而死、年纪多大，都被认定为非正常死亡；另一个则是，死亡时不在家中落下最后一口气，也被视为非正常死亡。其中，如果是因为严重的事故，比如车祸、难产、夭折等去世，又被视为"死得不好"，在仪式和习俗中会有相关的特殊关照。除了非正常死亡外，其他都被认为是正常死亡。

---

① 三木村村民，50 岁，男，道师，WBJ 的六师弟，现居高粱镇，是他们本派这一辈的掌坛师。

② 他们在丧葬仪式中所唱诵的经文和各类文书从格式、内容乃至唱腔都与本地道教道士有很大区别。他们自称他们的师祖曾经在梁平双桂堂出家，后因一些原因还俗，便将佛家超度亡魂的仪式融入民间丧葬仪式中，所以他们自称"双桂堂派"。据 WBJ 介绍，在当地及附近地区信仰佛教的有六个派别，"双桂堂"只是其中一个。从他们所使用的经文和文书来看，的确有很多佛教用语。但客观地说，川渝地区的民间丧葬文化都不同程度地糅合了佛道和部分民间信仰，在具体的文化实践中，或者偏向于佛教，或者偏向于道教，仅此而已，在此不再赘述。

（一）"正常死亡"的仪式

笔者全程参加的两场丧葬仪式都是老人过世，都是被他们称为"寿终正寝"的正常死亡。笔者在 7 月 12 日参加了戈厂村 2 组 LCH（男性）的葬礼，丧葬举办的地点是在戈厂村逝者的老屋。丧葬仪式由 WBJ 一人完成，据他介绍，这个仪式并不完整，按丧家两个女儿和女婿的要求，只完成了部分。笔者在 9 月 7 日参加了戈厂 3 组 SDZ（女性）的葬礼，但是该葬礼并不在戈厂村举办，而是在场镇上租借了一家商铺进行（社区场镇上的丧葬均在此举办）。据说，丧家本打算简化办理，但因逝者娘家人强烈要求（不做完仪式不准火化），完成了全套仪式。丧葬仪式由 WBJ 主持，另由 CSC、FSW 和 ZDQ 辅助完成。据 CSC 介绍，完整的仪式至少要四人，少于四人无法完成。完整的丧葬仪式实际上并不只是从死者临终那一刻到下葬为止，而是前后需要历时三年，这与历史上其他地方的传统丧葬过程是一样的，这也是为什么在中国古代"丁忧"需要三年的原因。

1. 落气，停尸。除非突然去世，一般情况，在逝者生前病重时，全家人便会日夜守在床前，这是孝顺的表现。在弥留之际，会被抬到堂屋事先准备好的木板上，然后有人为其剃须、剪发。等落下最后一口气时，家人需要全部跪在地上痛哭，这就是所谓的"送终"。在痛哭的同时，燃放鞭炮，告知乡邻。尸体一般按"男左女右"停放在堂屋，有时也放在中间。

2. 净身。一般用艾蒿熬水擦拭尸体，主要擦拭头部、颈部、胸部、腹部则连同背部、脚踝、膝盖、手肘七处，称为"七擦"。传统上应该由家人净身和穿衣，但现在大多由丧家包红包给村中一些终身未娶、无后的单身汉，让他们来完成。据说新中国成立前，有钱人家会在净身后放"口含"，即放金银钱币到死者口中。

3. 入殓。传统的入殓有"大殓"和"小殓"之分。"小殓"是指为逝者穿衣服，在当地一般是由自己的儿子和媳妇为逝者穿衣。有时，也会出钱请村中单身汉或是"丧葬一条龙"的人穿衣。"大殓"是指收尸入棺。按照穿衣传统，一般要给死者穿七层或九层（九层则是多件夹衫，男女之间并无差别），现在一般比较简化，但都是单数，如最简单的三层，从内到外依次是白衫、内红外青的两层夹衫、黑色单衣，然后戴上寿帽，穿上黑色寿袜、寿鞋，整套服饰一般都是纯棉制品。穿衣后，需要在逝者双脚与腰部缠上黑线，黑线的根数要比实际年龄多一。

然后，在棺材的底部均匀撒上柏树灰，并用普通杯子在灰上扣上杯印，杯印的个数也要比逝者的年龄多一。然后在棺底柏树灰上铺上一块三尺三的白布，在头部位置放一个装有柏树灰的青色枕头，再由逝者的家属一前一后将逝者抬入棺中。放好后，再用一块红绸从脚盖到胸口，红绸上再盖上三尺三的白布。安置好逝者后就盖棺，通常会留一条约 10 厘米的缝，棺材上还需盖上一块红布。当然，现在柱山乡已经全部实行火化了，这个"大殓"的仪式也就没有了。

4. 灵堂的布置。在棺材前，安放一张桌子，桌子正中摆放逝者的灵位和照片，灵位前摆放香炉，香炉前还需放上几盘贡品，贡品一般可以选择水果、饼干、糖果和花生等。再用菜油做灯油，点灯放在逝者脚前，为逝者照亮"亡路"。在桌子两边还悬挂有后人送的挽联。

5. 报丧。丧家去长辈家报丧时要单膝跪地，脚蹬在地上，逝者为男性就跪左腿，逝者为女性就跪右腿，不用说话长辈就会明白其中含义；而去平辈家报丧时，就只用报信通知，再在家门口燃放鞭炮以告知邻里即可。

6. 测日与写字。请道师根据逝者的生辰八字以及死亡时间测算火化、出殡的日子，且写下"灵牌"和"引魂幡"。当地灵牌的写法很复杂，WBJ 说必须根据逝者与办丧者的关系来写，例如，为祖父母、父母和岳父母等办丧写的灵牌各有不同，但是正中间必须为 11 个字。"引魂幡"长度约为 1.2 米，由三部分组成：最上层为三角形的红纸，中间为白纸，最下部为竖着的红色小条幅，最后在正中间写上"三魂七魄"。而非正常死亡的人则要专门请道师写另外的"开路文书"，为他们指明去"阴间"的道路。

7. 开路。在灵牌和"引魂幡"写好后，道师就开始为死者"开路"。"开路"需要道师在东南西北中五个方位，分别舞动"引魂幡"，并嘴念经文做一些简单的法事。死者的后人则跟在道师身后一同鞠躬，以示虔诚。开路仪式结束后，孝子要磕三个头，再由道师为死者写"经藏怖"、选定下葬的地方以及日子。"经藏怖"的主要内容是把逝者生前所有亲戚的名字写在上面，并且"经藏怖"要一直好好存放在逝者家中。在选定好下葬的地方后，道师还要写一篇契文，表示那块地方为逝者所拥有。这项仪式结束后，主人家就可以邀请亲戚朋友来家中帮忙了。

8. "做夜"的准备工作。（1）开坛迎圣："做夜"之前的准备工作。指将天上诸位佛祖、菩萨、神仙、土地公、地府之神请来护佑所做的坛场。做法时需要道师念诵"开坛经文"。(2)敬"土地":道师念诵经文,告知当地的土地神,这里有人家在举办法事,请求帮助逝者"解罪"。(3)"四值功曹"的传递:道师通过念诵经文,托四值使者把为逝者"解罪"而抄写的文书传递去"阴曹地府"。(4)敬灶神:指道师念诵经文从而请求灶神菩萨一同帮助逝者"解罪"。(5)告"城隍":道师念诵经文,请求"城隍"帮忙为逝者"解罪"。

9. "做小夜"。在逝者去世当晚召集亲朋好友,来见逝者最后一面。现在可能是因为当地已经实行殡葬改革,死者通常会在第二天被送去火化,所以是见逝者最后一面。

10. "做大夜"。出殡前一天晚上,宴请亲朋好友到场并请吹打乐队来表演(吹打乐队共有四人,两名吹手,另两名一人负责敲锣,一人负责打鼓)。再请专门的手艺人为逝者制作"纸房子"和"纸伞"。"纸房子"的样式大多为六至七层,风格一般为古建筑样式,有阁楼、小屋、正屋等,制作目的是为了让逝者在"阴间"也有住处;而"纸伞"则是用来让逝者免遭在"阴间"路上的风吹雨淋。"大夜"的晚上还需逝者的后人为其通宵守灵,等待逝者"灵魂"归来。

11. "破血河"和"破地狱"。在"做大夜"这晚举行,如果逝者为女性,则举行"破血河"(见图1、图2)仪式,他们认为这样可以把逝者从生前生小孩等血疫之中解救出来。仪式开始前,首先要准备一个盆,里面盛满凉水,放入一条活鲫鱼、白糖及食用红色素。准备好物品后,让其后人每人喝三勺"血水",意味着为逝者减轻生前的痛苦。

如果逝者为男性,则举行"破地狱"仪式,他们认为这样可以将死者从"地狱"中解救出来。仪式之前,道师会用石灰在地上画出"地狱"的图样。"地狱"有东西南北中五个方位,每个方位摆有一副香烛、一块瓦片,瓦片下再放上一串鞭炮。仪式进行时,道师在前面带领,后面紧跟着端灵牌的人,一般为家中最大的后代,其次跟着拿"引魂幡"的人,然后是拿纸伞的人,最后是逝者的亲人。道师带着后人绕"8"字形在画好的"地狱"里走三到六圈。每走到一个方位上,道师先念一段经文,用手中的剑将瓦片敲碎,再用香将鞭炮点燃,接着走向下一个方位。

图 1　SDZ 丧葬仪式之"破血河"1

图 2　SDZ 丧葬仪式之"破血河"2

　　12. 过"奈河桥"（见图 3）。在"破血河"或"破地狱"仪式之后，便是过"奈河桥"。"奈河桥"主要由三张桌子及两个木凳子组成。首先将两张桌子并在一起，再叠放上另一张桌子，两根凳子分别放在并的桌子两边以方便仪式进行中道师上下。过"奈河桥"时，道师走在最前，其次紧跟拿"引魂幡"的后人，端灵牌的后人及拿纸伞的后人。道师带领着他们走过"奈河桥"三次，从左上或从右上皆可，但三次都必须保持向同样的方向进行。

图 3　SDZ 丧葬仪式之过"奈何桥"

　　13. 出殡（见图 4）。传统丧葬的出殡仪式是非常隆重的。一般有八名抬棺的人，将逝者抬出家里送往墓地。出门前的顺序通常为拿花圈的人、端遗像的人、拿"引魂幡"的人、端灵牌的人、道师锣鼓队、棺材及逝者的亲人朋友。如果抬棺人想要中途休息，则需将棺材停放在事先准备的木凳上或木头上，不能使棺材落地。

　　当然现在火化后的骨灰盒很小巧，不需要很多人抬了。一般由孝子或孝女跟在道师身后，一人拿遗像，一人拿灵牌，一人拿"引魂幡"，一人抱骨灰盒，列队出殡。其他人则拿纸钱、大米、花圈、鞭炮等紧随其后。据 WBJ 和 CSC 道师介绍，出殡的时间也是需要推算的，但大多数是在寅时（一般在凌晨 4 点之后到

5 点前）出殡，那时天刚微微亮。

图 4 LCH 丧葬仪式之出殡前的准备

14. 下葬。传统出殡时，棺材抬到坟地后，须将棺材停放在坟坑上的两根木头上，取下抬棒后，将棺材慢慢落入坟坑里，然后道师根据罗盘及墨线让人调整棺材的朝向。定好方位后，要用木匠的墨斗在棺木正中间弹上墨线，据说这是借助鲁班的墨斗来封棺。开始埋棺时，首先需要逝者的后人先挖三锄泥往棺材上培三下，完成之后其他帮忙的人才能继续培土，土培好之后便把花圈放在坟堆的四周。棺材下葬后，之前做的纸房子、引魂幡、灵牌、契文、纸伞、花圈上的挽联及孝布上的麻绳一起在离坟地不远处烧毁。

15. "出煞"。逝者下葬三天后，道师会根据逝者去世的日子推算"出煞"的日子，"出煞"意味逝者的"灵魂"从"阴间"出来。"出煞"的时间一般为下午5 点以后，这时会在逝者落气（方言，意为去世）的地方撒上柏树灰，并在窗口处挂一块孝布或者在落气的地方用绳子绑一块孝布挂在一根小竿上，来为逝者指引方向。"出煞"那天，家中不能有人，也不能有其他动静，以免惊扰"灵魂"。

16. 上坟。在下葬后的头三天，需每晚为逝者烧烟包，烟包由稻草编制而成，其长度视逝者的年龄而定，一般一岁为一转，编制长度比逝者年龄数量多一转。烧烟包的寓意是为逝者点灯照明、照亮前路。除此之外，要用石灰在坟地旁洒一圈，以及把竹篾的两头插进土里插一圈，用这种方式表明此坟有人，土地是自家的。之后再放三撮箕泥土，以示给子孙增加福气。如今有条件的家庭都会为自家坟地立碑，做拜台或砌坟头石，以便祭祀。每年春节、清明和忌日都要去给逝者扫墓；生日则不用去，视个人情况而定，在家里烧纸钱、祭拜即可。

17. "做七"。逢"七"则需包符纸（意为去阴间的买路钱），符纸重三斤六两，符纸上写上死者的名字，"头七"烧七个，逢"七"加七，至"七七"烧四十九个为止，直到 100 天时再烧 100 个符纸。符纸在自家房屋周围或坟头焚烧都行。

18. 烧三周年（郎社）。在逝者去世后，家属会请锣鼓队去坟地处做郎社（请吹打乐队的人来表演，用音乐的方式祭祀、表达怀念）。新坟做郎社通常选择在大年初二之后的任意一天，吹打乐队在主人家吃过早饭就去往坟地，等待主人家烧纸上香结束后开始吹打，直到中午十一点钟。郎社表演没有规定的曲目，通常由乐队自己发挥，表演结束后回到主人家吃了午饭之后就散去。做郎社一般期限为一年或三年。

（二）非正常死亡

"非正常死亡"大致的仪式与"正常死亡"相似，但根据不同的情况，其具体的仪式和习俗又有些区别。这些习俗，实际上反映了当地人的某种原始信仰观念，比如鬼魂信仰，这些并没有随着社会的发展而消失殆尽。

1. 在外去世者不能停在堂屋，年轻人去世出殡时不能走堂屋大门。只要落气的时候不在家，均视为在外去世的，这种情况不能在堂屋（通常是正房正中间的一间，即堂屋）停尸，通常是停放在离家比较近的田地里，并在那里设灵堂。当地人非常讲究这一点，他们认为如果在堂屋停尸，丧家会"背时"，可能会生病，可能会倒霉，总之诸事不顺。如果是年轻人去世，即"白发人送黑发人"，出殡时棺材一般不能走堂屋中间的门，需要从旁边的侧门出来，如果没有侧门的话，则需要关一扇大门，棺材从打开的半扇门抬出。

2. 夭折。未成年的儿童夭折后并不能为其举办正规的丧葬仪式，大都用一块布裹住，不可对外声张，悄悄掩埋。埋葬时也不用看风水，而是直接埋在家中去世的长辈的坟地下面一点的位置。

3. 父母健在。如果逝者的父母还健在，则需要在给逝者穿衣时，在逝者手臂上绑一个黑色的带子，意为为父母"戴孝"，以尽为人子之职责。有时候也会在逝者未入棺前，用白布盖脸，以示其未尽孝道。

4. 年轻者去世，且去世时比较悲惨的。报告人 WXL 介绍，如果是出车祸去世的年轻人，家人需要请道师去出车祸的地方做特殊的开路仪式。如果有难产而死的女性，周围的人都会比较忌讳和害怕。他们会做一些特殊的镇魂驱邪的"法"。

这些"非正常死亡"的仪式和习俗，渗透着当地人的鬼魂信仰和巫术崇拜。同时，对"好死"与"凶死"、"正常"与"非正常"死亡的划分，实际上反映的是他们最朴素的死亡观，也反映出他们对孝道的重视和崇尚。在农业社会中，大多数人都认为生老病死是自然规律，有生必有死，新人与老人的更替才能促进社会的发展，老而死，是自然规律，人们可以接受。但是年轻人因为还承担着赡养父母和繁衍、抚育后代的重任，应该保重自己，甚至"不远游"，所以早逝就是不孝，就必须作为一种"特殊情况"受到仪式和习俗的"特殊关照"。

二、丧葬仪式的变迁

通过细致地观察和深入地访谈，笔者发现虽然很多人都知道传统的丧葬仪式，但实际上却很少看到全套的丧葬仪式。在 SDZ 的丧葬中，"做大夜"吸引了场镇的很多老年人，他们都说至少有十几年没有看到这样完整的仪式了，一些中年人甚至是第一次看到。现在的丧葬仪式逐渐简约化和世俗化了。

（一）丧葬表层仪式的简化

丧葬标志着一个人生命的终结，标志着与其相关的所有社会关系与纽带的终结。中国传统文化强调"慎终追远"，丧葬仪式繁杂而耗时，对于死者和生者而言，他们彼此的关联通过丧葬仪式得以割裂和划分。通过复杂的仪式，死者得以解脱超生，到一个全新的世界；而生者则顺利脱离对死者情感上的依赖，在复杂而漫长的仪式后慢慢步入正轨，回归平静的生活。丧葬仪式从无到有，从简到繁，体现的是传统文化对生命的珍视，是孝道文化重要的传承。但从调查来看，柱山乡的传统丧葬仪式明显地呈现出了简约化的趋势。

1. 仪式的简化。在调查中，笔者发现很多传统仪式被省略或者压缩了。比如LCH 的葬礼，就直接省略了"破地狱"的仪式，其他的开坛、开路、祭城隍等仪式也都只有文书，没有仪式。我们中午 1 点到仪式现场，直到凌晨 4 点，即出殡前的"请老爷"仪式前，道师都没有举行任何相关的仪式，更没有诵读任何相关经文。只有中午 1 点到下午 6 点（晚饭前）吹打锣鼓，乐队从晚上 7 点到 10 点演奏，晚 10 点到凌晨 4 点左右唱孝歌。而 SDZ 的丧葬仪式则相对复杂一些，传统的仪式基本都有，从中午 1 点到晚上 10 点，除了吃饭和偶尔休息外，四个道师都在不停地做仪式，他们说时间很赶，因为丧家要求全部做完。原本至少三天的仪式，全部集中和压缩在一天内完成，而且因为在场镇上，所有的仪式必须在晚上 10 点前结束，传统的守夜和唱孝歌都取消了。晚上道师的仪式完成后，大约吹打锣鼓打了不到 10 分钟，就宣告所有仪式结束，所有人都走了，仅留下丧家几个人而已。

随着时代的发展和进步，丧葬仍然是人生大事，但丧葬仪式却被大大简化，其原因出在各个方面。首先，社会变迁带来的文化冲击使得人们内心根深蒂固的观念得以动摇，人们传统的孝道思想可以通过各种方式来表达，甚至年轻一代普遍都将丧葬仪式上的各项程序看作是封建迷信，使得仪式被大大缩减。其次，由于当今社会发展的需要，仪式的简化使主家在办理仪式时更为省心省力，也使宾客不用花费太多时间，对于一些非必要的程序就做了些许简化。事实上，仪式的简化也因为当代尽孝的方式从行动上转变为用金钱去衡量，丧事结束，宾客讨论的必定是主家花费了多少财物而直接得出结论评估主家后代够不够孝顺。丧葬仪式的简化还体现在部分仪式直接被省略或改变，如从土葬转变为更环保的火葬，墓地也多从之前的自由选择转变为使用公共墓地。虽然传统丧葬仪式的大体流程仍然存在着，但由于社会发展中思想观念的改变，多数仪式的过程被简化，相关的民俗活动也被取消。

2. 仪式的变化。受传统观念中"灵魂不灭"的影响，丧葬方式也有极大的差异。在葬式上有水葬、土葬、天葬、火葬、树葬、悬棺葬、洞葬、壁橱葬、食葬等多种形式。社会的进步和发展逐渐在瓦解这种观念，人们也在科学的教育下认清了死亡的面目，同时也响应国家保护环境的号召，全面推行火化。在调查过程中我们也发现，柱山乡村民也已普遍实行火化后再举办葬礼的方式。在守灵仪式方面，守灵作为一种民间习俗，指守在逝者灵床、灵柩或灵位旁。古人认为人在死后三天内要回家探望，因此子女守候在灵堂内，逝者入殓前每一夜都要有亲友伴守。演变到现在则是亲人们聚在一起，悼念死者，抒发缅怀之情。在净身仪式方面，净身也被称为"抹尸"，这是古时丧礼的规矩，自此流传下来。过去专门有单身汉用艾蒿熬水为尸体擦拭，主要擦拭头部，颈部、胸部、腹部则连同背部，脚踝，膝盖，手肘七处，称为"七擦"；他们认为这样可以将生前的孽障都消除，好干干净净去上路。而如今大多数人都找家族中的同性亲人来帮忙擦拭或交给殡仪馆来办理。在上坟仪式方面，扫墓俗称"上坟"，是祭祀死者的一种活动。通常是在忌日、清明节、农历七月十五、农历十月一日以及大年三十或正月初三，晚辈准备祭祀要用的物品（包括烟酒、香烛、纸钱、鞭炮、花圈等），去逝者坟前进行祭祀，或直接在家中摆设祭台祭拜，以表达对逝者的思念之情。如今祭拜则要统一去到墓区，祭祀物品也从传统的香烛变成花束，甚至在网络上出现了电子扫墓，是通过在网上设立一个网上陵墓，然后在该网站上进行上香献花等方式祭拜的扫墓形式。这种方式的出现，使丧葬仪式感大大减少。人们在希望简化仪式的同时，又希望能保留一定的仪式，最终造成丧葬仪式的"缺失"和"变异"。

（二）丧葬仪式深层观念的变化

1. 女性地位的变化。时代发展和经济水平提升使人们的思想观念也在快速转变，人人追崇平等、强调权利。在古时丧葬仪式中由于男女性别不同，仪式上也是差别对待，而如今则无差别对待。笔者亲身参与的 SDZ（女）的葬礼正是体现这一巨大转变，主动为女性办理完整的丧葬仪式，重视了女性的地位和情感诉求，也是丧礼中的一大改变。

2. "丧葬一条龙"的发展。近年来有一个发展很快的行业——"丧葬一条龙"服务，主要承办丧葬事项，包括寿衣、棺木、风水先生的聘请、宴会上的餐饮服务、花圈甚至贡品都会准备齐全。"丧葬一条龙"遵循生态文明的殡葬新风，提倡绿色殡葬、人文殡葬、节约资源的理念，为社会治安和环境保护做出了一定贡献，但这种由他人代为办理的丧葬仪式忽视了丧葬仪式原本含有的寓意，与传统丧葬理念相违背；甚至有人看到这一行业有利可图，便借机牟取暴利，在逝者体温尚存时，就会上门去"谈生意"，看似贴心却让人伤心，趁着主家悲痛之时，以及对应人们花钱越多就越孝顺的心理，抬高办理丧事的价格。选择"一条龙"也让原先依靠互利互惠维持的社会关系无法更好的发展，人们在葬礼中的交流也大大减少，葬礼无法发挥其社会关系的整合功能，从而大大降低了社会凝聚力。丧葬仪式本是在家庭内各个成员的相互协作配合下开展的，从宴请宾客到具体仪式的进行都需要每个成员的配合，在这种情况下，可以促进家庭内部的团结和睦，而选择"丧葬一条龙"则省去了这些步骤，无法很好地维系家庭情感。

3. 思想观念的变化。丧葬习俗从古流传至今，已有上千年的历史，不同的民族有着不同的仪式内容，但无论如何都是中华民族文明史的重要组成部分。丧葬文化与中华传统的孝道文化密不可分。丧葬仪式中处处体现了"孝"的理念，为逝者守灵、戴孝都体现了后辈的尽孝之心。随着社会的进步，文明的发展，丧葬习俗也随时代而变，注入了新内容。我们的祖辈从儿时起就耳濡目染，对丧葬仪式的程序与含义熟记于心并严格遵守。而当代的青年，从小就接受科学教育，大多数人都持有"无神论"的观点，相信科学的真相，将丧葬习俗视为封建迷信，他们更崇尚生前对老人的孝顺而不是死后虚无的仪式，就连生死观也与从前大不相同。中国传统生死观提倡"生死有命，富贵在天"，对生死的问题更是谨慎又敬重；而当代青年面对死亡是十分自然的，他们深知生死乃是自然界发展的规律，生亦欣然，死亦安然，活着就珍惜生命时刻奋斗，面临死亡也要坦坦荡荡，无所惧怕。

三、丧葬仪式的主要社会功能

"仪式"本身暗含着交往、合作、分享等含义，它通常被认为是一种具有象征意义的行为方式，可以沟通和维持群体的活动。[①]

（一）社会整合功能

在社会发展还没有这么迅速的时候，人类展开社会活动时绝不会以个体的形式行动，于是我们有了复杂的社会关系。社会关系宛如一个相互交错的庞大网系，每个人都身在其中。在乡土社会里，人与人之间的这种联系更为显著，村民大多都乐在享受这种情感性的互惠互利，一个庞大家族也通过这种仪式增强归属感和向心力，家族内每个成员共同见证葬礼的全过程并参与进去，相互配合着让葬礼顺利展开，葬礼的举办就强烈体现出这种亲属之间的情感联系，葬礼也使得这个家族由内向外的坚韧起来。葬礼的举办以某个人的死亡开始，随即就有大大小小的家庭代表涌入这个正脆弱不堪急需帮助的家庭，乡村的人情味就此体现。一个临时组建起来的自发组织分工明确、整齐有序地操办着整场葬礼，给予悲痛者足够的安抚，同时也带动他们一起着手忙碌眼下的事情。人们这时就像巨大的机器里的一个个齿轮，葬礼推动着他们的运行，每个人都致力于完成这件约定俗成的事情。事实上，无论是村子中哪户人家面临或大或小的事情时，都会得到相应的帮助，通过这种互惠互助的方式，让社会组织发挥了巨大的作用。法国社会学家迪尔凯姆认为，社会凝聚力是群体、组织和社会的重要特征，是一种对行为产生影响的、广泛的、多样性的事物。社会关系中组织、个体的相互往来都会产生社会凝聚力，他们之间的频繁往来更能增强其存在，从而维系社会生存，以达到社会的一种稳定状态。

社会的认同价值与族群紧密相连，许多仪式只有在所述的族群中才会产生特定的意义。[②]在丧葬仪式中，血缘和地缘这两重的社会关系网络得以维系和发展。

[①] 贾佳：《丧葬仪式的仪式传播解析》，硕士论文，西北大学，2017。
[②] 彭兆荣：《人类学仪式的理论与实践》，民族出版社，2017。

在柱山乡，丧葬仪式一边维系着家族成员内部的关系，另一边又维系着以自然村落为主的地域社会关系。比如 SDZ 的葬礼中，孝子的二叔作为丧事的总执事，帮孝子处理所有的事务。但是，笔者也发现，因为 SDZ 的葬礼在场镇举行，与在戈厂村举行的 LCH 的葬礼相比人气低很多。LCH 的葬礼，通宵都有人在守夜，晚上接近 9 点乐队表演完后，孝歌一直唱到了接近凌晨 4 点，在这期间一直有人在院子里打牌、聊天或听孝歌。但是 SDZ 的葬礼，虽然仪式完整，但是乐队在晚饭前就已经结束表演了，晚饭后也没有其他乐队演奏和孝歌演唱，而是直接进行其他丧葬仪式，整个仪式大约进行了 3 个小时，在晚上 10 点前全部结束。晚上除了几个孝子外，没有任何人守夜和娱乐。实际上就是因为丧事举办的地点不同而产生了差异，村民们大多会尽到邻里义务，但如果超出村落范围，一则交通不便，二则在观念上似乎有所不同。在调查中，几个吃完晚饭就打算回村的人告诉笔者："他们这个事儿都出了村了，我们来吃了饭送了人情就够了。"可见，地域作为文化空间对丧葬仪式来说也很重要。在村落的范围内，人们作为邻里可以牺牲自己休息的时间守夜，起到了巩固村落社会关系网络的作用。

通过丧葬仪式，亲族和村落邻里间通过彼此在这一特殊仪式中的"所作所为"（是否帮忙、礼金多寡等），会重新判断彼此之间的亲疏远近，这将影响他们今后社会关系的具体实践，这也正体现了丧葬仪式的社会整合功能。

（二）教育功能

1. 是对生与死的辩证关系的认识和教育。比如孝歌《杨家将》（ZGL 提供的孝歌歌书）中有一段歌词："孝子不必泪淋淋，人人都有父母亲，哪有长生不归阴。为人在世多行孝，何必人死泪滔滔；多份钱纸灵前烧，好送亡者到阴曹。"死亡是自然发展的必然结果，但由于它过于沉重，我们往往避而不谈。古时谈论生死的思想家也不少。孔子谓"杀身成仁"；孟子曰"舍生取义"；司马迁认为"人固有一死，死有重于泰山，或轻于鸿毛"。死亡不仅对于逝者是件大事，对于生者来说也意义重大。为了让逝者安息，生者安宁，世间对于安置逝者灵魂就十分谨慎，再加以对逝者的尊重，于是造就了一系列丧葬传统。逝者就此逝去，让活着的人承担悲痛，操办葬礼。葬礼不仅联系着生者与逝者，更是通过死亡来警示生者。生活不易，可面对生活的种种，无论我们多么艰难，都要学会珍惜。从我们孩童时期，就缺少对于死亡的认知，对死亡更是无知又无畏。对死亡没有准备使我们生活的态度十分随便，总会有人认为死亡貌似离自己很远，所以在生活中做着毫无意义的事。生若毫无意义，死亡又怎会圆满呢？如今我们最缺乏的就是对死亡的敬畏，心怀敬畏才能让我们的生命重新活起来。乔布斯说过："死的意义就在于让我们知道生的可贵。一个人只有在认识到自己有死的时候，才会开始思考生命，从而大彻大悟。不再沉迷于享乐、懒散、世俗，不再沉溺于金钱、物质、名位，然后积极地筹划与实践美丽人生。"

2. 对人类社会发展历史的再教育。在很多孝歌中，都有回顾历史的内容，比如《开歌路》的歌词："有巢氏，人多人吃兽，兽多兽吃人，架雀巢，避雨晴，百姓转打鸟兽吞。燧人氏，钻木来取火，烧烤食物得烹饪。史皇氏，有仓颉，看鸟兽，观脚印，观天象，察人形，造下文字记事物，万物各自都取名。祝融氏，听鸟音，作乐歌，神听和平人气和，能引天神和地灵。女娲氏，她用葫芦造成笙，开教化，育子孙，百姓听了开智化愚都聪明……"笔者和指导老师一行三人，在 LCH 的葬礼中观察了全部的孝歌演唱，虽然因为方言和孝歌说唱的特色问题，并没有全部听懂，但是在听懂的这段歌词中，依然惊叹于演唱者对社会发展历史的熟悉。他们演唱时完全脱稿，歌词全在心中，主唱打鼓，辅唱打锣，一唱一答，一唱一和，历史故事便娓娓道来。柱山乡的孝歌分为红本和白本，据介绍主要区别在于唱本和曲调。但是不管哪一种，主要演唱的都是历史故事，都有唱古论今，教育后人的作用。

3. 传统孝道文化的教育。传统丧葬仪式复杂而历时长久，以前族人和村邻往往会以丧家丧事办得如何来衡量是否尽了孝，在丧葬仪式中也强调孝子要亲力亲为，不能假手他人。在 SDZ 的葬礼中，整个夜间的仪式耗时很久，所有孝子都必须在灵前听候盼咐，其长子五十多岁了也全程参与，不敢偷半点懒。当主持人带哭腔介绍逝者的生平，如何含辛茹苦带大四个儿子和一个女儿，如何勤俭持家。刚开始时，跪在灵前的孝子们，表情还算自然，可当唱到母亲还没享福，还未留下只言片语就离开时，很多孝子都哭了，甚至女儿还号啕大哭。因为他们认为自己作为后人，母亲就此离开后，便无母可喊，生前应该多尽孝。丧葬仪式历时三年，一方面是让生者记得亲人的离去，另一方面又是让生者习惯这种失去亲人的状态，这其中无一不透露着当地人对孝悌的重视。通过丧葬仪式，孝道文化进一步深入人心。

（三）非遗文化传承功能

丧葬文化是中华文明的有机组成部分，"丧"本意指丧失，也有丢掉、失去的意思；"葬"本意指人死后盖上草席埋藏在草丛中。"丧葬"即意味着办理丧事和埋葬死者，其中包括举办各种相关的仪式。就柱山乡丧葬的"非遗"文化传承而言，主要体现在以下方面：

1. 丧葬仪式的文化传承，传承人主要是仪式的主持者——道师。笔者认识的两个道师报告人 WBJ（69 岁）和 CSC（50 岁，见图 4）是师兄弟，一个是大师兄，一个则是关门弟子，他们又有各自的经名（即法号）：慧经和慧苍。他们同辈的师兄弟有六人，但是现在只有他们二人还在从事丧葬活动。在 WBJ 的家中，我们看到了很多仪式的经书、文书以及法印。他说大部分是从师父那里传承下来的，也有一部分是自己购置或誊抄的。除了有形的书本传承外，丧葬仪式中的礼仪乐和唱词曲调则是靠在长年累月的学习中积累。作为道师，他们在丧葬仪式中用到的乐器主有鼓、锣、镲。在 SDZ 丧葬仪式中的开路仪式中，WBJ 打锣，FSW 打镲，CSC 打鼓；WBJ 和 CSC 主唱经文，FSW 则主要配合。这些礼仪乐曲没有曲谱，全靠师承口传。FSW 原来是学习吹打锣鼓乐的，后来又来跟着他们学习礼仪乐。FSW 的师兄 WXL 说："我大哥（即 WBJ）他们的鼓点和我们吹打锣鼓的鼓点不一样，像吹打锣鼓的这些乐器和曲子我都会，但是礼仪乐鼓点却很难学。FSW 的悟性很高，这和他长期跟随 WBJ 和 CSC 他们一起做事有关。"

遗憾的是，WBJ 和 CSC 现在都没有收徒，他们目前也没有收徒的打算和机会。他们说年　轻人没人愿意学这个，因为学习时间很长，而且现在社会提倡丧葬从简，很多丧家都会简化丧葬仪式，很多仪式他们现在都很少做了，仪式少了，收入自然也就少了。可见，这些丧葬仪式和文化的确面临失传的可能。

图 4　CSC 道师

图 5　青高和戈厂的吹打乐艺人在青岗寺前的吹奏表演

2. 吹打锣鼓乐的传承。在柱山乡的丧葬活动中，吹打锣鼓乐是必不可少的。我们还通过丧葬仪式结识了很多业余从事丧葬吹打锣鼓音乐的民间艺人，比如WXL、WLF、WDG，他们是当地 50 多岁、60 多岁和 70 多岁三代乐师的典型代表，他们的学艺经历也分别代表着吹打锣鼓音乐三种不同的传承方式，即：师承"入口传"、家族传承和自学。

其中，最具特色的便是师承"入口传"。所谓"入口传"所有的曲调都是由师父口头传承。口头传承具有一定的随意性，学习的时间就很长。据 WXL 介绍，他 17 岁时给师父写了"投师纸"（主要内容就是某某拜某某为师，出师时当面烧毁），一般师父会利用晚上的时间到家中来教学。吹打锣鼓的乐器主要有唢呐（分公母，也叫下字和上字，公唢呐响亮，母唢呐相对尖锐）、鼓、锣、镲、马轮（小家伙）和都轮。其中唢呐最难学，他本人学习的是下字，学习了三年，鼓学习了一年，其他的打击乐器则相对简单易学。但是"入口传"没有曲谱，完全凭借师父的技艺传承。所以，不同师父传承的引子（开始演奏时的开篇之曲）有所不同。WXL 他们七个师兄弟，他年龄虽不是最大，但入学早，是大师兄。

吹打锣鼓乐实际上应用的范畴非常广泛，几乎在所有人生礼仪中都可以使用，只是曲调不同。但是现在仅在丧葬仪式中使用，婚礼和寿宴中已经不用了。在调查中，我们几乎收录了柱山乡所有乐师的基本情况，现在年龄最大的 WDG 已经年近八十，年纪最小的 FSW 也有 49 岁，另外还有一位 50 岁的女乐师。但是，他们都没有收徒。WXL、FSW 这些相对年轻的乐师，除了在柱山乡，也经常到万州城里的丧葬仪式中演奏。据 WXL 介绍，他年轻时曾跟着师父出去参加丧葬仪式，有一次有 14 支吹打锣鼓队被不同的亲人或亲戚请到了现场，各队之间就展开了激烈的比赛，大家都吹不同的曲调，看谁的曲调多。据说当时他的师父很厉害，最后把那些乐队都吹赢了。这些传统民间音乐在丧葬文化中正苟延残喘，一般只在火化、"做大夜"下午（一般是中午 1 点到下午 6 点）和出殡时吹奏，时间很短，而且大多丧葬仪式中只有一支四人的吹打锣鼓队。但无论如何，这一非物质文化遗产仍然在丧葬文化中占有重要的地位。

3. 孝歌文化传承。在柱山乡，孝歌是丧葬文化中必不可少的一部分。如前文所述，柱山乡的孝歌分白本和红本。据介绍，白本曲调绵延悠长，唱腔温柔，注重主唱和辅唱之间的配合和衔接。而红本则节奏鲜明,唱腔曲折有力,更注重所唱故事的情节展现。所以很多人都说他们更喜欢听红本。在戈厂村 LCH 的葬礼中,我们听到的是白本。遗憾的是,同一天在青高村的另一场丧葬中,唱的是红本,但我们分身乏术未能到场观察。孝歌一般会唱通宵,在出殡前结束。

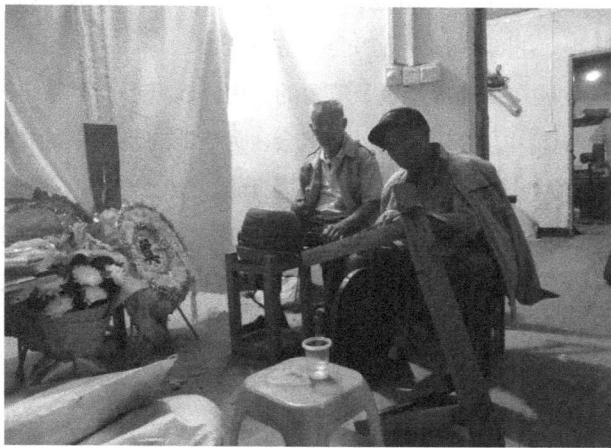

图 6   LCH 在丧葬仪式中演唱孝歌

(四)娱乐功能与催生乐队等相关产业发展的功能

丧葬的娱乐功能是比较显著的。人们在尽情歌舞和竞赛中感到轻松愉快,达到一种忘我境界,起到了一种精神调节的作用,并造成极为热烈的气氛。在这种丧礼中,人们由"死"想到了"生",由"死"想到了族人的繁衍,想到了男女情爱和婚姻,想到了传授知识,生产经验,伦理道德等。[③]

丧葬一方面能缓解丧家悲伤的情绪,另一方面也起到了所谓娱神娱鬼娱人的作用,当然这一切最终都会落实到娱人上。丧葬中的吹打锣鼓和孝歌本身具有鲜明的娱乐功能。

在柱山乡以及整个重庆地区的丧葬活动中,最具娱乐性的就是乐队表演。乐

---

③ 程连珍:《丧葬仪式的文化学阐释——三个民族丧葬仪式的社会功能比较及对精神文明建设的民族差异性理解》,硕士论文,武汉水利电力大学,2000。

队通常是丧家的亲戚出资邀请的。表演包括唱歌、舞蹈、小品、耍狮子等，地方特点鲜明，主要采用方言。在柱山乡场镇上有两支乐队，其中一支乐队还因为有"母狮子"表演而大受欢迎。所谓的"母狮子"，就是耍狮子的人都是女性。

除了乐队外，还有从事餐饮和丧葬的"一条龙"服务。丧葬"一条龙"服务，指主家将逝者的身后事完全交给他人去办，包括寿衣、棺木、风水先生的聘请、宴会上的餐饮服务、花圈甚至贡品都会准备齐全。

"一条龙"的发展在丧葬中产生了重要的作用，而且形成了一定的产业，不仅减轻了村民的体力付出，也创造了新的就业机会，为当地的经济发展做出了贡献。

总之，丧葬作为当地的文化，存续了几千年，虽然发生了诸多变迁，但是其基本功能不变。丧葬仪式的社会功能也可能随着社会的发展而变化，但是作为中国传统文化和习俗重要的一部分，丧葬文化还将继续存在，继续发挥其应有的社会功能。

四、结语

我们对柱山乡历史文化和民俗的调查基本已经结束，丧葬以及相关文化的调查几乎贯穿了调查的全过程，可见其复杂性和多变性。一方面，丧葬仪式顺应社会的发展逐渐开始简化；另一方面，其社会功能还将继续发挥作用。丧葬仪式在社会中所发挥的整合作用和教育功能是不容小觑的。但丧葬文化的一些不和谐因素，也应该值得我们反思。比如，丧葬中的乐队表演，一些内容比较低俗，对乡村精神文明建设起不到良好的作用，必须加以正确引导。而且，也要警惕一些人利用丧葬进行敛财或者炫富。丧葬文化流传了几千年，随着社会的变迁自然也会发生相应的变化。生活需要仪式感，仪式让人们更重视自己的身份、地位和职责，仪式让人们在变化的角色中能更好地接受和适应新的状况。丧葬仪式也是如此，它既体现着对生命的重视，对美好过往的追思，对亲友情感的寄托，更给了生者一个适应的过程和阶梯，这正是它存在的意义和价值。而与之相关的很多民间文化也并不是单纯地只为丧葬而存在，它们是人们历经岁月沧桑遗留下来的自我解脱和安慰的一种方式，体现着不同民族、地区族群在不同历史阶段的审美情趣和社会发展状况，应该受到重视和保护。总之，无论丧葬仪式和社会功能如何变化，作为传统文化的一部分，它仍将存在并继续发展，对其的正确引导则显得尤为重要。

指导意见

北方民族大学

李　军　张福强

　　焦宝琴同学的论文以甘肃陇西地区汉族的丧葬仪式为中心，对葬礼的具体过程及主要的仪式都进行了详细调查和描写，最后运用文化人类学的基本理论对葬礼进行了简单分析。文章资料丰富，结构合理，论证规范，语言流畅。文章对葬礼的每一细节叙述较为详尽，读者可从文字中较为直接体悟到葬礼的各种行为及蕴含的集体情感，这是作者处理得较为成功的一点。

　　需要改进的地方主要有三点：第一，研究前史梳理得不够，导致文章没有问题意识，没有按照学界仪式研究的既定学术轨迹开展接续性研究；第二，没有采取区域比较方法，导致学术张力不够，仅讨论甘肃陇西汉族一个村庄的葬礼仪式，与空间布局上的点或在时间轴线上的点没有开展对比，就事论事，就点看点，导致文章后劲不足；第三，对民族学、人类学理论的掌握还有待提高，仪式是研究象征世界最重要的切入点，相关研究极其丰富，范式也较为多元，但作者在最后的分析中体现较少，仅蜻蜓点水，点到为止，让读者意犹未尽。

　　总之言之，文章虽有一些不足，但瑕不掩瑜，作为一名初学者的研究习作，它是一篇较为成功的阶段性成果，从中可见作者研究热情、研究态度及相对扎实的基本功底，希望焦宝琴同学再接再厉，在接下来的学习中能产出更多优秀的成果。

甘肃陇西地区汉族的丧葬仪式调查

北方民族大学历史专业 2017 级本科生　焦宝琴

指导教师　李　军　张福强

摘要：丧葬仪式在诸多"过渡礼仪"中有较强的代表性，本身具有很强的象征性，只有把仪式放在现实世界中，才能认识到其本质意义。陇西地区的丧葬仪式，形式十分多样，各个环节十分繁杂，其所体现的意义也十分深刻。整个丧葬仪式有七个环节，葬礼结束之后，仍然需要遵守一些礼仪。从其功能分析，丧葬仪式更多的是蕴含着一种情感意义。对于参与仪式的人来说，仪式绝非仅仅是"灵魂世界"的表现，更重要的是透过共享的知识与文化，实现一种情感的传递，从而激发参与者的情绪，增强他们对于现实世界的认同感与所属群体的凝聚力，而这需要借助中国传统文化的意义之网才能实现。

关键词：陇西；丧葬；仪式；情感

在中国汉族的各种传统文化仪式中，丧葬仪式十分重要。它历千年发展而经久不衰，有着极其丰富的内涵，是汉族精神世界的最为重要的象征表现形式之一。研究丧葬仪式，对于我们认识现实世界的本质，有着十分重要的意义。丧葬仪式主要包括从人去世之前的准备工作到下葬之后的一系列葬礼。关于丧葬仪式的研究，一直以来都是学者关心的重点话题。

对于传统丧葬仪式的研究，从 19 世纪 80 年代起就陆续有学者开始关注这一方面的研究，因为只有少量的研究著述，所以相关的研究并未引起足够的重视。进入 20 世纪以后，这种情况发生变化，丧葬仪式的研究著述开始增加，也得到了足够的重视。在丧葬仪式的情感研究方面，徐琳的《明清时期晋西北地区丧礼研究》一文，涉及了明清时期晋西北地区的丧葬仪式以及它的变化，并且认为丧葬仪式的制定一方面是缘于地方的情感内核，另一方面丧葬仪式随着社会的变迁中也在不断变化，而在这种变化中，人们更应该要做到人情与礼制的一个平衡。[①]孙璞玉的《丧葬仪式与情感表达：西方表述与中国经验》主要对中国丧葬仪式中所表现出来的情感内涵以及西方学者与中国学者对于丧葬礼俗研究的不同进行了探讨。[②]

另外，从丧葬仪式中所包含的社会人类学方面出发，徐俊六的《仪式、表征、变迁与功能：一个汉族村落丧葬活动的人类学考察》，认为丧葬仪式作为个人在人世间的最后一个人生礼仪，是生者对于死者的告别仪式，其中对于丧葬仪式所蕴含的人类学内容与意义对构建和谐的村落空间格局的作用进行了分析。[③]林耀华的《义序的宗族研究》从研究丧葬仪式的过程出发，说明传统的丧葬习俗与中国血缘宗族之间的关系。[④]彭兆荣《人类学仪式理论的知识谱系》对人类学的仪式做了研究，认为仪式必然与地方性的伦理和知识体系结合起来，形成具有地方特色和时空限制的仪式实践。[⑤]

通过上述的分析与总结，可知传统丧葬仪式研究的范围在进一步的扩大，相信在越来越多的学者关注下，丧葬仪式研究的成果定会越来越丰富、全面。在中国传统的丧葬仪式当中，丧葬仪式不仅仅是对"万物有灵论"的阐释，也是在长久的历史演变过程中，丧葬仪式与宗教开始联系在一起的一种表现。以陇西县为例，丧葬仪式不仅仅传承了中国传统的丧葬仪式中的一部分，也具有这个地方独

---

① 徐琳：《明清时期晋西北地区丧礼研究》，硕士论文，山西师范大学，2018。

② 孙璞玉：《丧葬仪式与情感表达：西方表述与中国经验》，《思想战线》2018 年第 44 期，第 50—56 页。

③ 徐俊六：《仪式、表征、变迁与功能：一个汉族村落丧葬活动的人类学考察》，《大理大学学报》 2018 年第 7 期，第 17—25 页。

④ 林耀华：《义序的宗族研究》，生活·读书·新知三联书店，2000，第 72 页、第 107 页。

⑤ 彭兆荣：《人类学仪式理论的知识谱系》，《民俗研究》2003 年第 2 期，第 5—20 页。

有的特色葬仪以及称呼。但在我看来，地方性的伦理与知识体系，一般都脱胎于中国这个大的社会主旋律，因此，虽然地方丧葬仪式有其与众不同的特点，但是整个所体现出来的内核还是与传统的中国文化脱离不了。[①]

本文结合了之前多位学者对于传统丧葬仪式的研究观点，在此基础上提出来自己的观点，但是这种观点还不太成熟，并且它的成立还需要更多的事实来支撑。

一、葬礼的具体过程

（一）准备后事

准备后事一般有两个步骤，一为缝制寿衣，二为打造棺木。缝制寿衣是极其有讲究的。无论是在夏季还是冬季，必须以厚实的棉衣为主。在缝制的过程中，缝制寿衣的线头不能打结，衣服的用料以棉为主。寿衣是带有盘扣的红色棉衣，一般是上衣七件，下衣五件，凑单不凑双，上衣与下衣相差两件。帽子有点类似于瓜皮帽，但也是棉布制成的，鞋是黑色的棉鞋。

在打造棺木的过程中，要讲究开工的时间，要请专门的风水先生来"看日子"，并且，在打造棺木的工人以及画师开工的日子里，主人家必须尽心尽力地招待，不可敷衍。在棺木上作画也有讲究，两侧的绘画主要以二十四孝图为主，棺木的大头和小头的绘画也有讲究。一般来说，棺木的画师一般都会自己携带二十四孝图作为主要的绘画蓝本，再由主人家选择。

这两件事必须要在老人去世之前准备好，当然这是正常程序的丧事之前必备的工序，一般做这两件事情的费用由长子承担。棺木打造完成之后，要放置在一个没有住人的房间，并且用厚实的棉被盖起来。一是因为这是丧葬所用的器具，二是不能让家中老人亲眼看见，虽然老人都知道。在陇西县，这也俗称"避煞"。寿衣制作完成之后，由老人亲自保管，因为寿衣并不只是外衣，还包括里面的衣服，从里到外是一整套，这也是出于私密性的考虑。例如笔者家中的棺木，就放

---

① 李建宗：《隐匿在丧葬礼仪背后的几种意识——以甘肃省陇中地区为例》，《华南农业大学学报（社会科学版）》2008 年第 2 期，第 125—131 页。

在很少有人进出的西厢房，并且一般家长会告诫孩子们不可以去那间屋子，因为小孩子的体质是非常弱的；而寿衣就由家中的老人保存，放在自己居住的屋子里面的箱子中的最底层，也俗称"压箱底"，因为每个人还是希望自己能够长寿，无病无忧的。

（二）报丧

在陇西县传统的丧葬仪式当中，报丧是不可缺少的一步，并且有专门的程序。若家中去世的老人是女性，那么最先报丧的对象，便是娘家人；若为男性，便是"房向"人（陇西方言）。所谓"房向"，指的是父亲这一边的亲戚。在陇西县，还有一种说法叫作"亲房"，是亲戚中最亲的人。一般来说，在女性去世之后，报丧要比男性更加重要，一是因为一般男性的亲属所处距离更近，甚至本身就一直生活在一起，因此大多数时候并不需要专门报丧；二是因为在陇西县自古以来的传统思想当中，虽然"嫁出去的女儿泼出去的水"，但是无论女性在夫家生活了多久，骨头架子还是属于娘家的，这是谁都无法改变的，并且娘家的人距离夫家可能更远一点，因此需要报丧。[①]

在老人去世之后，主人家并不会离开家门。其实在整个丧葬仪式中，主人都不会离开灵堂，因此报丧的人会选择庄里人，也就是邻居。一般来说，会选择两个人赶往娘家通知丧事，娘家人听到消息之后必须马上收拾东西赶往葬礼现场。

在传统的丧葬仪式当中，男性去世之后要向"舅家人"报丧，但是在陇西县的丧葬仪式当中，这一步是省略的，因为男性的家属一般都是比邻而居。若是一个比较大的家族，比如陇西县冯河村的焦家，在这个村子里是一个大姓家族，被分为本家和分家，离得最远的几家人走个十来分钟也是能到的。这种以血缘关系结合而成的小村落，在陇西县比比皆是。因此，对于报丧这一环节，会按照自身的背景环境而随机变化，现在的报丧，只存在于一些偏远的山村之中，而在城市则采用现代通讯方式通知亲属。

---

① 武小芸、冯建新：《甘肃陇中地区传统丧葬习俗探析——以靖远县村落调查为例》，《文化学刊》2018 年第 11 期，第 18—21 页。

（三）停灵

在中国传统的丧葬仪式当中，若家中有老人即将去世，亲人要趁老人还有呼吸之时给他（她）洗净身体，然后穿上寿衣。因为在陇西县人们相信，如果在人死后再穿的衣服，是不会被人带到阴间去的。其次就是在人死之后穿衣服会比较困难，种种因素造就了这一特殊的习俗。等老人停止呼吸之后，儿女们会给老人的脸上盖上一张白纸，也就是"阴阳相隔一张纸"。盖上白纸之后，儿孙们会号啕大哭，告知周围的邻居和庄里人家中有老人去世（一般在这个时候，全村的人都会来这个家中帮忙，赚取"人情"）。将逝者放入棺木之后，就要开始布置灵堂了。特别要说明的一点，在停灵的这整个过程当中，棺木是不能盖上的，当地人认为这个时候逝者的灵魂还会对阳世有所留恋，并且灵魂也未彻底脱离躯体，如果这个时候盖棺，会让逝者的灵魂无法分离，从而无处可去。①

其次，布置灵堂也是很有讲究的。灵堂要设在家中的主屋或者是祠堂，灵堂后面摆放棺木，方向由风水先生来测算，摆放好之后，在前面会用白布搭一个隔间，将棺木遮住。然后在隔间前面摆放一个桌子，放置灵牌以及香火。而在桌子的前面，会找一个盆放在地上，俗称"孝子盆"，在停灵的三天内，前来祭拜的亲戚会在里面烧纸钱。盆里的灰是不允许倒掉的，要在最后下葬的时候与其他的纸火一起烧给逝者。这是因为"孝子盆"中的灰越多，越能体现这个人在生前人缘好、家庭和睦，是一种"排面"的象征。而将棺木放置在灵堂三天，谓之"停灵"。

"停灵"为什么必须停留三天呢？这或许可以从陇西县所流传的故事当中窥其原因。其中有一个故事是这样的，曾经一家人有一位老人去世，后辈们当天晚上将他就下葬了，但是老人到了"阴间"之后，发现自己阳寿未尽，于是重新回来，但是这个时候已经下葬无法再次回到阳间，而他也无法去往"阴间"，因此开始游荡，无家可归。当地人认为人死之后，灵魂一般会在躯体之内停留三天，三天之后灵魂才会真正离开躯体，这也就是要停灵三天的原因。另一个故事则说，有位老人只是假死，但当时家里人急忙下葬，老人在清醒之后却无法从棺木里面挣脱，因此被活活憋死，所以有了停灵三天的规定，并且在这三天内也不能封上

---

① 梁慧杰：《中国农村丧葬文化中的仪式研究——以山西省 X 村的丧葬仪式为例》，硕士论文，山西师范大学，2018。

棺盖，大概也是为了避免发生这种情况。

在布置好灵堂之后，主人家要做五件事：一是请风水先生，这是极其重要的，风水先生要根据老人去世的时间，测算下葬时间。二是要请"总理"。"总理"在陇西县，由年长的具有一定声望的人来担任，因为在守丧期间，主人家是没有时间去管理烦琐的事务的，这时候就需要一个熟悉丧葬仪式的人来统筹安排各种事务，"总理"的主要职责就在于此。三是要请"叶公"。在陇西县，"叶公"就是吹奏哀乐的乐团，主要由唢呐、鼓组成，他们的任务也极其重要，一般是三人为一组，在亲戚到来即哭丧开始时，吹奏哀乐，每天至少吹奏十几次。四是要请厨师，这一步由主人家的经济状况来决定，经济条件好的人家会请专门的厨师来家中，为来祭拜的客人做饭，而经济条件差的人家一般会请庄里人帮忙。在陇西县，大多数的葬礼上都会请拉面师傅，一则是简单省钱，二则是陇西县地处甘肃，牛肉面一直就是极负盛名的食物，因此在面子上也过得去。

最后很重要的一件事，便是购买"纸火"。"纸火"的多少不仅仅是衡量一个家庭的经济情况的标准，还是亲人对于逝者的情感表达的方式。在陇西县，无论"纸火"的数量是多还是少，有四样是必不可少的：一是童男童女，二是金元宝（或称为摇钱树），三是一马一夫，四是"引魂幡"。童男童女和一马一夫就不用再多说了，就是为了让逝者到了另一个世界可以更好地生活，金元宝的作用也是如此。而"引魂幡"所代表的含义则尤为重要，它指引着亡灵归去的方向，一般会在停灵期间被放置在门口，到下葬时由长孙手持，代表着对亡灵的接应以及超度。

停灵在葬礼过程中极其重要，不仅是因为这个过程占了葬礼整个过程的大部分，更是因为在停灵期间要进行各种丧葬仪式。在停灵的过程中所举办的仪式就是丧礼了，也可说是葬礼的表现形式。这些丧礼，可以说是构成了丧葬仪式的绝大一部分。

哭丧应该是葬礼中最具代表性的仪式了。作为一种以哭的形式来表达对逝者哀思的礼俗，哭丧仪式贯穿葬礼的始终，这里主要介绍在停灵期间所进行的哭丧。在陇西县，停灵期间哭丧多达数次，哭丧主要在亲戚来祭拜时，由"总理"通知主人，然后"叶公"吹奏哀乐，由长子带领其他服丧者，哭着迎接到来的亲戚。

哭丧代表对逝者的挽留，也是对外进行情感表达的最为直接的一种方式，因此，哭丧成为整个丧葬仪式中最常见的，也是连接整个丧葬仪式的重要仪式。

（四）守灵

守灵是在停灵期间丧礼的表现形式，最为主要的其实是对戴孝之人的一些规定。

设置好灵堂之后，逝者的遗容是不允许观看的，只有等到守灵的最后一天，即停灵的第三天，由风水先生批准后才可以观看，这在下文中会讲到。棺木的大头朝着西北的方向，然后在大头放一碗半生不熟的米饭，俗称"倒头饭"。"倒头"就是人咽气了，"倒头饭"的意思是逝者在生前的最后一顿饭，半生不熟寓意这顿饭做得太过于急促，甚至都没有蒸熟就端上桌了；旁边放一盏清油灯，也就是"照明灯"，照明灯"不葬不灭"，只要逝者不下葬，照明灯就不允许灭掉。[①] 让"照明灯"不灭的责任由长女来承担，在守灵期间添油、剪灯芯等由长女亲自做。在守灵期间，一般由长子坐在棺木的小头，也就是亡者的脚旁边，长女坐在亡者的头旁边。

中国传统的丧葬礼仪中，有"五服"制度，也就是丧服的五种不同的体现。在陇西县，守灵期间，服丧的人会分别戴两种"孝"，一为"麻孝"，二为"白孝"。长子戴"麻孝"，即丧服由生麻制作而成；其他的儿女和孙子孙女戴"白孝"，即丧服由粗糙白布制成；然后就是再下一辈，也就是孙子辈的儿女，以陇西方言来说就是"从孙"，要带"花花孝"，"花花孝"指的是他们的丧服要有红色，一般会在白色的丧服上面缝一块红色的布。与丧服相似，丧帽的制作也这样划分，长子的丧帽由粗麻编制，而其余人的丧帽由白布制成，除此之外，长子的丧帽两边会挂两个用棉花搓成的小球，来与他人区分，也代表着服丧程度的不同。除此之外，对于"出五服"的亲属，会在鞋上缝一块白布，代表他们也是戴孝之人，但对他们没有"五服"以内的亲属那么严格的要求。

其次，便是对于长子单独的严格要求。在为逝者守灵之时，长子不得上床，只能睡草铺，不可大声说话，不可抬头看人，不可大步行走。在陇西县，长子在

---

① 丁宇文：《汉族丧葬仪式民俗研究综述》，《大音》2012 年 6 月第 1 期，第 227—257 页。

守灵期间，不能将鞋穿好，一般都会半穿，拖着鞋走路。这是因为在中国古代社会中，父母是子女的"天"，并且长子的权利与义务要比其他的后代更重，因此父母去世对于长子来说意味着"天塌了"。

在灵堂的右边，设置一个用干草铺就的小空间，在停灵的三天，长子与其他的儿女们就在这里休息。守灵的时候，除了长子需要一直在灵堂之外，还需要其他的儿女及孙辈们亲自印纸钱，这也是戴孝的儿女们在守灵期间所要做的事情。亲自印好的纸钱越多越好，这体现了儿女后辈们对逝者的孝道，与中国传统的社会文化相符合。

在守灵期间，会有许多人前来吊唁，包括亲戚、朋友、庄里的邻居等。但并不是每一个人来都会进行哭丧，只有在重要的人来时才会通知"总理"，然后由"总理"安排，几人为一组，戴孝之人出灵堂进行哭丧仪式。例如，娘家人来时，之前安排的人会放鞭炮通知戴孝者，然后由"总理"通知风水先生，风水先生设祭坛，念祷告词。这个祷告词也是有讲究的，一般风水先生会左手拿一本自己的经书，右手持"引魂铃"，边摇动铃铛边念。完毕后，"叶公"便会吹奏哀乐，然后由长子举着逝者的牌位，哭丧迎接前来吊唁的人。这个仪式一般会在院子里面举行，由服丧者围绕着娘家人形成一个圈，然后边哭边转圈，有的地方娘家人在这个时候也会下跪哭泣。哭丧完毕后，由"总理"吆喝，进入灵堂，烧香叩拜。一般是三根香，一拜三叩首，然后站起来再拜三次。在这个时候，服丧的人要跪在灵堂外，并且不能发出哭泣之声，直到娘家人祭拜完毕，由"总理"带领着去到主人家专门为娘家人准备的房间里面休息的时候，服丧之人才会起来，然后进入灵堂的"草铺"中，继续守灵。

（五）出纸

在停灵的第三天，进行的最主要的仪式便是"朝祖献饭"。"朝祖献饭"就是将逝者的灵牌放在祖先的牌位旁边，意味着告诉祖先家中有人去世。这里也包含着一种大团圆的思想，"献饭"就是为了让一家人在这个日子里面团聚，到时候好互相照顾。

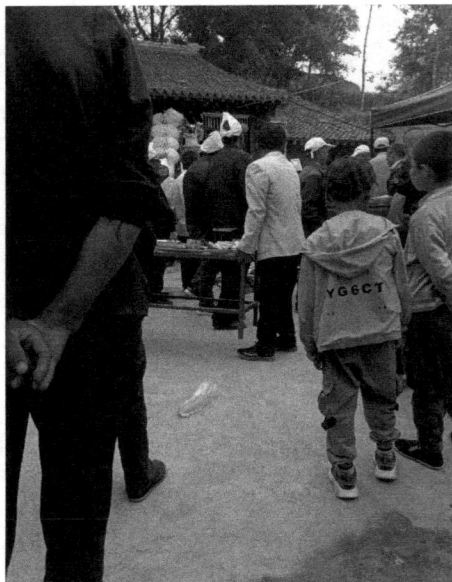

图 1 朝祖献饭

　　其次，在第三天"朝祖献饭"之后进行祭祀。当然，这个祭祀是分情况的，经济条件好的人家一般会杀羊作为祭祀的物品，而条件差的人家一般是宰一只公鸡，因为在陇西县，公鸡打鸣一般会被认为是指引灵魂进入另一个世界，虽然现在人们的经济条件已经变好了，但是还会杀鸡。杀羊的人也有，只是很少。祭祀完之后的一项重要工作就是出讣告。

　　在陇西县，人们通常在一块长方形的木板上面用糨糊贴一张白纸，在白纸的左边写儿子和孙子的姓名，女性的姓名一般不会出现在讣告上。在白纸的右边写逝者的生平，要以长子的口吻来写，写上逝者的生平，即出生于何年何月，亡于何年何月何时，干了什么事情，养育了多少人等。讣告写完之后要立在门口，这就是正式向世间宣布老人去世了。到了晚上，风水先生念经超度亡灵，主人家哭丧，准备钉棺，整套葬礼仪式也就告一段落了，进入了下一个阶段。

图 2　哭丧仪式

图 3　出纸

（六）钉棺

在陇西县，在逝者去世第三天，也就是停灵的最后一天，风水先生会让逝者的子女儿孙们瞻仰遗容，并且进行"铺寒"（陇西县的方言）。"铺寒"指的是一种红色的布料，要在纸火铺专门定做，并且儿子和女儿要分开做。

在陇西县，"铺寒"有一种传统的习惯，即"儿铺女盖"。儿子和孙子们的"铺寒"要铺在逝者的身上，而女儿和孙女们的"铺寒"则由两人各执一头，盖在逝者的身上。除此之外，"铺寒"的数量没有限制，但是必须以单数为准，忌双数。"铺寒"之后，由风水先生念经，然后盖棺、钉棺。一旦盖棺，就象征逝者在这个世界的结束。此时，亲属们的哭丧也极为热烈。

钉棺之后，并不会马上出丧。这一天晚上，服丧之人不能休息，而且彻夜不能闭眼，他们认为，若是闭眼，第二天棺木会沉重无比，逝者的亡灵会不愿意离开家。虽然这些说法并不真实，但也都是几辈人传下来的规矩，人们自然也就遵从行事。

（七）起丧以及下葬

起丧的时间，在陇西县被分成了两个时间段，称之为"早葬"和"晚葬"。"早葬"是在停灵结束后，也就是逝者去世之后的第四天早上，即日出之前，抬棺下葬；"晚葬"是在第三天晚上或第四天晚上，即日落之后下葬。在陇西县，大多数人家会选择"早葬"，但也有特殊的情况。比如，在陇西县的某个村庄，老人与他的儿子同时去世，在这种情况下，老人"早葬"，而他的儿子"晚葬"，当然这种情况极为特殊和少见。

随着"总理"的一声"抬棺起丧"，整个丧葬气氛达到了最高点。人们开始撤掉灵堂，拿着绳子、棍子准备抬棺，亲属们在这个时候一般都是哭到无法控制。

在下葬之前，风水先生已经测算好了风水，选定了墓地。墓地从守灵的第一天开始挖掘，然后要把握时长，不能在下葬之前就早早挖好，也不能在下葬之时还未挖完。因此墓地的挖掘要在停灵的三天之内连续并且有序地进行。从主人家到达墓地的路线也是由风水先生提前测算好的，走哪条路，经过哪些人的家门口，都会有人先行告诉那些人家，在主人家抬棺经过的时候，那些人家会在门口放一堆柴火，然后点燃，这就是"路祭"。进行路祭的原因在于给亡灵指路，让亡灵不要迷路，不要随意进出别人家。

抬棺的人选也是由风水先生指定的。抬棺之人不能是逝者的亲属，必须是与主人家相隔较近的邻居，奉行的是"远亲不如近邻"的传统思想。其次，长子头顶着"孝子盆"踏出灵堂，将之交给风水先生，然后长子接过逝者的牌位，走在送葬队伍的最前面，然后由长孙举着引魂幡跟着，之后就是棺木，其后便是各式各样的纸火。

到达墓地之后，风水先生要先下墓地进行勘测，棺木的放置必须朝向西北。因为棺木的形制是一头大一头小，若摆放方向是正南或者正北的话，对于家中的子女们不公平。他们相信，若为正北，则对小儿子不公平，若为正南，则对大儿子不公平。因此，一般在风水先生勘测好位置之后，长子也要下到墓穴之中，亲自检查方向是否正确。勘测完毕之后，下放棺木，棺木的顶上要盖一层红布，然后将长孙手里拿着的"引魂幡"分成两份，将引魂幡的"幡"放到棺木上，由长子用铁锹盖上第一把土，之后村里的男人接手一起填土。填好土之后，开始插"孝子棒"。"孝子棒"是直系亲属每人一根，由柳树制成手腕粗细，长50厘米左右的棍子，上面会缠着白纸，安插的顺序为同一辈人插一排。例如，在笔者的奶奶去世时，笔者的爸爸姑姑插一排，一共六个人，第一排插六根；然后是笔者和笔者的弟弟，因此第二排插两根；若是笔者和笔者的弟弟有后代，那么会从第三排开始插，以此类推。插完"孝子棒"之后，将之前"引魂幡"的"魂芯"，即一个硬木棒的纸花插在坟头上，这也就意味着下葬完成了，然后就开始摆放纸火、花圈等。在摆放好纸火之后，最为盛大的一场哭丧就开始了。在这个阶段的哭丧，参与人数众多，也是整个葬礼仪式中最受重视的，表达着对逝者的思念，以及本身的哀痛之情。这种哭丧不仅仅是情感的一种宣泄和表现，也是作为一种介于语言和生理现象之间的象征文化，表达了人们内心的心理情感。[①]

---

① 程国斌：《乡关何处？——中国传统文化中死亡、灵魂与遗体处置的观念》，《文化研究》2018年第4期，第70—88页。

二、葬礼后的各种仪式

（一）"悬门纸"

古人认为逝者的灵魂在离体之后不会立刻去往"阴间"，而是会在自家的房门上停留三日，这既是停灵三日的理由，也催生了后续的一些仪式，最具有代表性的就是"悬门纸"。

在下葬的三天内，每天晚上主人家都要给逝者烧纸钱，谓之"悬门纸"。在笔者曾经亲身经历的一场葬礼中，"悬门纸"一般是在下葬的第一天开始的，第一天在大门口贴着讣告的地方烧纸。这个纸除了在纸火铺购买的以外，还有由长子亲自打好的纸（首先由白纸进行折叠，然后用一个生铁制作的模子，模子是马蹄形状的，用木棒敲打，折叠的白纸上面就会出现月牙形状的痕迹，一整张白纸展开后上面有着要断不断的圆形印记）；到了第二天晚上，要比前一天晚上烧纸的地方远三步，也就是三米，第三天晚上再远三米。当地人认为逝者下葬之后，灵魂并不会停留在墓地，而是会跟着亲人回家，但又进不来家门，因此会在门口徘徊不离开；主人家同样不舍，因此就有了"悬门纸"，每天烧纸远一点，直到第三天晚上亡灵才会真正回到墓地。这个时候，过了晚上 12 点，所有穿戴孝服服丧的人们会集体来到墓地，不能说话，也不能哭泣，要围绕着墓地转一圈，这是为了让亡灵数一数自己的家人，让他走得更加安心一点，之后再烧一点纸钱，就可以离开了，这时候"悬门纸"便结束了。

"悬门纸"是亲人之间的一种情感表达。

（二）"七七"

自下葬之日算起，每隔七天，长子都会带领其直系亲属去往墓地烧纸钱，有"头七""二七""三七""四七""五七""六七"和"七七"，其中，"头七""五七"和"七七"最为重要。因为在人们眼中，以七天为一周期，是逝者"回家探亲"的时候，而"七七"一过，除非主人家主动邀请，否则无法回来。"七七"烧纸的时候，一般会选择在日落之时，当地人认为在日落之时，所烧的纸钱在

"阴间"会更值钱。

"七七"更加偏向于一种仪式感，是为了说明亲人们已经慢慢走出逝者去世带来的伤痛。"七七"一过，就说明了逝者与这个世界的联系已经斩断。

（三）"百日"

在逝者去世的第一百天，所有家族亲属都要去墓地进行拜祭，这是告诉逝者，亲人们一切都好。这也是丧礼仪式中偏向仪式感的一种表现。

在下葬之后的一百天内，所有服丧的人都不能脱下孝服，即使是睡觉的时候也要穿着孝服。而且长子的鞋也要一直拖着，不能完全穿上，这象征着这个人家正重孝在身，无法进行其他的活动，因此在这个时候村子里的人一般都是能帮就帮，不会推辞。等到了一百天，主人家会到墓地烧纸钱拜祭亡人，等到烧完纸钱就可以脱下丧服，表示重孝的时候已经过去，生活也可以回到正轨了。

（四）守孝三年

在逝者去世的三年当中，每一年的下葬之日，都要"大办"，这时可以不宴请庄里人，但是亲属必须参加，并且要有"纸火"。在这三年期间，子孙后代不能嫁娶办喜事，过春节的时候不能挂红灯笼、贴红对联和燃放鞭炮，这也是体现了亲人们对于逝者的一种缅怀之情。除此之外，在这三年期间，戴孝之人不能进入别人家里的大院，只能在院门外面等候。

以陇西县为例，在守孝的第三年，有一个非常特殊的环节，那便是开棺。当地人对于这个传统有两种解释，一是为了表达未亡人对于逝者的怀念，他们会开棺最后再瞻仰一次遗容；二是人们认为如果逝者的家族在这三年期间经历了重大的变故，就是因为当时下葬的时候棺木摆放的位置不对，因此要在三年之后，重新确定棺木的摆放位置，并且进行"填土"。"填土"要选择一个好的地点，用那个地方的土，请风水先生念经，然后用簸箕一点点地往坟头上倒土，修缮墓地，这也是未亡人孝心的体现。

三、丧葬仪式的简单分析

中国传统的丧葬仪式，不仅仅是简单地作为一种让人遵守的仪式流传下来，而且也蕴含着情感的表达。在陇西县一场普普通通的丧葬仪式中，一般会有三个高潮，一是出纸时的"朝祖献饭"，当未亡人抱着逝者的牌位，去和自己的祖先见面时，这时候未亡人会到达第一个情绪爆发点；其次便是起丧之时，"总理"一声令下，撤灵堂起棺，这个时候的人们会到达第二个情绪爆发点；第三个便是下葬之后的哭丧时期，这个时候之前两个情绪爆发点因为种种原因的戛然而止，都会在这个时候集体爆发出来。三个情绪爆发点，一个比一个急促，一个比一个深刻，这就是丧葬仪式的情感含义。就算是一个情绪极其内敛的人，在一重又一重的情感压抑之下，到了最后也会忍不住爆发出来。传统的丧葬仪式，不仅仅是为了让人们与逝者做一次盛大的告别仪式，也是为了让人们的情感宣泄出来，这与中国传统的文化核心相统一，也是孔子思想中最为重要的一点——"礼"。①

从上述一系列的丧葬仪式当中我们可以发现，丧葬礼仪与中国传统的儒家文化息息相关。丧葬仪式的产生，与人们心底想要相信自己还有"来生"是有必然的联系的。②例如，我们可以从这一系列的丧葬仪式中看出，无论是停灵还是守灵，以及之后的下葬送丧，都在为逝者的"另一种生活"做准备，可以说是在尽孝道。从中国古代的传统文化来看，中国社会自古以来就是一个人情社会，而人与人之间的关系，大多都是由血缘与人情搭建起来的。③血缘就不用再说，这是人与人联系最主要的一种方式，丧葬仪式中所包含的也就是血缘关系在具体形式上的一种体现。除此之外，还有人情。从上文中我们可以看到，如果村里有一家人办丧事，整个村子里的人都会来帮忙，这就是人情，今天你帮了我，明天我帮你，邻里之间的关系也是如此维持的，人情也在这时传承下去，这就是人类社会

---

① 李永萍：《仪式的"礼"化：一种社区秩序再生产机制——关中地区丧葬仪式的田野考察》，《西南大学学报（社会科学版）》2018 年第 44 期，第 179—188 页。

② 程国斌：《乡关何处？——中国传统文化中死亡、灵魂与遗体处置的观念》，《文化研究》2018 年第 4 期，第 70—88 页。

③ 李汝宾：《丧葬仪式、信仰与村落关系构建》，《民俗研究》2015 年第 3 期，第 127—134 页。

的聚合性。人们通常会运用各种方式将一种关系传承下去，从陇西县丧葬仪式中的报丧这一程序可以看出，不仅是为了遵守祖先的规则，而是为了人与人之间的联系，这就是人类社会，也是丧葬仪式当中所蕴含的人类学文化。

最初丧葬仪式的产生，与当时人们信奉"万物有灵论"是分不开的。我们从人类学的角度来阐释，丧葬仪式所体现的就是人与人之间的一种联系，包括亲缘、血缘、地缘等一系列的联系。丧葬仪式在人们的眼中，或许不仅仅是举办一次丧事，更多的是人们对于未来的一种期望。

综上我们可以看出，丧葬仪式中的文化是以现实的人类社会为依存的。在传统的丧葬仪式当中，更多的是强调一种仪式感，从某种角度来说，这种仪式所表达的，更多的是一种特殊的社会文化，这种文化更多源于最初的宗教性行为。[①]丧葬仪式当中所包含的伦理道德，是我们对丧葬仪式研究的一个重点所在，通过对于中国传统丧葬仪式的研究，可以更加直观地看出，丧葬仪式当中所包含的文化性因素以及它所体现的人类学理论。

中国传统的丧葬仪式所体现出来的不仅仅是人类文化，还体现出人类文化中所包含的民族文化。以甘肃省陇西县为例来说，在陇西县生活的一般以汉族为主，丧葬仪式遵守的是汉族传统文化，但由于陇西县古代属于西戎部落所居之地，因此也保留了一些少数民族的丧葬习俗。在研究过程中我们可以发现，如今丧葬仪式一般都是由祖辈口口相传下来的，大多都不完整，也没有具体的传承缘故。

研究丧葬仪式的学者数不胜数，虽然我们研究的是中国传统的丧葬礼仪，但我们在纵向叙述的同时，也要进行横向的展开。[②]在研究陇西县的丧葬仪式时，不但要研究这个地方特色的丧葬仪式，也要对比与其他地方丧葬仪式的不同，不能将陇西县的丧葬礼仪从传统的丧葬礼仪中独立出来，而是将之作为整体中具有特色的一部分来进行研究。研究丧葬仪式，无论它的过程如何，整个仪式当中所包含的文化一定与人类社会有关。随着当今经济社会的发展，丧葬仪式也在逐渐发生变化，研究丧葬仪式不仅是为了保存遗留下来的古代仪式，还要研究这些古老的丧葬仪式当中所包含的价值，这才是研究的重要意义所在。

---

① 梁慧杰：《中国农村丧葬文化中的仪式研究——以山西省 X 村的丧葬仪式为例》，硕士论文，山西师范大学，2018。

② 李汝宾：《丧葬仪式、信仰与村落关系构建》，《民俗研究》2015 年第 3 期，第 127—134 页。

指导意见

黔南民族师范学院

叶小琴　覃亚双

从事中国土司制度与土司文化研究已有时日，但以往更多的只是对文献的爬梳，真正意义上对土司历史遗存进行田野调查则始于 2018 年 10 月。当时原计划是在贵定县对水东宋氏土司大平司、小平司、新添司衙署做初步调查，进而用两年的时间对黔南州境内 12 个县市现存土司衙署做全面摸排，但没想到的是因为疫情等原因，迟至今日尚未完成。

出于个人习惯，每到一处调查时，我都比较喜欢找固定的出租车，贵定这次也不例外。第一天比较陌生，我和罗师傅的交流非常有限；第二天熟络起来后，原本就很健谈的罗师傅开始向我们介绍贵定的历史人文；而到了第三天，直接和我们谈起了土司，在了解土司的大概情况后，他很兴奋地告诉我们，他的老家旁边就有一座土司家族的祠堂，并立刻联系了管理人员，约好时间后即驱车前往。此后，宋氏宗族的各种活动，罗师傅总是能在第一时间通知我们，由此结下了良好的友谊。

2018 年冬至前夕，宋氏宗族一年一度的祭祖仪式如期举行，我们的团队也在仪式前抵达"现场"。这个团队以民族学、历史学专业本科生为主，在此之前除简单的理论学习和设备操作培训外，在田野调查实践上基本是"小白"，但在长达两天一夜、几乎没有停歇的调查中，让我看到了"00后"吃苦耐劳、参与而不干预的专业精神。通过整个祭祖仪式的过程，我也深深地感受到，不管时代如何变迁，祖先记忆在维持宋氏家族数百年的团结中始终起到了重要作用，仪式是对祖先尊崇一种最好的表达。

一份田野调查报告，最大的贡献应该是完整记录的仪式过程，我想这个目的基本上达到了。但在整理的过程中，遇到的最大的困难就是作为"异乡人"，我们很难准确地将视频、录音转述为文字。即便在2019年第二届本科田野调查论文征文活动在广西民族大学举办前，我们又一次参加了宋氏家族的祭祖仪式，与宋氏家族成员反复核对信息，但在这篇调查报告中仍不可避免地存在着问题，只能留待今后的调查中再次修改。

民族学在黔南民族师范学院算是一个年轻的专业，自2018年招生以来，目前有在校生64人。通过两年多的学习，不管是文献整理还是田野调查，很多学生确实表现出了不少可以挖掘的潜力。经过与学生共同完成的第一次"完整"的田野调查后，当我实现了从"民族史"学生向"民族学"教师的身份转换时，内心的一些疑惑开始逐渐解开。民族学或人类学，作为一门研究人类及其文化的学科，它的诸多理论、范式，最初的来源本来就是田野。所以，对于还缺少足够社会阅历的本科生而言，如何让他们理解这些"高深"的经典理论，体悟民族学、人类学的真谛？或许，走进田野，"重返"现场，就是这样的一把关键钥匙！

慎终追远

——贵定宋家寨土司后裔冬至祭祖仪式田野调查

黔南民族师范学院历史与民族学院 2018 民族学本科生

陈小凤　江　涛　郭蕴宝

指导教师　叶小琴　覃亚双

摘要：水东宋氏从北宋初年开始奉朝廷之命管理黔中地区，曾为贵州四大土司之一，直到明末被革土司职，此后仍在地方保存有巨大影响力。宋氏家族绵延至今，在贵州各地都有其分支。2018 年 11 月 21—22 日，笔者对贵定县都六乡宋家寨宋氏家族冬至祭祖仪式进行了调查。

关键词：水东宋氏；土司后裔；冬至；祭祖仪式

一、田野调查点概况

（一）水东宋氏家族史

水东宋氏入黔始祖宋景阳，生于后梁太祖开平五年（911 年）。宋太祖开宝六年（973 年），今长顺、都匀等处诸夷作乱，宋景阳奉命平叛。后又逐乌蛮普贵于黑羊箐，宋廷因设置宁远军蛮州总管府，以宋景阳为宁远军节度使、蛮州总管府都总管，[①]宋氏从此世袭统治水东地区千余年。后与水西安氏、思州田氏、播州杨

---

① 贵州省文史研究馆：《贵州通志·土司土民志》，贵州人民出版社，2008，第 70 页。

氏并称为贵州四大土司。明末，因参与"奢安之乱"被改土归流。此后，宋氏族人常以地方精英、乡贤、乡绅的形式出现并主持地方事务。

据萧氏牒谱记载，宋景阳出征之时，宋太祖曾说，汝等父子，待南疆平定后，可长期留守，子袭父职，世袭罔替。该记载不见于正史，但宋氏家谱《黔中宋氏》记载，宋景阳曾将其七子分守其地，各治一方，分授乌当喇平司、瓮安草塘司、贵定密纳司、新添司、大小平伐司、麻江麻哈司、乐平司，其女嫁与萧氏，为平寨长官司，合称为七司八印。[①] 此次考察的即是新添司分支。

（二）祠堂位置及周边状况

本次田野调查的地点位于黔南州贵定县都六乡（今已并入昌明镇）宋家寨，都六乡一共有三个寨子，当地人俗称为上寨、中寨与下寨，均坐落在一个山间谷地中，自南向北据地形依次排开，宋家寨居中，故被称作"中寨"，有一条小公路将三个寨子与外界连接起来，交通便利。

寨子周边的平地和山间的坝子都被开垦为田地，但是面积不大，作物也比较多样。宋家寨内一共有一百多户人家，只有六七家不姓宋。乡中的上寨和下寨全部是布依族聚居的寨子，只有宋家寨的人坚持认为自己是汉族，至于原因，则有待考究。宋家用来供奉祖先牌位、举行祭祖仪式等活动的宗祠就位于宋家寨内。

与宋氏宗祠隔路而望的是念翔广场（即停车场），在广场东北角的水泥台上立有三尊雕像，其中两尊均为宋思一，他是黄埔军校一期学员，参加过北伐战争，后来在抗日战争中又参加了台儿庄战役、武汉会战，日军进犯贵阳时反对焦土抗战政策，一定程度上保护了贵阳城区，可以说是宋家人的骄傲；另一尊叫宋念翔，是在贵阳经商做房地产的商人，在之后的访谈中，很多族人都提起他，可见他在宋家寨人心目中的地位。宋家祠堂在新中国成立后被用作国有粮仓，年久失修，差点毁于一旦，幸得宋念翔先生出资修缮，这座祠堂才得以保留下来。他们两人对家族的贡献被记录在正殿两侧的记事碑上并被写入祭文。

（三）宋氏祠堂概况

祠堂的正殿朝西，与之相对的是两层的阁楼，由正殿和半框形的阁楼围出一

---

① 罗登宜：《水东宋家的汉族身份和儒学传统》，《贵阳文史》2018 年第 2 期，第 37—40 页。

个不大宽敞的中庭。正殿南侧的厢房和对面的小院都被用来备菜、烧饭。祠堂有南北两个门,南边的是正门,通过东西走向的廊道才能进入祠堂,北面的侧门较为简单。南北两门上都有对联,南门上的对联为:"京兆家声远,黔南世业长",横批:"慎终追远";北门上的对联为:"木本水源传冀北,春霜秋露重黔南",横批:"源远流长"。

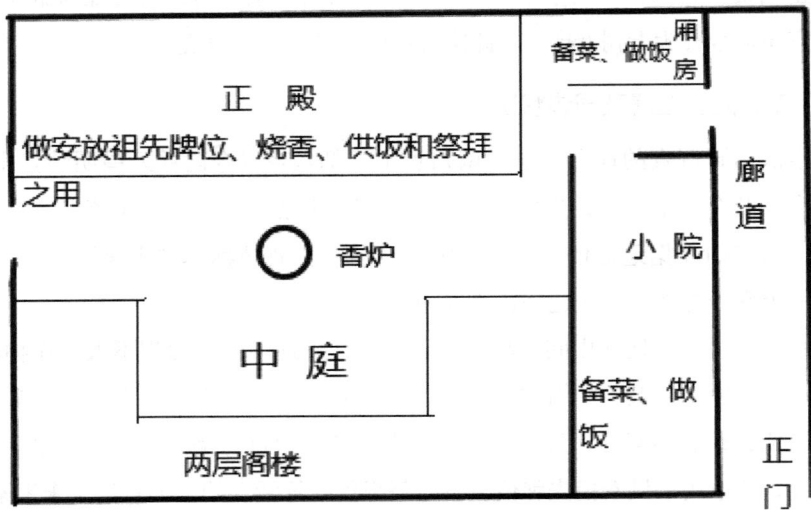

图 1　宋氏祠堂示意图

祠堂正殿廊庑左右两侧有《宗祠记载碑》《宋氏世代世序碑》各一,北边的碑上记载着祠堂初建与重修之事;南边的碑上记载着宋家历史,在碑文上方有祠堂重修前和族人的照片。碑文如下:

宗祠记载碑

国有历史,祠有记载,我支宋氏原至新添司分支,在清朝初期,我支之祖公维佑迁居于多乐,此地宋家寨也。于清光绪二十四年,文彬等族老建立宗祠大殿,于民国十二年正纪承首建立祠宇,每年冬至,本支后裔祠内祭祖。……我之宗祠因多年失修,族之后裔泽州在外工作不忘家乡父老,于公元二○○一年出资出策,发启族众，把我宗祠前后左右重新修复，使我宗祠三十八道有名的祠堂坎重展古时雄风。又于公元二〇一一年我祖宋正南之子念翔、德伟世字辈兄弟二人，早离故居，不忘祖德，自出巨资，由世友操办，复修我祠殿宇，制联、造匾、塑牌铭，依尊师安位，使我祖之神灵重现神威。这些仁人义士乃是我族之楷模，为承前启后特塑石永存。

正恒撰稿于辛卯年冬月

族之后裔宋正儒之孙泽祥于公元二〇一四年冬至出资铭记

宋氏世代世序碑

水有源头，木有根本，黔宋氏，籍贯真定，北直徙南一千余岁矣。入黔始祖宋景阳，名晟，后晋高祖天福八年（公元九七五年）辛亥岁，广右诸夷作乱，奉朝命率师南征，以宁远军节度使进伐。晟坐剑枕戟，矫箭空弦，斩杀抚绥，仁政远播，柳州庆远府七姓举旗归附，起程于柳州庆远，途经黔南，直伐蛮州（开阳）。是年逐乌蛮普贵于黑羊菁（贵阳），朝廷设置宁远军蛮州总管府，以景阳祖为宁远军节度使、蛮州都总管。五代时，入黔其后著者，遂有"七司八印"，断自景阳始。后宋氏宗支繁衍，十司散居各地，字派抄以北直真定府宗祠，六十四字为序，未同时启用，致使世序有所紊乱，导致各司部分自拟小字派为统序，老幼尊卑不明，甚有返祖现象。为此，宋思一一九八四年八月，请各司族人于贵定座谈，商议重拟新字派，统一世序，征得与会族人代表同意，于当年冬季着手整理。一九八六年六月，随谱印发，同时统用为后世之序。北直统一字派六十四字：

文武世福，高显三光，之合继大，德毓鼎邦，广培聚庆，致尔必方，

咸登辅佐，泽镇忠良，家齐国泰，荣华懋昌，全元绍发，存宗其祥，

诚恩定建，钦受锡长，开基都盛，万居明阳。

以上字派乃旧谱所云，后人得其所据，根据各司各地自拟小字派，不统一，派衍复杂，应予纠正，以别尊卑。各司各地小字派誊谱知之，如新添分支小字派……同一分支就有差距，何为宋氏全族而言也。

黔宋统一新拟字派九十六字，即：

原籍真定，移居赣江，北安南伐，再进黔阳，功勋卓著，经纬辉煌，
宗支繁衍，泽源流长，开宝盛时，文刚武常，国泰民福，惟德恒昌，
道义立本，仁政昭彰，施礼天顺，智勇兴邦，同建基业，和平康强，
英俊雄豪，肇启纯良，士林久远，田广书香，耀祖贤后，万代荣光。

字派启用自一二二世，即"中"字辈，用新字派"原"字；一二三世即"正"字辈，用新字派"籍"字；一二四世即"世"字辈，用新字派"真"字；一二五世即"泽"字辈，用新字派"定"字。以下按顺序起用。从九十六字谱发出之日起，统一开始起用字辈，一定用在名字中间，以免日久混淆。为顺序不紊，铭刻碑记而竖此碑之是也。

公元一九八六年十二月一日修谱竣工

从碑文中不难看出，宋氏土司后裔每一代都在经历着岁月的不断洗礼。碑文对于研究水东宋氏迁徙及发展历程，具有一定的参考价值。通过每年的祭祖仪式，不仅更好地传达了对祖先的敬意，也对加深宋氏土司后裔的联系具有举足轻重的意义，使得宋家寨的凝聚力不断增强。

二、祭祀活动前期筹办

（一）物资筹集

调查中，笔者了解到贵定宋家寨每年都会在冬至日进行祭祖仪式，实行一年一小祭，五年一大祭。整个祭祀仪式过程除去必须用到的祭品之外，还会对宋氏宗祠进行一定的装饰整改。特别值得一提的是，祭品是古代诸侯祭祖时所用的"少牢"，即一头猪和一只羊，摆放于祠堂正中，偶有例外的时候村民们还不止杀一头猪或一头羊。例如，在笔者参加的 2018 年冬至祭祖仪式中，由于祭祀之前

人们并不知道第一次杀的黑山羊怀有小羊羔，所以临时又杀了一只。宋氏家族的人觉得用怀有幼崽的母羊来祭祀是不纯净的，也是对祖先的大不敬。玛丽·道格拉斯在《洁净与危险：对污秽和禁忌观念的分析》①第三章《利未记》开篇即提道："污秽从来就不是孤立的。只有在一种系统的秩序观念内考察，才会有所谓的污秽。"而宋家寨人的祭祖观念与之似乎不谋而合，他们不允许任何"污秽"沾染祭祖过程中的任何环节。

（二）经费来源

祭祀中的各种花销及预算外的支出，使得整个仪式本身就具有经济压力。所以祭祀的经费来源和物资筹备过程也格外引起笔者的注意。

据笔者调查，参与祭祖的人员不仅仅只是宋家寨现有居民，还有几十年前已迁出宋家寨的宋氏土司后裔，他们仍然会来参与祭祀，所以祭祖的主要经费来源是参与仪式的所有宋氏土司后裔集资款项，且每户不得低于 100 元。若经费还处于紧缺状态，剩下的部分则由本村在外经商的村民均摊。值得一提的是，贵定宋家寨每年的清明节也会举行相较于冬至祭祖略小的祭祀仪式，而清明节结余下来的经费也会做出统计，并计入冬至祭祖所需经费。如此一来，这样的经费管理就为祭祖的直接经费来源提供了强有力的保障。

祭祖活动为期两天一夜，在这过程中，参与祭祖的人都会在祠堂里面吃饭，其形式和大多数贵州农村办酒席类似。祠堂有专门的厨房和吃饭的房间（客厅），村里妇女有的煮饭，有的炒菜，有的增添火盆里的炭火；男性或劈柴，或做蛋卷，分工明确，各司其职。若有的家庭实在很贫困，没有能力出资，则可以提出一定的劳动力，这也算是一个筹"资"的形式。

三、祭祖仪式过程

本次祭祖仪式是 17 点第一次在祖先牌位前供饭时正式开始的。诸如祭祖等

---

① [英]玛丽·道格拉斯：《洁净与危险：对污秽和禁忌观念的分析》，黄剑波、柳博赟、卢忱译，商务印书馆，2018，第 54 页。

仪式，一般可以分为崇拜与祈祷两个部分，虽然现实中两个部分通常是相互杂糅甚至是同时进行的状态，但崇拜仪式一定在逻辑上处于优先地位，因为它承担着沟通"此岸"与"彼岸"、"世俗"与"神圣"、"我辈"与"祖先"的重要作用。宋氏族人在祖先牌位前的第一次供饭让他们与祖先开始产生连接，这样仪式才能算真正的开始。包括之后在祠堂内热闹的"文艺汇演"，也必须在连接的基础上关照到其对"我辈"与"祖先"两个层面的意义：宋氏一族从老到少，聚于祠堂观看演出，其间欢乐，溢于言表，之所以选择在祠堂前表演，是因为他们不仅在乎现世的族人们，更要让"彼岸"的祖先们同享欢愉。

（一）仪式的前期准备

笔者一行人在 12 月 21 日 15 点左右到达宋家寨，进入祠堂时里面已经有不少人了，大家各自在忙，都在为马上开始的仪式做着准备。在此期间笔者对宋正恒老人做了一个访谈。宋氏土司后裔虽然历经岁月的洗礼，但从这段采访中不难看出，他们不仅从话语之中流露出对家族历史满满的自豪感，更传达出了他们对祖先的崇敬。

16 点左右，宋家花钱请的锣鼓队伴随着震耳欲聋的鞭炮声，打着鼓从正门进入祠堂。17 点左右，正门廊道里再一次放鞭炮，族人们在正殿牌位前摆好的三个桌案上供饭，每个桌上都摆着用小碟盛的刚烧好的菜、白瓷碗盛的土酒和几双筷子。五位族内的长者在正殿门口的香炉里烧纸，整个烧纸的过程没有其他人插手。香纸烧毕，将供着的菜撤下来，族长就招呼大家开饭了。吃饭的时候，同一桌人就围坐在一个炭火盆前，把主人送来的做好的菜一股脑儿地倒进炭火盆上架着的大铁锅中，然后每个人端一碗米饭从锅里夹菜吃。

19 点 30 分左右，宋家请来的另一个乐队在正殿北边的廊下用黄布围出一个小空间，作为更衣的地方。待差不多都准备好了，乐队奏开场曲，演出就开始了。开头是一段腰鼓表演，然后就是两个乐队交替上场表演。节目内容很丰富，台下气氛是极热烈又极欢愉的，演员还不时鼓动在场的族人与他们一同上台表演。

22 点 35 分左右，族人们开始打扫卫生，布置宰牲现场，祭祀所用的猪大约重 300 斤、羊大约重 100 斤。族中青年将猪从猪圈中赶出，用簸箕顶住猪头，将猪拖到了祠堂中，再由专人宰杀。杀猪时，猪头下面需放置一个盆用来接猪血，猪血代表着财气和福气，猪血越多也意味着有越多的财气和福气。接完猪血后，要烧沾着猪血的纸钱，并且燃放鞭炮。接下来是杀羊，同样用黄纸沾着羊血去烧，与杀猪不同的是，祭祀仪式中没有接羊血。猪和羊都处理干净后，被抬至祠堂的正殿之中，摆放在两张长桌祭台之前，每张长桌祭台上各放着三炷香和若干纸钱和贡品。正殿外面，左右各放一张祭祀长桌，中间则放置一张方桌，上面放着一个香案、一束塑料花、三碟贡品。左边桌上摆放着若干祭祀用酒，右边桌上则摆放着一碟香薰，旁边则放着一个洗脸架。

（二）仪式过程

2018 年 12 月 21 日（农历冬月二十六）23 点 30 分左右，前来参加冬至祭祖仪式的成员全部到齐，其中包括主祭人宋正付，诵读祭词的伍孝贵，引祭人宋世沛，以及六名主祭孙，分别为宋中慈、宋安平、宋世伟、宋世友、宋世秘、宋世义、宋世军、宋泽军、宋泽荣。其他后勤则由族中的妇女和青年负责。

宋正付老人宣布祭祀开始，然后锣、鼓、乐、炮齐鸣。

主祭孙就位、主祭孙整冠、集衬、纳礼。引祭人引主祭孙，至祠正中，沐手、敬镜，三巡三沐。引祭人宋世沛引主祭孙至香案文前，就位，跪。行触上将礼。引祭人念：触上香、触献牌、触献果、触献糕。叩首、叩首、三叩首、起。引祭人引主祭孙至祠正中作酒。引祭人念：主祭孙捧酒，至宋氏门中，历代高曾远祖，左昭右穆，持令为前，行出祭奠礼。就位。跪。触献桥、触献牌、触献食、触献刚、触献乳毛。凤、凤、扶凤。各代王自首长，丹凤来耶与昼存。（伍）丹凤来耶与昼存。（宋）寿延雨露三山齐。（伍）寿延雨露三山齐。（宋）事业好似综合强。（伍）事业好似综合强。（宋）寅卯鬼魅子抱钱。（伍）寅卯鬼魅子抱钱。（宋）各别，各是人对耶。①

主祭孙起。第二次由引祭人将主祭孙带到供桌前。引祭人念：压上香、压献牌、压献果、压献糕。主祭孙六叩首后起身，捧酒后从右门进入。引祭人念：主祭孙捧酒，至宋氏门中，历代高曾远祖，左昭右穆，持令为前，景阳行奠礼。就

---

① 第一次祭祖仪式时的祭词。

位。跪。压献牌、压献食、压献桥、压献刚烈、压献乳毛。凤、凤、扶凤。各是人各代王是自上，丹凤来耶与昼存。（伍）丹凤来耶与昼存。（宋）忠烈雨露三山齐。（伍）忠节雨露三山齐。（宋）事业好似综合强。（伍）事业好似综合强。（宋）天下敢同读与耕。（伍）天下敢同读与耕。（宋）各别各自人对耶。①

主祭孙起。第三次由引祭人将主祭孙带到供桌前，引祭人念祭词：授上香、授献牌、授献果、授献糕。主祭孙九叩首后起身。引祭人念：主祭孙捧酒。至宋氏门中，历代高曾远祖，左昭右穆，持令为前。就位，跪。行授祭奠礼，授献牌、授献桥、授献米、授献刚烈、授献乳毛。

随后伍孝贵老人唱念祭文，内容如下：

中华人民共和国公元 2018 年，岁次戊戌，月献甲子，朔日癸酉，望日丁亥，祭日无主，立春之际，宋氏一族后裔今天，诂计子弟，自祭曰：宋氏历代高曾远祖，左昭右穆，持令为前。渊而源起，宋氏起源，史记河南，历代国君，为之倾安，西周之际，立封宋国，宋氏繁衍，从此不绝，文臣武将，是数得上前，唐朝宋钦，一朝宋冕，伐如四川，是景阳如前，南征北战，建功一年，宇伯建省，801 年，七司八印，贵州平川、都六分支，源于新添，围坐如前，艰苦创业，安居都六，四百来年，自繁衍来，遍布全国，江山数尽，朝朝有贤，承前启后，代代争先，是繁我山林，建我营盘，宋家墙上，人杰不绝，门峻远峨，慕仰峻贤，创办机司，经济发达，新添学校，是辈慕乡贤，建我祠堂，祭我祖先，事业及至，进步发展，惠泽统一，出力献财，长训如古，代代相传，我族后裔，创优争先，也想促此祠堂发展，令聚祠堂，共聚祖先，望祖显灵，迎候来年，发扬光大，为家为国，祭此感望。祭日 2018 年戊戌年冬月十六年，至祠中，礼坛话墨。

引祭人念：凤、凤、凤、起。祭祖已毕、礼成、升炮。

随后，族中人员则分批上前，往祭坛香炉中烧纸钱。祭祀的猪羊则被用于第二天招待宋家寨和从各地赶来的各支系的族人。

次日清晨有不少在外地其他各支的族人赶到祠堂，每来一批人都要在大殿前

① 第二次祭祖仪式时的祭词。

的香炉里烧一轮纸。大约 10 点 45 分，又照例放一轮炮，开始供饭、上香，这是一顿早餐，菜品较简单。

正餐前族长和另一位族人在祠堂里，当众对大家公布一些早餐后族内开会决定的事情，这是我们所见证的一次宋家对古老仪式的变革。经过 22 日上午家族会议的讨论，决定明年的仪式做一些改变。两位族人说了很多，这里只撷取要点记述：（1）大家感觉今年仪式比较冷清，明年赶上新族史编成，决定要大办一次；（2）考虑到冬天晚上天气冷，老人小孩受不住，所以决定明年冬至晚上仪式不变，但第二天中午办得更盛大一些，"七司八印"都通知来庆祝；（3）出资的话，寨子里每户 100 元，不够的由宋家寨在外经商的族人分摊；（4）接下来的酒席上不要劝酒，避免出事。台下没有人提出异议。

大概在 17 点左右，又一轮供饭和放炮。这次供桌上除了碗筷、米饭和土酒，也摆上了盐和辣椒，菜品也更加丰富。撤下供品后，开始整个祭祀中最重要的一餐。祠堂里一共摆了二十多桌，形式与前两次相同，但是菜品更加丰富，别具特色。

用完正餐后，族人们又在祠堂里唱歌跳舞，一续未尽之兴。

四、传承与发展

宋家寨祭祖仪式对研究水东宋氏的发展具有重要作用，祠堂的不断变迁也见证了宋氏家族日新月异的发展。从祠堂正殿廊庑左右两侧《宗祠记载碑》和《宋氏世代世序碑》碑文中可以看出，宋氏土司后裔每一代人都在经历着岁月的不断洗礼。通过每年的祭祖仪式，宋氏家族不仅让祖祖辈辈人的故事流传下来，还充分展示了后人对祖先的敬意，也对加深宋氏土司后裔的团结起到了举足轻重的作用，使得宋家寨的凝聚力不断增强。参与祭祖仪式人员的年龄各异，笔者认为这对年轻一代肩负起家族重任有较大意义，对宋家寨宋氏土司发展的积极作用也是值得肯定的。

宋氏土司后裔的祭祀活动体现出他们的集体记忆，他们以祖上的功绩为荣，在历史的发展沉淀之下形成了意识共同体。王明珂在《历史事实、历史记忆与历史心性》① 中认为:"在一社会的'集体记忆'中,有一部分以该社会所认定'历史'形态呈现与流传。"周丹丹在《历史记忆与村落共同体的建构——肇兴侗寨起源故事考察》② 中也对"历史记忆"做出了相应的阐释。由此不难看出,宋家寨土司后裔的祭祀活动是一种情感的联络和寄托,也展现了他们对彼此身份的一种认同感。而宋家寨土司流传下来的历史故事也鼓舞着宋家寨人对生活采取积极和努力态度,无论历史如何风云变幻,他们的共同意识始终紧紧拧成一团,异常坚固。

在 21 世纪新时代背景下,宋家寨人也丝毫不落伍,他们的祭祀活动越做越大,对自身和社会的影响力也逐步加深,吸引多方研究者前来考察,由此也在一定程度上带动了宋家寨的经济发展。

五、余论

仪式的组织结构和各要素主要包括参与人员的分工、祭坛设置、仪式程序。③ 贵定宋家寨的冬至祭祖仪式的主要目的是祭祀祖先,体现的是宋氏族人追忆先祖功德、崇拜传统文化的内涵。前来参与冬至祭祖仪式的人员主要是家族以及各地的亲族成员,"仪式提供了一种方式,让人们参与到戏剧之中,并看到自己的角色"④。宋家寨宋氏的先祖曾是当地声名显赫的土司,在很长一段时间内统治着当地,在当地有着非常巨大的影响力。随着朝代的更迭,尽管土司制度已经不复存现在,但极为重视教育的土司后人们,仍然深深地影响着当地的发展,通过祭祖的仪式,宋氏族人追忆先祖,传承优良家风,让年轻人深入参与祭祀的每个环节。以前的祭祀过程中,妇女和未成年人大多都不能参加,极少数人即使参加了,却

---

① 王明珂:《历史事实、历史记忆与历史心性》,《历史研究》2001 年第 5 期,第 136—147 页、第 191 页。

② 周丹丹:《历史记忆与村落共同体的建构——肇兴侗寨起源故事考察》,《齐鲁学刊》2016 年第 4 期,第 82—85 页。

③ 谭志满、谭晓宇:《苗族杀猪还愿仪式的宗教内涵与文化意义——以湘西山江毛都塘村田野调查为例》,《宗教学研究》2018 年第 3 期,第 142—147 页。

④ [美]大卫·科泽:《仪式、政治与权力》,王海洲译,江苏人民出版社,2015,第 12—16 页。

也只能充当配角，不能真正融入仪式之中。但笔者在宋家寨冬至祭祖仪式中欣喜地发现，妇女和儿童已经开始融入其中并开始扮演着很重要的角色。例如，在祭祖仪式之前，欢乐气氛的营造者除了花钱请来的乐队之外，妇女和儿童才是真正的主角，男人们反而沦为看客，她们轮番表演，使现场气氛一次次地迎来高潮。我们也曾采访族长宋泽州，问及为什么会对祭祀做出这些改变，他回答说主要是为了吸引年轻人，让他们认为祭祀祖先是一个令人高兴而愉悦的仪式，所有人都应该参与其中并获得快乐。这可能就是宋家寨祭祖仪式在变迁中变与不变的一部分。

"仪式是宗教的重要组成部分。"[1] 宋家寨土司后裔的冬至祭祖仪式其实就是一个祖先崇拜的信仰，而这其中的仪式是最重要的组成部分。法国著名社会人类学家涂尔干则认为，宗教是由仪式与信仰所组成，并提出仪式比信仰更重要。[2] 作为宗教的主要现象，人们通过仪式使宗教信念、对祖先的追忆得以表现，并且通过仪式所创造的宗教氛围，让族人们感觉到一种更为深刻的现实情感。借此回顾家族的发展历史，团结族中成员并达到凝聚宗族的作用。冬至祭祖仪式作为一个为数不多能让大部分族人聚集在一起的机会，在他们观念中，甚至比春节的祭祀还要重要。因为尽管在春节也祭祀祖先，但只是一家一户单独祭祀。而祭祖仪式的举办也在一定程度上带领着宋家寨人跟随新时代的步伐继续奋发前进，他们不忘祖祖辈辈的初心，始终一路向前。

---

[1] 宋盼盼、李恩龙：《甘肃宋堡顺龙山庙信仰与仪式的田野调查报告》，《陇东学院学报》2019年第30期，第101—105页。

[2] 涂尔干：《宗教与生活的基本形式》，渠东，汲哲译，上海人民出版社，2006，第44—52页。

指导意见

中南民族大学

闫天灵

　　2019 年 6 月 22 日至 7 月 4 日，我带中南民族大学 2016 级民族学专业 15 名同学前往湖北来凤县大河镇徐家寨进行了为期 13 天的调查实习。徐家寨共有 60 户人家，绝大部分姓徐，全部为土家族。自乾隆年间徐氏先祖徐秀仕卜居于此，迄今已有三百多年的历史。本次调查的主要任务是全面了解徐家寨的社会历史与经济文化状况，为撰写《徐家寨志》搜集一手资料。调查按地理、历史、宗族、婚姻家庭，经济与日常生活，教育与文化，分三个小组展开。前期以入户访谈为主，覆盖了村寨大部分家庭，掌握了基本信息。继之是重点访谈和户外踏勘观察，深入了解历史源流、宗族结构、土地分布、民间文艺等情况。在村干部和村民的热心支持下，我们查看了村寨的全部梯田，收集到了每个家庭的谱系资料，探访了十余座清代墓碑，收集到六十余首山歌，现场观看了民间艺人编制竹篓的过程，取得了丰硕的调查成果。

　　《来凤县徐家寨徐氏宗族历史调查报告》是以第一小组搜集的调查资料为基础，由李思琦、邹晗两位同学执笔完成的。徐家寨是一个典型的宗族聚集性村寨，所有徐姓及因招赘、抱养而入寨的黄、张、姚、彭、杨、邓等姓都有密切的亲缘关系。徐氏宗族以"上正通胜秀，启可朝功勋，国泰天开榜，忠孝自成龙"排辈，有条不紊。调查所得徐秀仕、徐正安、徐通辅及姚老孺人、吴老孺人的墓碑资料及村民口承资料都证明了这一点。把徐氏入寨的历史挖掘出来，把徐氏宗族的谱系排列出来，是撰写《徐家寨志》的一项基础性工作，单独成文很有意义。

撰写过程中，解读碑刻史料和安排谱系结构是两个难点。因长年日晒雨淋，石灰岩质的墓碑大多遭到侵蚀，字迹漫漶不清，有的墓主只见生年，有的则只见卒年，后嗣姓名也多残缺。古代碑文行文有其讲究，以干支纪年，用语委婉含蓄，这也给识读带来困难。对此，我指导同学们用考据法中的"他校法"来解决。如字迹脱落严重的徐秀仕墓碑，依稀能辨认出碑文有"大限于甲戌年二月十八日申时"一句，据此只知他卒于甲戌年，但哪个甲戌年则不明。徐秀仕墓侧有刘姓夫人吴氏墓，墓碑明确记载她"卒于乾隆二十七年三月十二日"。徐家寨广泛流传着徐、杨、刘三姓结拜为兄弟，共同开寨，"分阳宅不分阴宅"（即活着分住，死后共葬）的说法，据此可推断葬于徐秀仕墓侧的吴氏，其夫当为三姓开寨时的刘氏先祖，其生卒之年应与徐秀仕大体相当。由此可推断徐秀仕墓碑上的甲戌年当为乾隆年间的甲戌年（1754），这也跟徐氏族人关于徐秀仕乾隆年间从贵州玉屏移入的说法相合。经此一番考证，缺损严重的碑文史料就可利用起来了。

同学们通过追溯访谈，收集到丰富的谱系资料，最远可追到"启"字辈，已能跟早期碑刻史料衔接。但这么多的辈数和人名如何进行排列，则是一个难题。一开始撰写者从今天的徐姓户主写起，往前推，因同父同祖关系，交叉重叠现象严重，读起来很不通畅。我提出把今天的兄弟户编为一个单位，从可以溯及的祖先往后推，这样既可避免兄弟之间的交叉，也可收"干振枝披"之效，以此写来改观很大。对于黄、张等姓出现的原因，单列一节进行叙述。这样，经过两位同学的一番努力，徐氏宗族的谱系演变基本得以廓清。

宗族历史调查关涉的时代较为久远，不仅需要民族学田野调查的一般方法，还要掌握历史学、考古学及中国古代文化常识等方面的知识和技能，要求比较高。令我欣喜的是，镇上和村上的领导对我们非常支持，村民们也非常配合，同学们更是格外努力，使这一调查得以成功。通过本次带队和指导的经历，我深深地感受到祖国历史文化资源之丰富和民族学田野调查舞台之广阔，也目睹了同学们在实习锻炼中的快速成长，进一步认识到田野调查对于民族学专业的重要性。

来凤县徐家寨徐氏宗族历史调查报告

中南民族大学民族学专业2016级本科生　李思琦　邹　晗

指导教师　闫天灵

徐家寨是湖北省恩施土家族苗族自治州来凤县大河镇五道水村的一个村民小组。大河镇位于来凤县西部，东接革勒车乡、旧司乡、绿水镇，南接百福司镇，西南邻重庆酉阳县，西接咸丰县。从来凤县前往大河镇只有中巴车可供搭乘，约40分钟车程便可到达。由于从来凤县到大河镇的海拔在不断升高，当地人称两地之间的交通为"下来凤，上大河"。

从大河镇前往五道水村有两条线路可以选择，一条是往大坟山村方向，途径马家坝村、枫香坪村、沙坝村、杉木塘；另一条是往杉木溪村方向，途径独石塘、两河口村、龙潭坪村，两条线路全部为硬化公路。杉木溪村方向的道路（又称012乡道）路程较近，五道水村村委会就在该道旁边。

五道水村位于大河镇西北部，西南接龙潭坪村，东北接杉木塘村，共管辖6个村民小组，一组大湾、二组徐家寨、三组郑家头、四组老屋场、五组谭家院子、六组富足溪。徐家寨离村委会最近，从村委会顺着梯田旁的小路下去便是徐家寨。小路分两半，内侧为青石板路面，可通车辆；外侧新建有木质栈道，安全防滑，行人主要走栈道。

徐家寨目前共有60户，210人，其中汉族8人，苗族7人，其余都是土家族。徐家寨的房屋都建在梯地之上，寨子的主体大致可分为九个层级，全寨共有大大小小35间房屋，全都是坐北朝南，寨中各家各户均由阶梯和青石板路相连接。

徐家寨的田地分为三等：村寨后面和右面水沟以东的梯田为一等田，从谷底到公路有 23 级之多。村委会左后方和水沟西面的梯田为二等田，村委会左后方的梯田有 10 级。青龙山背后（东面）的梯田为三等田，分为 12 级，其中 1 级种植水稻，4 级种植红薯，其余都为荒地。

图 1　徐家寨全景

徐家寨徐氏宗族历史调查是我们民族学专业集中实习的一部分。调查开始于 2019 年 6 月 22 日，7 月 4 日结束。前期以文献搜集，中期以参与观察、问卷调查，后期以资料总结、文献整理的方式进行。本调查小组的主题为徐家寨的历史、地理、宗族、婚姻及家庭。

一、徐氏来源

徐家寨内居住的居民以徐姓为主，另外还有杨姓、邓姓、冉姓、姚姓、黄姓等。目前徐姓的村民人数超过总人数的 90%。

关于徐姓的由来，有以下三种说法：其一，徐达或徐茂公后人说。据五道水村彭先均书记介绍，徐家寨最初由徐秀仕带领后人来此，徐秀仕为徐达的孙子。而据徐家寨已故老人徐卓然曾经的口述："徐老吟出祖先堂上的一副对联：茂公朝廷功名显，子孙后代雅人多。茂公是谁呢？一查典籍，原来是唐代辅佐李世民的徐世勣徐茂公，这就是徐家寨人知道的始祖了。"[1] 其二，贵州玉屏迁来说。徐家寨组长徐朝兵以及村中文化人徐海东都说徐家寨最初由贵州玉屏迁移而来，途径江西和咸丰，最后至此地。其三，徐、刘、杨三姓"分阳不分阴"。这是徐家寨广大村民普遍了解的说法，徐卓然老人曾经说："徐世勣的后人中在元末明初出了个杰出人物——明朝的开国元勋除达，当了朱元璋的宰相。他的孙子徐世秀[2] 是个风水先生，为寻找风水宝地走遍大西南，又在途中结拜了书生刘沛然和杨胜恒，三人一起云游天下，最终选中了这里——青龙环抱的五溪合流吉地。"[3] 这与我们调查询问所知的徐、刘、杨三姓都是阴阳（风水）先生且关系密切的说法一致。村中流传有这么一句话"分阳不分阴"，也说"分阳宅不分阴宅"。所谓"分阳不分阴"指的就是在世时是区分开来的，但去世后三家就是亲兄弟。

当时这三家亲如兄弟，直到三十年后才分家，但依旧住在一起。这里就不免要谈及徐家寨的原始居住格局。刚到寨里，彭先均支书就向我们介绍说："村寨因为被烧了几次，才变成如今的格局。以前村寨每一排的房间都是连在一起的，且排与排之间也没什么间隔。'下雨穿过寨子都不会淋雨'。"[4] 据此描述便可看出徐家寨的房屋格局。徐、刘、杨三家的关系密切，亲如兄弟，房屋在建造的过程中自然就没有间隔。

前文提到徐、刘、杨三十年后才分家，接受访问的徐家寨老人徐治安也佐证了这一观点，他说："分家后三家还是住在一起的，彼此的关系还是很好的。"[5] 至

---

① 《五道水中徐家寨》，载陈胜主编《经典记忆：来凤文史资料选》，湖北人民出版社，2014，第44页。

② "徐世秀"应为下文碑刻史料中的"徐秀仕"。

③ 《五道水中徐家寨》，载陈胜主编《经典记忆：来凤文史资料选》，湖北人民出版社，2014，第44页。

④ 2019年6月23日采访村支书彭先均的记录。

⑤ 2019年7月1日采访徐治安的记录。

于分家后三家如何划分田地，徐治安老人说："面朝哪面，地朝哪边"。

徐、刘、杨三姓分家之后，杨家位于今杨呈祥、徐成志那一排，也就是李家地主的居所；徐家位于今向祖红、徐功明那一排；刘家位于今向柏林、徐朝杰那一排。"三家的开门方向即田地区域"①，也就是说刘家田地位于南方，徐家居中，杨家位于北方。

传说徐氏家族大致在 18 世纪清朝乾隆年间迁来此地，已有三百余年。有徐秀仕及刘家夫人吴氏的墓碑为证。由于墓碑是石灰岩，经长时间的风化侵蚀，徐秀仕的墓碑已漫漶不清，依稀能辨认出碑文有"大限于甲戌年二月十八日申时"。紧邻徐秀仕墓碑的刘家夫人吴氏的墓碑上明确记载着的吴氏"卒于乾隆二十七年三月十二日"，根据干支纪年换算可知徐秀仕墓碑上的甲戌年是指公元 1754 年，即乾隆十九年。由此，口述史料②与碑刻史料相一致，可推断出"贵州迁来说"更令人信服。

徐家寨徐姓字辈为流转字辈，以"上正通胜秀，启可朝功勋。国泰天开榜，忠孝自成龙"排辈。徐秀仕是徐家寨人的老祖先，从他的墓碑上只能够获取其在成家之后有五个儿子的准确信息。关于"上"字辈的徐家墓碑我们只找到了徐秀仕的小儿子徐上兆，但由于时间久远，侵蚀严重，已无法辨认其他信息。

① 2019 年 6 月 30 日采访徐治安记录。
② 采访彭先均、徐朝兵、徐海东、徐治安、徐仁义等的记录。

增顯考徐公諱秀仕正魂墓之位

楊氏
姚氏
張氏
正賢達□黃氏
科賢□吳氏楊氏
□吳氏
或宗□江榜
重孫

孝男徐上貴
萬四媳吳氏
兆晚媳姚氏
孝孫徐正
仕正媳楊氏
□二媳姚氏
□三媳楊氏
仕貴才□福
媳
姚李氏氏氏氏
重

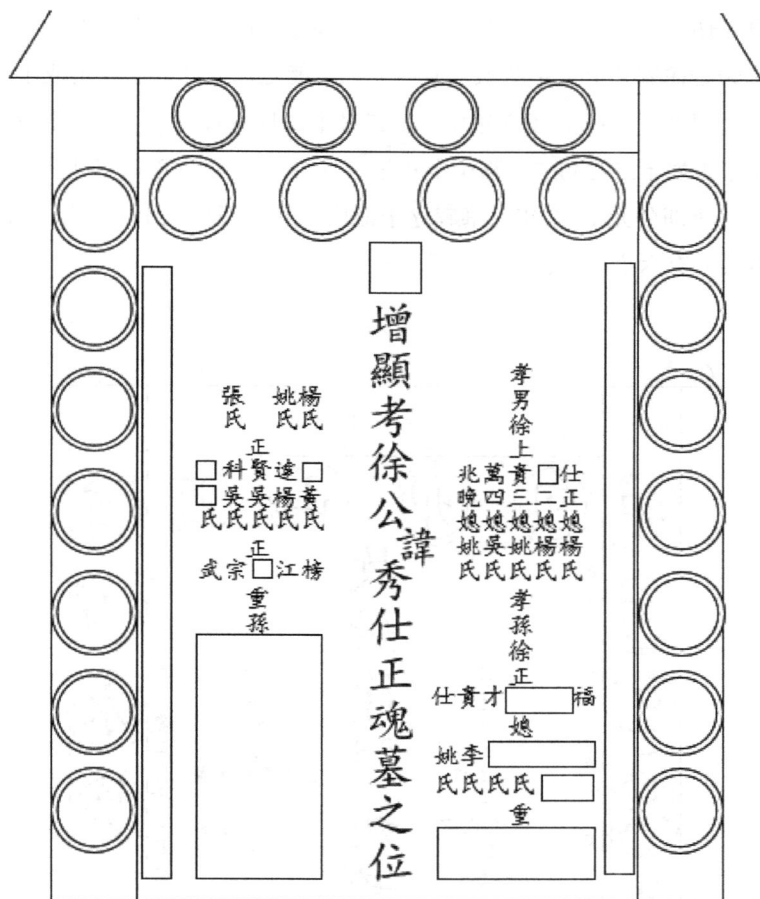

图 2　徐秀仕墓碑碑文示意图

注：此墓碑中的"增顯考"应为"曾顯考"之误。

　　但姚老孺人的墓碑保存完好，提供了许多有用信息。姚老孺人是徐正安的母亲，其丈夫是徐家"上"字辈人，所以姚氏可能是徐秀仕的三儿媳或小儿媳。姚老孺人的墓碑上记载："雍正六年戊申岁二月十二日酉时建□□□六十岁……乾隆五十二年丁未岁十二月初二　嘉庆十八年三月清明立。"雍正六年即公元1728年，乾隆五十二年即公元1787年，墓碑立于嘉庆十八年即公元1813年。墓碑上还记载了姚老孺人有六个儿子、十个孙子、九个重孙。

图 3　姚老孺人墓碑碑文示意图

秀　水　明　山

山　酉

皇清顯考徐諱正安

乾隆□□□甲申□十二月二十一日亥時生享年六十□□

孝男徐通先媳姚氏　見媳姚氏　孫男勝　福□龍□□□禮姚□氏姚氏

孝姪男徐通　□□姪

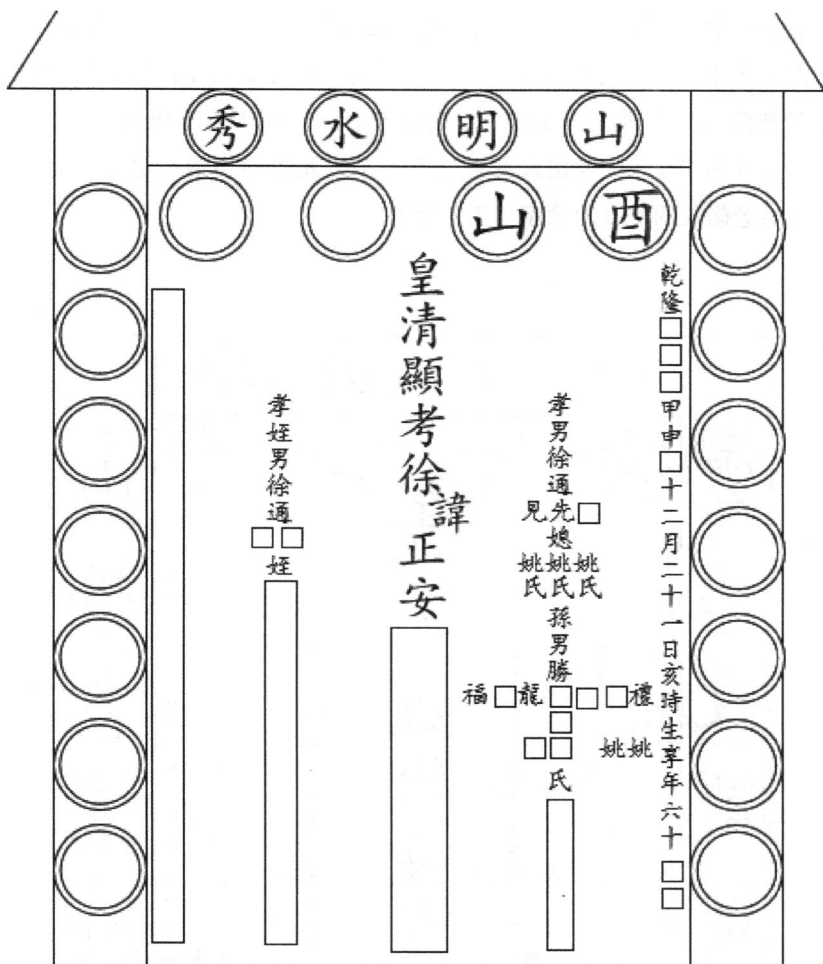

图 4　徐正安墓碑碑文示意图

　　关于"正"字辈的徐家墓碑，我们找到了徐海东的祖先——徐正安，但其墓碑也同样损毁严重。只能依稀辨认出"乾隆□□□甲申□十二月二十一日亥时生享年六十□□"的字样。由"乾隆""甲申"大致可以推断徐正安生于乾隆二十九年即公元 1764 年，而从墓碑上仅存的其他刻字，我们也只能大致推断出徐正安有三个儿子，七个孙子。

吴老孺人的墓碑上载:"东来生于乾隆己未年七月十九日午时生享受五十一岁……西去大限殁于乾隆庚戌年二月廿日卯时　道光廿四年清明立",可知吴老孺人生于乾隆己未年即公元 1739 年(乾隆四年),逝于乾隆庚戌年即公元 1790年(乾隆五十五年)。吴老孺人育有二女一子,儿子徐通辅为徐家"通"字辈,由此可知吴老孺人的丈夫为徐家"正"字辈。

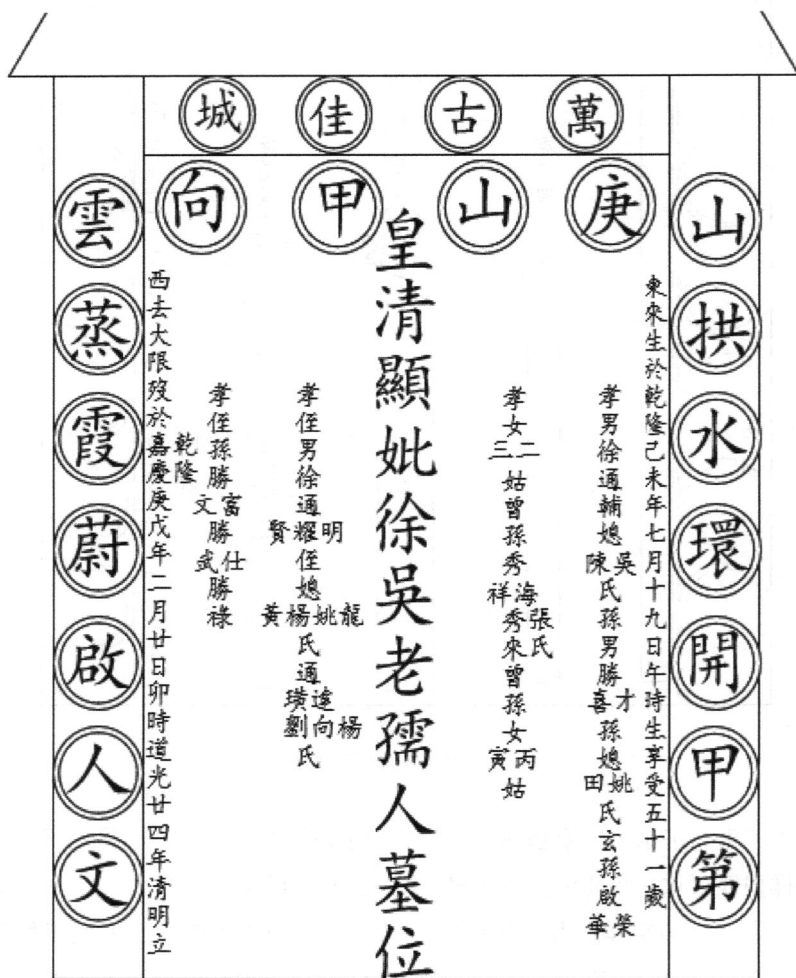

图 5　吴老孺人墓碑碑文示意图

　　徐通辅的墓碑保存较完整，上载："太皇乾隆三十六年辛卯岁十月初六□□时生享□六十□岁……今帝道光十二年壬辰年闰九月初八巳时妥终　甲辰清明立"。乾隆三十六年即公元1771年，道光十二年即公元1832年。徐通辅有两子。

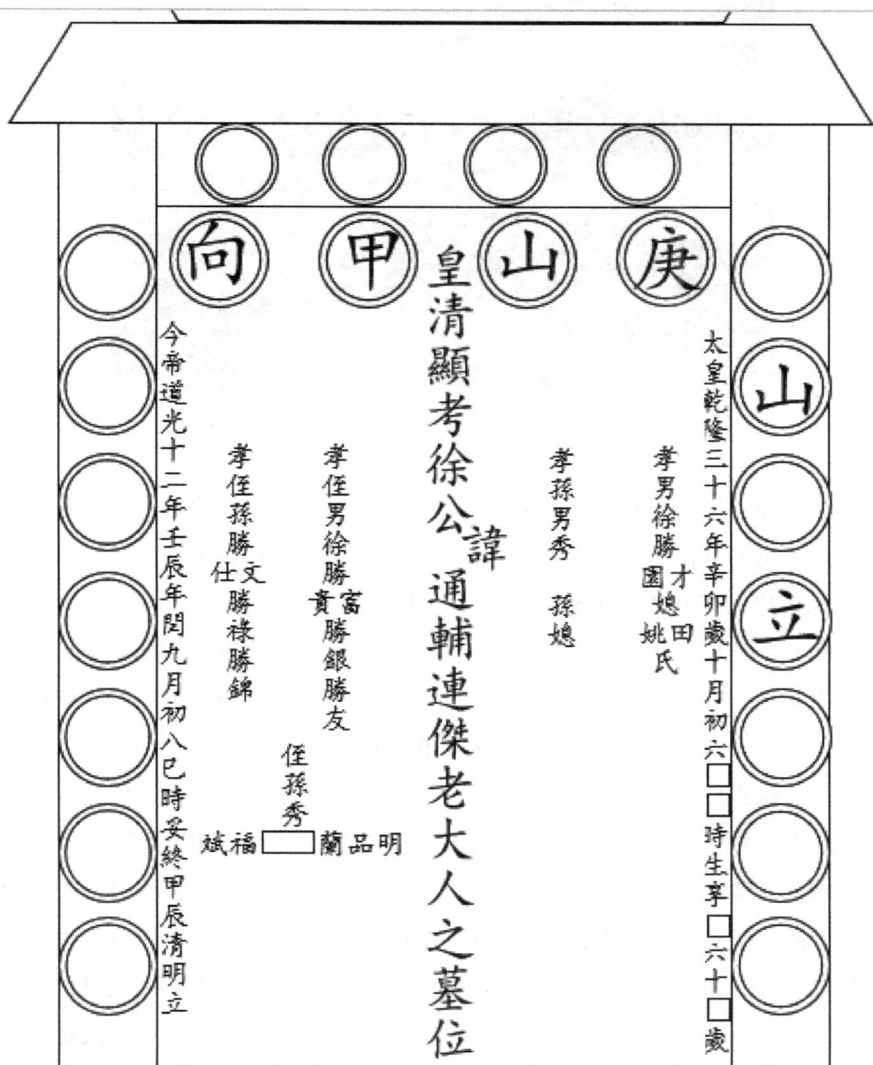

向　甲　山　庚

山

立

太皇乾隆三十六年辛卯歲十月初六□□時生享□六十□歲

孝男徐勝圍　媳姚氏
才
田

孝孫男秀　孫媳

皇清顯考徐公諱通輔連傑老大人之墓位

孝侄男徐勝富　貴勝銀勝友
侄孫秀
斌福□蘭品明

孝侄孫勝文仕勝祿勝錦

今帝道光十二年壬辰年閏九月初八巳時妥終甲辰清明立

图 6　徐通辅墓碑碑文示意图

徐秀仕、姚老孺人、徐正安、吴老孺人、徐通辅五人的墓碑虽然有些已经不可辨认，但它们却是徐家人在此地连续居住、繁衍生活的见证。

图 7   徐通辅、徐正安、姚老孺人、吴老孺人等连片墓地

众所周知，徐姓分布很广，但在人群中分布并不均衡。徐姓在东部地区和东南地区是常见的姓氏之一，但在华北、华中、华南、西南和东北其他地区，徐姓占当地人口比例在 0.5%—1.5% 之间。我们此次调研点湖北来凤县大河镇五道水村二组徐家寨就位于华中地区。虽然该地区的徐姓占比很低，但此处却形成了一个徐姓聚集地——徐家寨。根据对当地徐姓村民的走访调查，可以看到该地徐姓的神龛上的郡望为东海郡，另外，东海郡在非徐姓的神龛上也有出现。①

郡望，也称地望、族望，其表现是以郡名或郡号的形式出现，但又不是严格的郡名或者郡号。如果仔细考察就会发现，这些郡号除了有相当部分是郡名以外，其中也掺杂有诸如古代诸侯国名以及府、州、县名等。郡是秦、汉时期的行政建置。古人的郡望意识在很大程度上与政治因素有关。郡望大致可以分为两种：一为发祥之郡，一为望出之郡。徐姓郡望通常有东海、高平、东莞、琅玡、濮阳五个，其中东海应该为发祥之郡，而其余四个应为望出之郡。东海郡，汉置，治所在郯（今山东郯城北），管辖范围大致包括今山东费县、临沂、枣庄，江苏赣榆

---

① 详见图 8 及图 9。

以南，邳县以东，及宿迁、灌南以北地区。①

1.徐功双/徐功培/徐功清

5.徐海洋

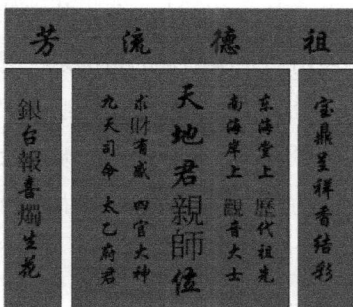

图 8 　徐姓家庭神龛图

6.冉启国

3.姚治安

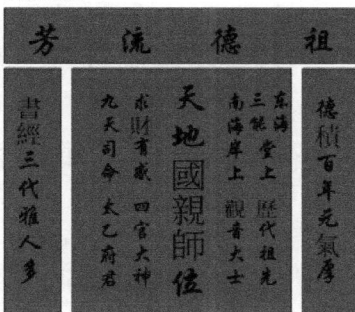

图 9 　非徐姓家神龛图

二、徐氏家族结构回溯

在与组长徐朝兵的访谈过程中，我们了解到徐家寨族谱的去向。"新中国成立，因考学需要，徐家寨的族谱被咸丰丁寨徐家巷子的徐道友借走后，至今未还。"②经徐朝兵、徐海东证实，徐家巷子的徐姓与徐家寨的徐姓不是一同迁来的，

---

① 徐建华主编《徐姓》，东方出版社，2002，第 61—62 页。
② 2019 年 6 月 23 日采访组长徐朝兵的记录。

并不是同一支徐姓支系。①

徐姓族内字辈为：上、正、通、胜、秀、启、可、朝、功、勋、国、泰、天、开、榜、忠、孝、自、成、龙。其字辈为流转字辈，二十字辈为一周期，周而复始，循环使用。此次调查的目的之一是根据村民的记忆尽力回溯徐家寨的历史和还原徐家族谱。目前最远能追溯到"秀"字辈，分两支，涉及徐海东家和徐仁义家；能追溯到的"启"字辈分九支，涉及徐功云、徐朝杰、徐功全、徐久云、徐朝兵、徐功元、徐功田、徐可恩、黄志林共九家；能追溯到的"可"字辈分三支，分别是张孝林、徐勋权和徐松青三家；能追溯到的"功"字辈有一支，为徐辉一家。

（一）"秀"字辈

1. 徐海东一支。徐海东、徐海洋、徐功明、徐功胜、徐功群等五家是一个祖先。最早可以追溯到"秀"字辈分。该支谱系结构见图 10。

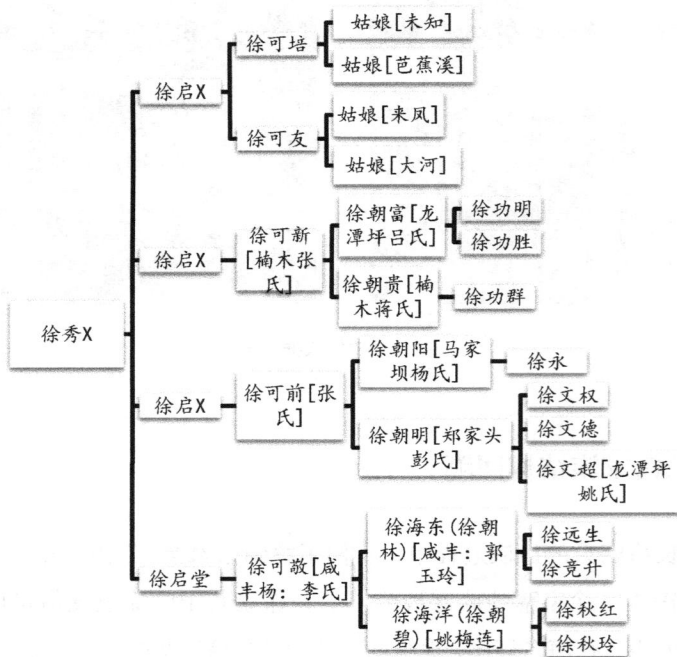

图 10　徐海东一支谱系图

① 2019 年 6 月 24 日采访徐海东的记录；2019 年 6 月 25 日采访组长徐朝兵的记录。

该支"秀"字辈老祖先有四个儿子，长子、次子及三子的名字均已不可考，幺子名为徐启堂。

长子有两个儿子，名为徐可培、徐可友。徐可培有两个女儿，其中一个嫁去了芭蕉溪。徐可友也有两个女儿，分别嫁去了来凤和大河。

次子有一个儿子，名字为徐可新。徐可新与其妻张氏育有两个儿子，长子徐朝富与其妻吕氏育有两个儿子，名为徐功明、徐功胜，这两兄弟至今未婚；次子徐朝贵与其妻蒋氏仅有一子，名为徐功群，未婚。

三子仅有一个儿子，名为徐可前。徐可前与其妻张氏育有两个儿子，长子徐朝阳与其妻杨氏育有独子徐永；次子徐朝明与其妻彭氏育有三个儿子，名为徐文权、徐文德、徐文超，徐文超已娶龙潭坪姚氏为妻。

徐启堂的独子徐可敬为村中了解宗族史的人，现已去世。其妻为咸丰李氏，两人育有两个儿子，长子徐海东为村中文化人，次子为徐海洋。徐海东书名[1]为徐朝林，其妻为咸丰郭玉玲，夫妇俩有两个儿子，长子徐远生，次子徐竞升，小儿子大学毕业后参军，现户口已迁出。徐海洋书名为徐朝碧，其妻为姚梅连，两人有两个女儿，名为徐秋红、徐秋玲，现全家在外打工。[2]

2.徐仁义一支。徐仁义今年八十多岁，是寨子里年龄最大、辈分最高的一位老人。该支谱系结构见图11。

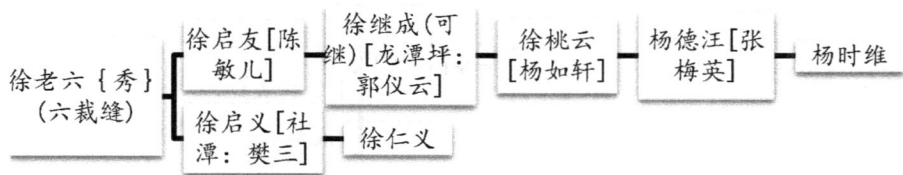

图11 徐仁义一支谱系图

徐仁义的祖父人称徐老六，又称六裁缝，为"秀"字辈，其膝下有两个儿子，长子为徐启友，次子为徐启义。

---

① 书名即上族谱的名字，有时村寨中名字不一定按字辈取，但会有个书名按字辈排，方便上族谱。
② 2019年6月23日、6月30日采访徐海东的记录。

　　徐启友与其妻陈敏儿育有一子，名为徐继成（书名为徐可继）。徐继成与其妻郭仪云育有独女，名为徐桃云，因此招了一个女婿，名为杨如轩。徐桃云夫妻二人现居徐家寨，育有一子，名为杨德汪。杨德汪与其妻张梅英育有一子，名为杨时维。杨德汪现在外务工。

　　徐启义与其妻樊三育有一子，名为徐仁义，未婚，现为徐家寨最年长、辈分最高的人。目前由徐桃云夫妻照料徐仁义。[①]

（二）"启"字辈

　　1. 徐功云一支。徐功成、徐功云、徐功平、徐功丙四家是一个祖先。最早可以追溯到"启"字辈。该支谱系结构见图 12。

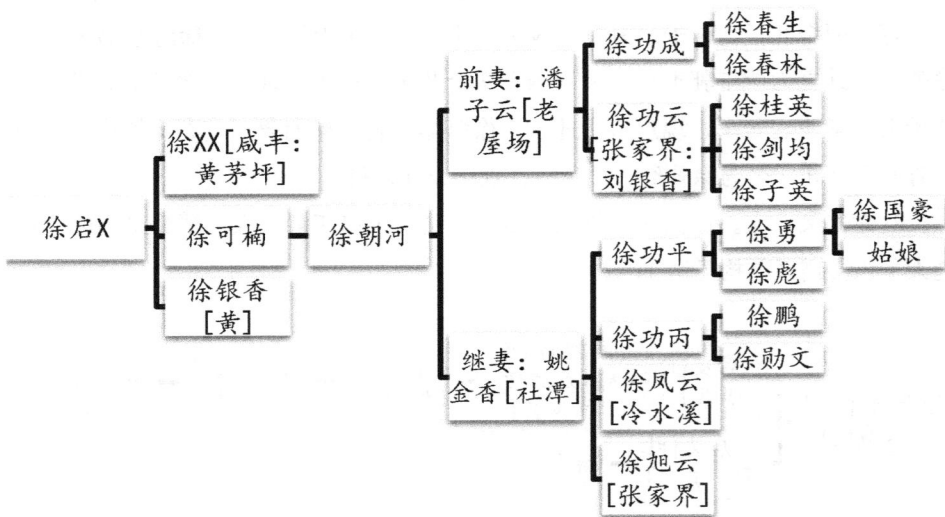

图 12　徐功云一支谱系图

　　该支"启"字辈老祖先有二女一子，长女嫁往咸丰黄茅坝，小女儿徐银香嫁给了黄家，儿子为徐可楠。徐可楠育有独子徐朝河。

---

① 2019 年 6 月 27 日采访徐仁义的记录；2019 年 6 月 29 日采访徐桃云的记录。

徐朝河先后有两任妻子，第一任妻子潘子云，来自四组老屋场，育有徐功成、徐功云两个儿子，长子徐功成有徐春生、徐春林两子，一家人目前都在外务工；次子徐功云，其妻为张家界村的刘银香，现居于距寨最远的三等田旁，育有三个子女，名为徐桂英、徐剑均、徐子英。徐功云的长女徐桂英在来凤县打工，次子徐剑均，三十出头，至今未婚，小女儿徐子英在利川做初中老师。

徐朝河的第二任妻子为姚金香，来自社潭，有徐功平、徐功丙两个儿子和徐凤云、徐旭云两个女儿，女儿分别嫁去了冷水溪村和张家界村。长子徐功平有两个儿子，长子徐勇有一子一女，儿子名为徐国豪；次子为徐彪。次子徐功丙有两个儿子，名为徐鹏、徐勋文。①

2. 徐朝杰一支。最早可以追溯到"启"字辈。该支谱系结构见图13。

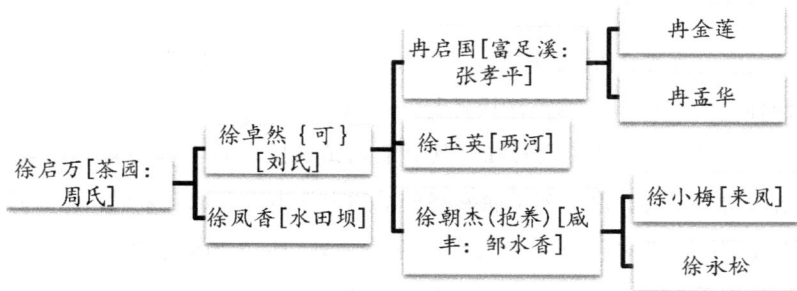

图13　徐朝杰一支谱系图

该支"启"字辈老祖先名为徐启万，其妻为茶园周氏。二人育有一子一女，女儿徐凤香嫁往了水田坝；儿子徐卓然为"可"字辈，娶刘氏为妻，有三个子女。长子冉启国为刘氏从原配家带来的儿子，其妻为六组富足溪张孝平，育有一子一女，女儿为冉金莲，儿子为冉孟华。冉启国常年外出打工，家中无人居住。徐卓然夫妻育有一女，名为徐玉英，嫁去了两河。家中次子徐朝杰，系抱养的龙潭坪刘姓孩子，娶咸丰邹水香为妻，育有一儿一女，长女徐小梅，嫁去了来凤；小儿子为徐永松，未婚，目前经营着农家乐餐厅。②

---

① 2019年6月27日采访徐功云的记录。

② 2019年6月30日采访徐朝杰的记录；2019年7月1日采访徐永松的记录。

3. 徐功全一支。徐术元、徐要武、徐红应、徐功全等四家是一个祖先。最早可以追溯到"启"字辈。该支谱系结构见图 14。

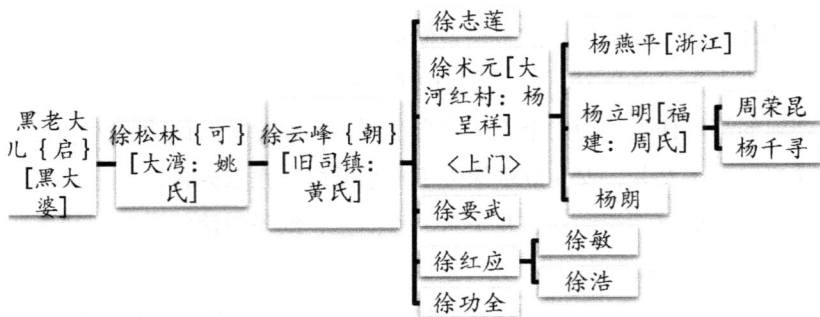

图 14　徐功全一支谱系图

该支"启"字辈老祖先外号为"黑大老儿",其妻称为"黑大婆",膝下独子名为徐松林,为"可"字辈。徐松林与一组大湾的姚氏结婚,婚后育有一子名为徐云峰(书名为徐朝勤)。徐云峰与其妻旧司镇黄氏育有三男两女。长女名为徐志莲,据徐功全口述,徐志莲是徐家寨最早的大学生,后嫁至来凤。次女徐术元,招了一个女婿,名为杨呈祥,二人育有两子一女,女儿杨燕平嫁往浙江;长子杨立明娶福建周氏为妻,育有一子一女,分别名为周荣昆、杨千寻[①];次子名为杨朗。徐云峰的长子名为徐要武,已经去世;次子为徐红应,有两个子女,名为徐敏、徐浩;幺子名为徐功全,至今未婚,现独居于徐家寨。[②]

4. 徐久云一支。最早可追溯到"启"字辈。该支谱系结构见图 15。

图 15　邓永国一支谱系图

---

① 福建习俗:老大随母姓。

② 2019 年 6 月 23 日采访徐功全的记录。

徐久云家可追溯至其爷爷徐启清，徐启清育有独子徐可军。徐可军有一个女儿，名为徐久云，招了一个来自龙潭坪的女婿，名叫邓永国，两人有两个儿子，长子名为邓新富，已到咸丰上门；次子名为邓新贵，现和邓永国在家务农。[①]

5.徐朝兵一支。徐朝兵、徐松柏、徐明山、徐继华等几家是一个祖先。最早可追溯至"启"字辈。该支谱系结构见图16。

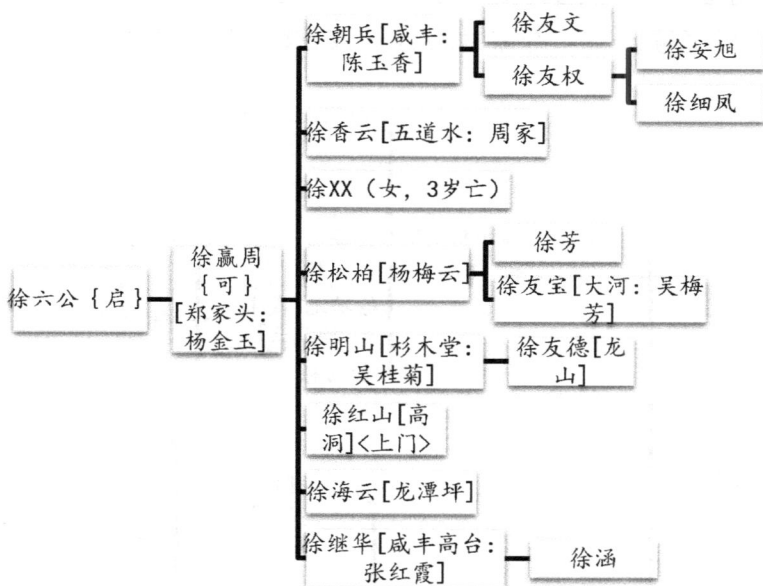

图16　徐朝兵一支谱系图

该支"启"字辈祖先姓名已不可考，人称"徐六公"，膝下有一独子，名为徐赢周，为"可"字辈。徐赢周的妻子是来自同村三组郑家头的杨金玉，二人育有五儿三女。

长子徐朝兵现为二组徐家寨的组长，与咸丰县的陈玉香育有两个儿子，长子为徐友文，已去咸丰上门；次子徐友权在外打工，育有一子一女，儿子名为徐安旭，女儿名为徐细凤，孩子们跟随徐朝兵夫妻俩生活。长女徐香云嫁去了五道水

周家；次女 3 岁早夭，名字不可考。次子徐松柏与妻子杨梅云，现在常年在外打工，育有一子一女，女儿为徐芳，儿子为徐友宝，其妻为大河吴梅芳，现未育有子女。三子徐明山，现在徐家寨内种植药材，其妻为杉木塘吴桂菊，有独子名为徐友德，娶了龙山女子为妻。四子徐红山已去高洞上门。幺女徐海云嫁去了龙潭坪。幺子为徐继华，其妻为咸丰高台张红霞，其子名为徐涵，现全家在外打工。[①]

6. 徐功元一支。徐功元、徐功青、徐功红、徐功双、徐功培等几家是一个祖先。最早可以追溯到"启"字辈的徐启安。该支谱系结构见图 17。

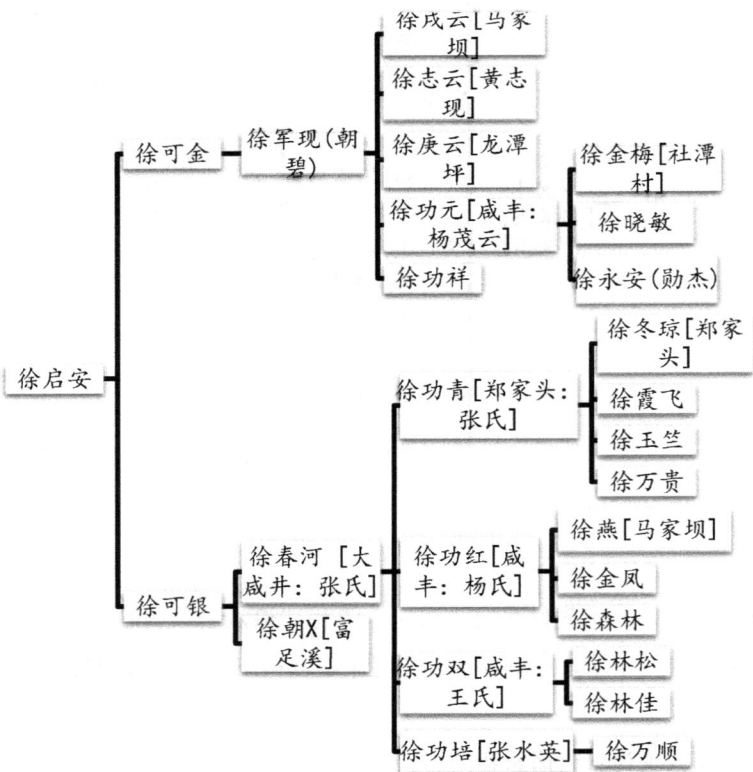

图 17 徐功元一支谱系图

<hr>

① 2019 年 6 月 27 日采访徐明山的记录；2019 年 6 月 30 日采访徐朝兵的记录。

该支"启"字辈老祖先徐启安有徐可金和徐可银二子。徐可金有独子徐军现（书名为徐朝碧），徐军现有三女二子，长女徐戌云嫁去了马家坝；次女徐志云嫁给了黄志现（详见黄姓谱系）；三女徐庚云嫁往龙潭坪；长子为徐功元；次子为徐功祥。徐功元与其妻咸丰杨茂云育有两女一子，长女嫁去了社潭村，次女名为徐晓敏，儿子名为徐永安（书名为徐勋杰）。徐功元由于身体不适，现与妻子居住在徐家寨，其子女均在外务工。

徐可银有一子一女，女儿嫁到了富足溪，儿子名为徐春河。徐春河与其来自大咸井的妻子张氏育有四子。长子徐功青与其妻郑家头张氏育有三女一子，长女徐冬琼嫁去了郑家头；次女为徐霞飞；三女为徐玉竺；儿子为徐万贵。徐功青现独居家中，其他家庭成员均在外打工。次子徐功红与其妻咸丰杨氏育有二女一子，长女徐燕嫁去了马家坝；次女为徐金凤；儿子为徐森林。三子徐功双与其妻咸丰王氏育有一子一女，儿子为徐林松，女儿为徐林佳。幺子徐功培与其妻张水英育有一子，名为徐万顺。[①]

7. 徐功田一支。徐治安、徐功田、徐功术、徐功文、徐功权、徐松林、徐成林七家是一个祖先。最早可以追溯到"启"字辈。该支谱系结构见图18。

该支"启"字辈老祖先徐东成与其妻王氏育有一子名为徐可宣。徐可宣娶郑家头杨氏为妻，二人有四个儿子。长子为徐治安，次子为徐海陆，三子为徐曾安，幺子称为"徐老四"。

徐治安（书名为徐朝力）与妻子育有四子，长子徐柏平与其妻姚金菊育有一女名为徐冬娥；次子为徐松林；三子徐功辉（书名为徐术林）有三个子女，名为徐定忠、徐丹、徐芬；幺子徐成林与其妻郭金香育有三个子女，名为徐新、徐晓庆、徐甜甜。

徐海陆（书名为徐朝华）与其妻邓起云育有四子，长子徐功田与其妻向玉梅育有一子徐江华，徐江华与曾敏结为夫妇，两人育有二子，名为徐豪、徐源。徐功田夫妻二人常年外出务工，房屋现出租做农家乐。次子徐功术与其妻姚已秀育有一个儿子，名为徐小辉，徐小辉娶张祝英为妻，二人育有一儿一女，名为徐建

---

① 2019 年 6 月 25 日采访徐功元、徐功清的记录；2019 年 6 月 30 日采访徐仁义的记录；2019 年 7 月 2 日采访徐治安的记录。

杰、徐佳丽。三子徐功文与其妻曾桃英育有两个儿子，长子徐伟，育有一子一女，分别为徐建业、徐安琪；小儿子名为徐波。幺子徐功权与其妻黄义珍有两个孩子，名为徐晓刚、徐勋依。徐海陆现已去世，平日邓起云独居于此，但儿子儿媳会在节假日回来探望。

徐曾安（书名徐朝云）膝下有一子一女，女儿徐碧玉嫁去了茶园姚家；儿子徐阿三（大名未知）娶邱家坳马氏为妻，并有两个孩子，名为徐亲、徐子。[①]

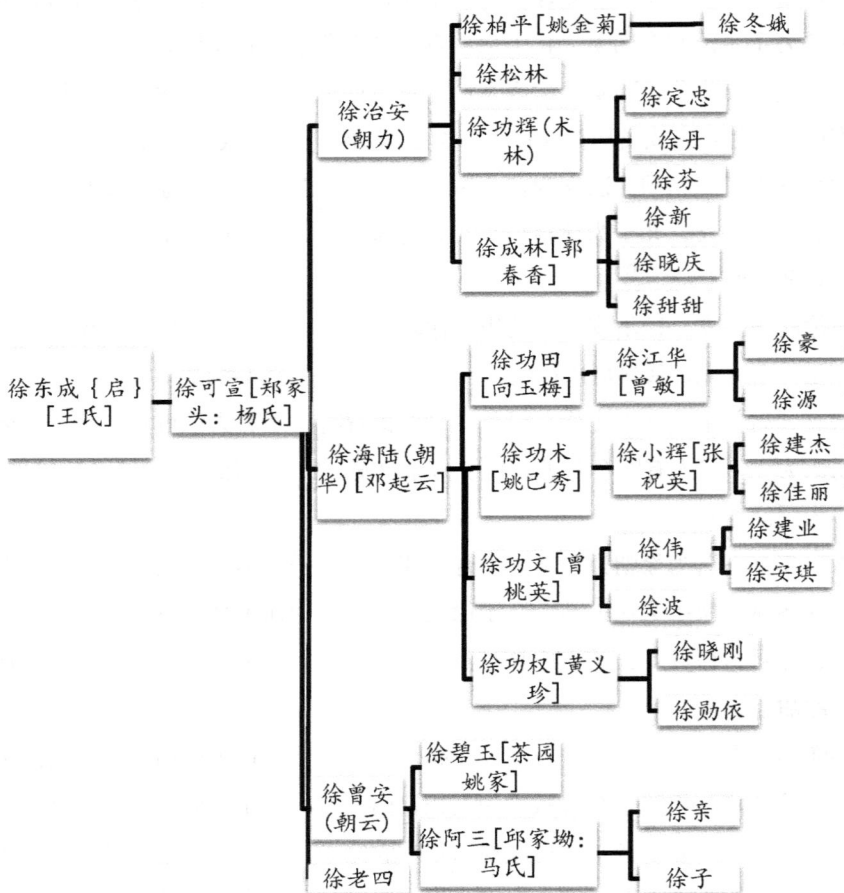

图 18　徐功田一支谱系图

---

① 2019 年 6 月 25 日采访邓启云的记录；2019 年 6 月 28 日采访徐功文的记录。

8. 徐可恩一支。徐东云、徐朝福两家是一个祖先。最早可以追溯到"启"字辈分。该支谱系结构见图19。

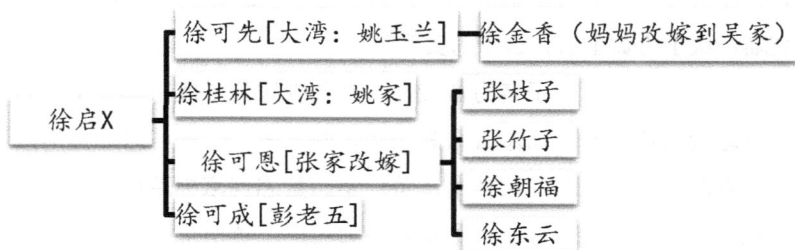

图 19 徐可恩一支谱系图

该支"启"字辈老祖先育有三子一女。长子徐可先与其妻姚玉兰（后改嫁到吴家）育有独女徐金香。女儿徐桂林嫁去了大湾姚家。次子徐可恩与其妻张氏有四个儿子，分别名为张枝子、张竹子、徐朝福、徐东云，其中张枝子和张竹子为随母改嫁过来的孩子。幺子徐可成娶了彭老五为妻，膝下有无子嗣未知。[①]

9. 黄志林一支。黄志林、黄志现、黄水清三家是一个祖先。最早可以追溯到"启"字辈分。该支谱系结构见图20。

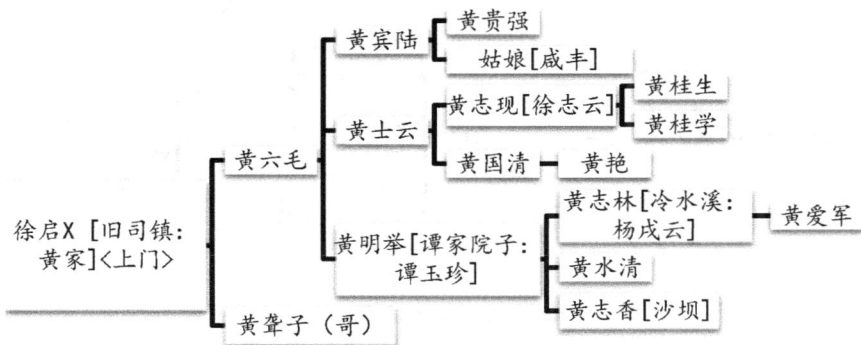

图 20 黄志林一支谱系图

① 2019 年 7 月 1 日采访徐仁义的记录。

该支"启"字辈老祖先是徐治安（见图 18）的姑婆。徐治安的姑婆招了一位旧司镇的黄姓男子上门，该男子也是现居徐家寨最早的黄姓上门人。两人育有两个儿子，长子外号为"黄聋子"，次子外号为"黄六毛"。黄六毛膝下有三子，长子为黄宾陆，次子为黄士云，幺子为黄明举。

黄宾陆有一子一女，儿子名为黄贵强，女儿则嫁到了咸丰。黄士云有两个儿子，长子黄志现与徐家寨的徐志云结为夫妻，两人属于少有的徐家寨寨内结婚的例子，并育有两个儿子，名为黄桂生、黄桂学。黄志现家中条件较好，盖有村中少见的泥瓦房；次子黄国清，有一个女儿名为黄艳。黄明举与其妻谭家院子的谭玉珍育有二子一女，长子黄志林与其妻冷水溪的杨戌云两人年龄差距较大，育有一个儿子，名为黄爱军，黄爱军现在在来凤念初中；次子黄水清与母亲谭玉珍居住，至今未婚；女儿黄志香，嫁去了沙坝姚家。黄明举于 1972 年去世，妻子谭玉珍没有改嫁，独自抚养四个子女。①

（三）"可"字辈

1. 张孝林一支。张孝林家的祖先。最早可以追溯到"可"字辈分的徐元臻。该支谱系结构见图 21。

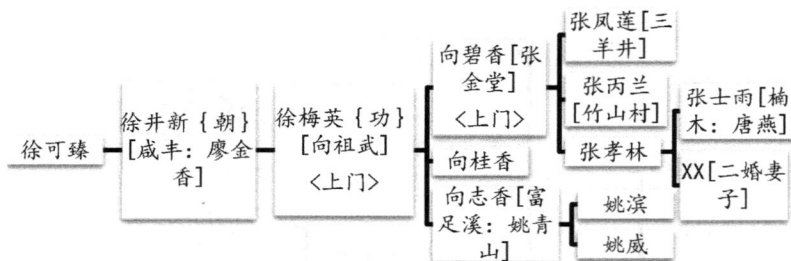

图 21　张孝林一支谱系图

该支"可"字辈老祖先徐可臻，膝下独子名为徐井新。徐井新与咸丰的廖金

---

① 2019 年 6 月 23 日采访黄水清的记录；2019 年 6 月 27 日采访黄志林的记录；2019 年 6 月 29 日采访黄志现的记录；2019 年 6 月 23 日，6 月 30 日采访谭玉珍的记录。

香结为夫妻，二人只有一个女儿徐梅英，因此招了向祖武做上门女婿。徐向二人育有三个女儿，长女为向碧香，次女为向桂香，幺女为向志香。

向碧香与上门女婿张金堂育有两女一子，长女张凤莲嫁去了三羊井；次女张丙兰嫁去了竹山村；儿子张孝林目前在外打工，家中房屋空置，其经历了两段婚姻，育有两个孩子，长子张士雨为其原配妻子楠木的唐燕所生，而现任妻子所生孩子名字未知。向志香与其丈夫姚青山育有两个儿子，名为姚滨、姚威。①

2. 徐勋权一支。徐功法、徐勋权两家是一个祖先。最早可以追溯到"可"字辈分的徐可张。该支谱系结构见图22。

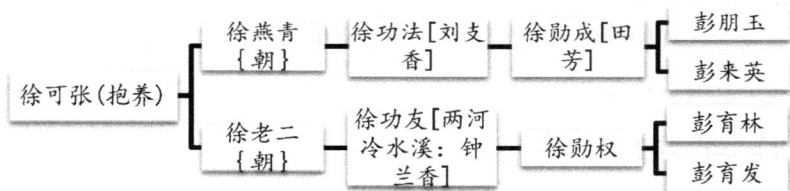

图22　徐勋权一支谱系图

该支"可"字辈老祖先徐可张是由徐家抱养的彭姓孩子。徐可张有两个儿子，长子名为徐燕青，次子称为徐老二，名字已不可考。

徐燕青仅有一子徐功法，徐功法与其妻刘支香育有一子，名为徐勋成。徐勋成娶田芳为妻，二人育有两个子女，名为彭朋玉、彭来英。徐老二也仅有一个儿子，名为徐功友。徐功友与其妻钟兰香育有一子，名为徐勋权。徐勋权与其妻钟丙连育有两个儿子，名为彭育标、彭育发。徐勋权过去是村中的木匠，现常年外出打工。②

3. 徐松青一支。徐松青、向柏林两家是一个祖先。最早可以追溯到"可"字辈的徐元和。该支谱系结构见图23。

---

① 2019年6月30日采访徐海东的记录；2019年6月29日采访徐辉的记录。

② 2019年6月27日采访徐功法，徐功云的记录；2019年7月2日采访徐治安的记录。

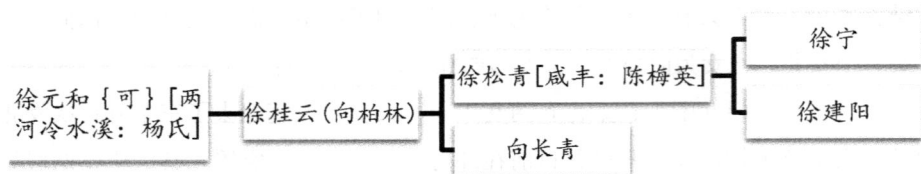

图 23 徐松青一支谱系图

该支"可"字辈老祖先徐元和与其妻杨氏育有一女，名为徐桂云，招了向柏林做上门女婿。徐桂云二人育有两个儿子，名为徐松青、向长青，向长青的户口属于向家。长子徐松青与其妻陈梅英育有两个一子一女，女儿为徐宁，儿子为徐建阳。夫妻两人现因为两子女的学习而居于家中，徐松青平时跑"村村通"——驱车往返于五道水和大河镇之间。

（四）"功"字辈

徐辉一支。徐辉、徐勇两家是一个祖先。最早可以追溯到"功"字辈的徐成志。该支谱系结构见图 24。

图 24 徐辉一支谱系图

徐成志与其妻刘竹云育有两个儿子，长子为徐辉，其妻为咸丰的叶菊平，两人育有三个女儿，名为徐凤、徐秀芳、徐晓红；次子为徐勇。[①]

---

① 2019 年 6 月 29 日采访徐辉的记录。

三、徐氏宗族姓氏复杂化

徐家寨姓氏的复杂化主要表现为外姓出现、姓氏变更。由于招赘、续弦、过继、抱养等原因，徐家寨出现了黄、邓、姚等外姓，姓氏变更也时有发生，其中招赘是外姓出现的主要原因。下文将根据不同原因来进行分析。

（一）招赘

徐家寨最早的黄姓可追溯到徐治安的姑婆家，最初的黄姓上门人来自旧司镇都司界。谭玉珍说："黄家来此上门已经有四代了。"黄姓繁衍四代，是现在我们已知的在徐家寨最久远，也是发展最大的外姓家族。目前在徐家寨内有三处黄姓院落，户主名字分别为黄志林、黄水清以及黄志现。经过调查，我们发现黄姓的郡望不是东海郡，而取了堂号为江夏堂。

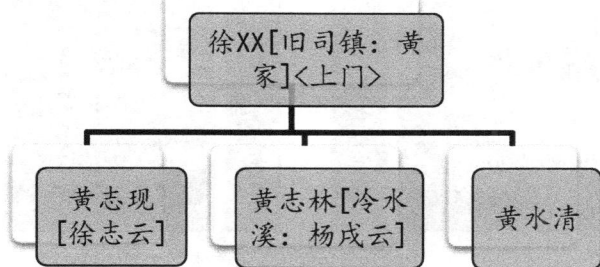

图25　黄姓源起及发展图

徐家寨的上门女婿不止黄姓一家，邓、张、杨、向也都是上门女婿。邓姓最早可以追溯到邓永国，到目前也不过一代，邓姓的郡望为南阳堂。张姓最早可以追溯到张金堂，目前也只经历过两代，张姓郡望为清河堂。杨姓最早可以追溯到杨如轩，历经两代，郡望为弘农堂。向姓最早可以追溯到向国珍，到现在经历两代，郡望为河内堂。综上所述，徐家寨非徐姓居民虽然所属郡望不同，但现在他们仍是徐氏家族中不可或缺的一部分。

18.黄志现

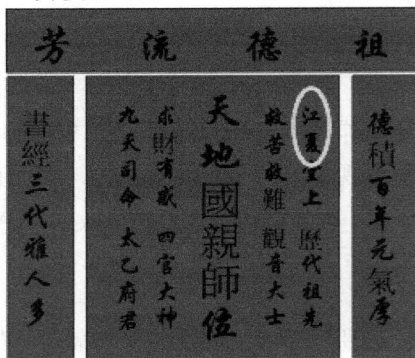

图 26　黄姓家族神龛图

2.邓永国

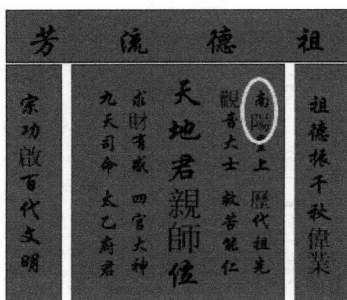

21.向祖红

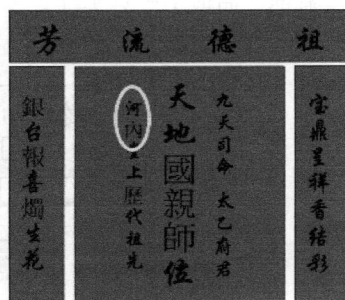

15.杨德汪

23.张孝林

图 27　邓、向、杨、张姓家族神龛图

在徐家寨因为招赘而产生的外姓中，姚姓和向姓比较特殊，姚姓指现居住在徐家寨的姚治安，向姓指向祖红一家。姚治安是由于父亲去世，过继到叔叔姚术成名下的，而姚术成又是徐家寨的上门女婿，因此姚治安也随之在此安家。向祖红一家又与姚治安不同，是向祖红的母亲先嫁至徐家寨，后二婚招婿向姓。

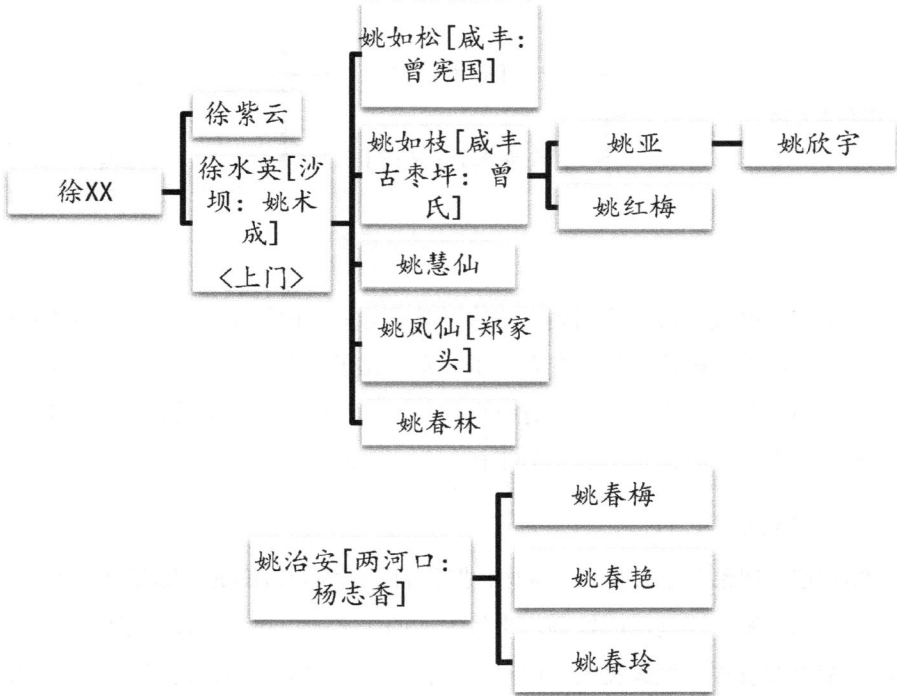

图 28　姚治安家族族谱

姚治安家最早可追溯的徐氏，名字不可考，辈分也未知。其育有两女，长女徐紫云嫁到何处不可考，次女徐水英招了一个沙坝的上门女婿，名为姚术成，育有二子三女。长子姚如松，其妻为咸丰的曾宪国。次子姚如枝，其妻为咸丰古枣坪的曾氏，两人育有一儿一女，儿子为姚亚，女儿为姚红梅，姚亚有一个女儿名为姚欣宇。长女为姚慧仙，次女姚凤仙嫁去了三组郑家头，幺女为姚春林。徐水英家中的五位子女都没有定居于徐家寨。现在村寨家中由姚治安居住，姚治安并非徐水英和姚术成所亲生。由于姚术成哥哥早亡，留下了幼子姚治安，过继给姚术成，与姚术成一起生活。姚治安妻子是两河口的杨志香，两人有三个女儿，名为姚春梅、姚春艳、姚春玲。[①]

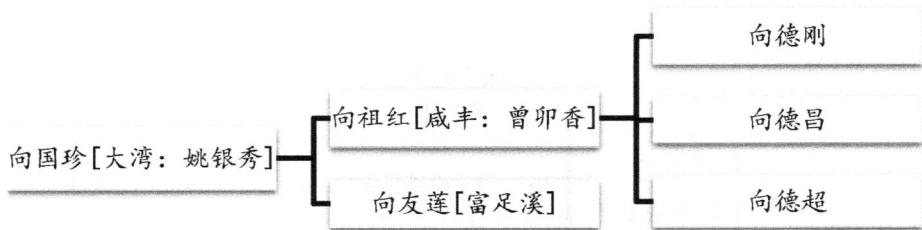

图 29　向祖红家族族谱

　　向祖红一家最早可以追溯到向国珍，其妻为大湾的姚银秀，徐曾安为姚银秀的前夫，后改嫁向国珍，两人育有一子一女，儿子为向祖红，女儿向友莲嫁去了富足溪。向祖红与其妻曾卯香育有三个孩子，名为向德刚、向德昌、向德超。向祖红家为村中唯一的养马人家，在村中从事一些驮运工作。[②]

（二）续弦

　　续弦这一现象在徐家寨并不常见，据我们了解涉及过继的家庭是冉启国一家。冉启国是随二婚母亲刘氏改嫁到徐卓然家中的。之所以单独叙述，是因为冉启国与徐家寨没有直接的血缘关系。但冉启国长期在徐家寨生活，使得他以东海为郡望，并深受徐氏家族文化的影响，成为徐氏家族关系中密不可分的一部分。

---

① 2019 年 6 月 23 日，6 月 24 日采访杨志香、姚治安的记录。
② 2019 年 6 月 28 日采访向祖红的记录。

6.冉启国

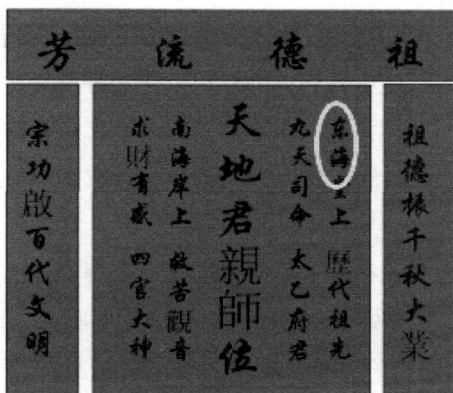

图 30　冉启国家神龛图

8.徐勋权

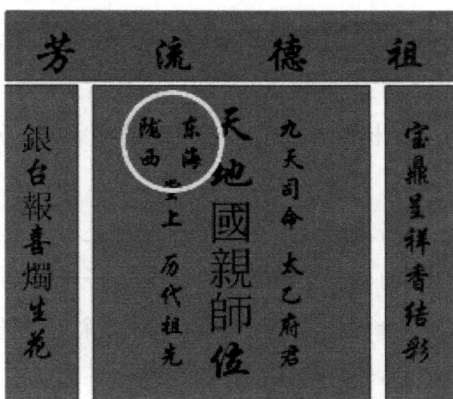

图 31　徐家寨三代换姓徐勋权家神龛图

（三）三代换姓（三代换姓是抱养的自然延伸，二者属于一个概念）

村寨里面抱养有"三代换姓"一说，即三代以后可恢复原本的姓氏。这一说法是由抱养引起的。在徐家寨中徐姓人抱养非徐姓家庭的孩子，在抱养后孩子随徐姓，经过三代后可换回原姓。徐勋权是其中比较典型的一家，从上文族谱中我们不难发现，徐勋权育有两个儿子，名为彭育标、彭育发；其表亲徐勋成与妻子田芳，有两个子女，名为彭朋玉、彭来英。彭姓的渊源最早可以追溯到徐可张，他是由徐家抱养的，本来姓彭。到徐勋权这一代恰好三代，因此，徐勋权的两个孩子改为彭姓，在他们家的神龛上也看到出现了东海郡和陇西郡两个郡望，陇西郡是彭姓的主要郡望。① 虽然三代后抱养的孩子会改回原姓，但不可否认的是他们仍是徐氏家族的成员。

综上所述，由于断嗣及社会变乱等原因，徐家寨的姓氏不断增多，但值得一提的是，无论姓氏是否为徐姓，他们都是徐氏家族中不可或缺的一分子。

四、刘、杨二姓的结局

关于刘、杨二姓最终为何消失，又去往了何处的问题，在对村民的访谈中获得了答案。

据村中的文化人徐海东讲述，徐、刘、杨三家关系亲如兄弟，因此便禁止了村内的徐、刘、杨三姓之间的通婚，这也在一定程度上解释了后期杨、刘两姓消失的原因。而现居徐家寨的杨姓与此前亲密无间的徐家寨三兄弟之间的杨姓不同，为外来的杨姓。②

据徐治安老人讲述，杨、刘两家在他小时候都还有后人，杨家有两个人，两人名字为"杨憨聋哑儿"和"杨大瞎子"。"杨大瞎子"确实有身体缺陷——眼睛有残疾，他在黄草坝的一个大户人家中舂米；另一个"杨憨聋哑儿"，并没有残疾，但村里给他取了这个绰号，他还曾在"土改"工作队中工作。但这两位杨姓都没有后人，所以自此之后徐家寨便没有了杨姓。刘姓的经历与杨姓类似。据老人回忆，那时候刘家有刘宝栋和刘银珂两人。刘宝栋又叫刘银堂，"土改"的时候还当过主席。那时候有很多四川人逃难过来，当时刘宝栋便娶了一位四川女子为妻，后来四川女子回乡，刘宝栋随即搬出了徐家寨。刘银珂，又名刘团手（只

---

① 徐朝杰（系徐卓然所抱养，原姓为刘姓）儿子徐永松说："三代后我们会恢复刘姓，并且不改回徐姓了。三代换姓，主要是为了表达生育抚养的恩情。"
② 2019 年 6 月 30 日采访徐海东的记录。

有一只手），他是徐朝河的继父，但同徐朝河母亲并未生子。值得注意的是，这里并非结亲而是转房，因而刘姓也在徐家寨消失了。[①] 据已故老人徐卓然口述资料，"徐世秀、刘沛然、杨胜恒最后选中了这片青龙环抱的五溪合流吉地，以300两白银买下了这片荒野，在这里结草为庐，开疆拓土。徐世秀、刘沛然、杨胜恒就是徐家寨的创始人。以后随着人口的增多，土地不堪重负，刘、杨二姓迁徙[②]，寨子才真正成为'徐家寨'。"[③]

图 32　在徐治安老人家采访

现在村里大多数人家都姓徐，少部分异姓基本都是来此的上门女婿，也有少数是抱养后三代换姓所致。从徐、刘、杨三姓到徐家寨，其间经历的风雨，后人所知也只有一二，但徐、刘、杨三家的深厚情谊，还依旧是徐家寨人们现在的共识。

五、地主李德山入居徐家寨

民国时期徐家寨来了一位咸丰的李姓地主，一度成为徐家寨最有势力的人，前文提到的李家大房子就是他家的。李家也曾在徐家寨风光一时。这个地主叫李

---

① 2019 年 7 月 2 日采访姚治安的记录。

② 此说法与本次调查的不一致。

③ 陈胜主编《经费记忆：来凤文史资料选》，湖北人民出版社，2014，第 44 页。

德山，他在六七十岁的时候从咸丰搬过来。李德山买了徐家寨中杨家的地，位置是徐朝兵家后方一块梯田往东直至停车路口，往西至大水沟；山上的林地也是从杨家买进的。徐家寨的第一座李姓老屋位于现徐家寨东侧，现称屋场田。据徐仁义老人[①]称，该地是从徐晴露那里买下来的。李家老屋示意图见图 33。

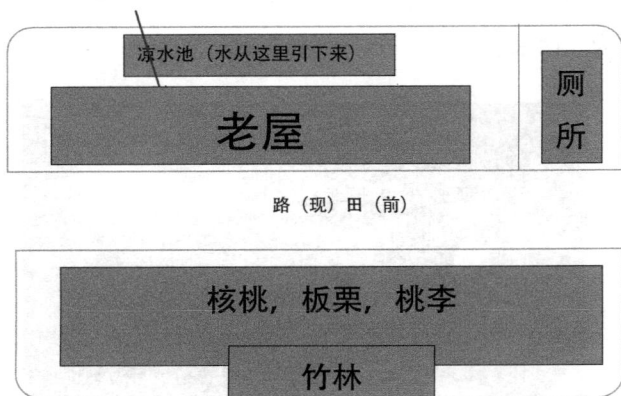

图 33　李家老屋示意图

李家老宅在李盖仁出生后搬至现徐功全、徐辉、徐海东、徐朝兵的房屋所在地，徐功全与徐辉的房屋所在地为正房，徐海东和徐朝兵的房屋所在地为偏房。

李德山娶了三房老婆，大老婆为社潭枫香坪的杨姓女子，二老婆为姚姓女子，三老婆为徐家寨本村徐姓女子；其独子李盖仁为杨姓女子所生。

李德山儿子李盖仁的妻子为龙潭坪村的向姓女子（村里人称向姐），李盖仁与向姐有三个孩子，为两女一男。老大李玉兰为长女，先嫁给杉木潭大咸井的张家大老爷的儿子张之展，张之展此人讲良心，但是为人心狠，生有一个男孩叫张本（自称本少爷）。李玉兰由于身上长痘，改嫁到茶园黄家，生了两个儿子（其中一个病死了）。改嫁前的张家是地主，张家后来从大咸井搬到百福司。

李盖仁的小妹妹李杉先嫁给了咸丰的姚姓男子，后改嫁到杉木堂大黄潮坝，与邓姓男子结婚，其后李杉在邓家去世，邓家又娶了四川的田姓女子，并生育有两个儿子。

_____

① 2019 年 6 月 27 日采访徐仁义的记录。

李盖仁与向姐生得一子，名叫李明。李明的妻子为杉木堂的张三，李明膝下无子，有两个女儿，长女李群仙嫁至咸丰的罗家；次女李双双先嫁给黄草坝的姚姓男子，后改嫁至刘家，其后再次改嫁至杉木堂的邓家，生得一子名为邓文正。

在询问的过程中，老人还提及了一位李姓人士，名为李安安，又名李平安。这位李姓男子为张家地主的帮工，娶了陈姓女子，并育有一女，名为李金玉，现在广播站工作。

李家地主在徐家寨有过短短几十年的过往，历经三代，并没有对徐家寨村民进行压榨。在新中国成立后，李家衰败并最终消失在徐家寨。

六、结语

徐家寨是大河镇同姓村寨中规模较大的一个，徐氏家族由小到大，在此繁衍生息了三百多年，留下深刻的家族史痕迹，形成了丰厚的家族文化。曾经的徐家寨还有族长这一职务，可追溯的最近的族长就是徐卓然。据悉，徐家寨里徐海东的父亲很了解宗族文化，能背出族谱。徐海东说："我父亲是能背出每家每户的族谱，但那时候穷，只想着吃饱饭，就没有管这些东西，我就只记得我们家这一支的了。"随着时代的变迁和老一辈人的去世，徐家寨丰厚的家族历史文化在人们的记忆里渐渐淡去，这实在是一件可惜之事。但如今有人意识到了其中的价值与意义，为保护这一宝贵的遗产而努力奔走。徐海东在积极整理着徐家寨的资料；组长徐朝兵作为风水先生也保留着一些传统的东西；村中最为年长的徐仁义老爷爷虽已老态龙钟，但记忆力很好，也喜欢与人交流；八十多岁的徐治安爷爷也记得很多事情。正是有了他们这些热心人，徐家寨的家族文化如今才得以保存、传续。

由于招赘等原因，徐家寨也出现了黄、邓、姚等姓，这些姓氏的人家在村中也或多或少受到徐家宗族文化的影响，例如，有些家庭的神龛上所标明的郡望也会包含徐氏的东海郡。徐家寨各家神龛的位置、大小以及文字对联都基本一致，由此可以看出，在徐氏人口占绝对多数的徐家寨，徐氏宗族文化在其社会生活中仍然处于主导地位。

　　根据上文对徐、刘、杨三家"分阳不分阴"的介绍，徐家寨本应是"徐刘杨寨"，徐、刘、杨三姓合作开寨是徐家寨历史上的一段佳话，后因刘、杨两姓衰亡，徐氏独盛，徐家寨便成了名副其实的徐家寨。徐氏家族文化内容丰富，本调查只是就徐姓来源和家族构成演变作了勾勒，家族管理、婚丧礼仪等问题还有待进一步挖掘。

　　往事如烟，抖落一地风尘。时间稍纵即逝，唯有历史文化在寨中绵延不绝，而徐家寨也定会如陈酿之酒，每次开启都能散发醉人的芳香。

致　谢

　　在此篇调查报告完成之际，我们衷心感谢学院唐胡浩副院长、来凤县大河镇委杨志远副书记、五道水村彭先均支书对本次调查的大力支持与帮助；感谢闫天灵老师不辞辛苦地带队指导；感谢徐家寨全体村民的热情招待与全力配合；以及彭鸿同学、韩玉兰同学、贺霞红同学、巴·巴音才次克同学和那比江·艾尔西丁同学在资料收集及整理过程中的鼎力相助。正是有了大家的通力合作，才有了这篇报告。在此，我们真诚地道一声"谢谢"！

指导意见

厦门大学

张先清

　　《闽东区南片古田凤都方言报告》是由厦门大学人类学系人类学专业两位本科生林俊杰和张菁合作完成的一份田野调查论文。论文关注的焦点是闽东方言演化及背后所呈现的区域社会联系议题。作为语言人类学的一种训练，这篇报告虽然从整体而言还可组织得更好一些，但仍然展现出了青涩的研究价值——这是迄今为止较早注意到古田方言凤都音的音韵演变复杂性，并从语言人类学角度加以研究的一篇学术论文，为进一步探讨闽东区域语言发育模式及规律提供了宝贵的民族志资料。

　　林俊杰和张菁同学的上述田野报告，是厦门大学人类学专业学生本科实习的一个组成部分。作为国内 20 世纪 80 年代最早复办人类学专业的教研机构，厦门大学人类学专业一直保持着四分支的学科培养与研究体系。按照培养方案的要求，厦门大学人类学专业本科学生，必须修读包括考古、体质、语言及文化等四分支课程，从而获得相对完整的人类学专业训练。田野实习是人类学专业培养的一个重要环节，厦门大学一直采取的是集体田野实习的模式，即所有人类学专业本科生在实习导师的带领下，前往田野点进行为期四周左右的参与观察式田野训练。这种田野实习，也涵盖了上述四分支内容。由于学生已经在课堂上修读了四分支内容，因此也具备了相应的学科知识，使得实习导师可以事先根据同学们的兴趣，将其组成不同的研究小组，在田野中完成包括体质、语言与文化等内容在内的民族志观察与资料搜集，并撰写相应的田野报告。

在目前的人类学专业教研中，语言人类学的训练十分重要。语言是与社会、文化结构相互依存的核心要素，在社会形成、身份认同以及文化信仰和意识形态构建方面发挥着巨大作用。然而，由于各方面的原因，一段时期以来人类学学科面临新的挑战。在人类学本科培养阶段，能接受较为系统的语言人类学训练并不容易。一些人类学专业的学生，在完成本专业学习时，可能连基本的注音系统还未掌握，这种情况显然是不利于人类学学科发展与人才培养的。因此，如何能够在本科教学阶段处理好四分支课程的讲授与训练，从而更好地呈现人类学的整体精神，仍然是一个有待努力的方向。

闽东区南片古田凤都方言报告

厦门大学人类学 2017 级本科生　林俊杰　张　菁

指导教师　张先清

摘要：本文主要通过记录和梳理古田方言凤都音的声韵调系统、连续变调规律以及两百基本词汇，从而发现其中一些特殊的词汇表达现象，并参考古田县凤都镇的历史行政区划及诸多邻近的相关地区语料，构拟了闽东区南片方言演化的过程，并提出凤都为"双重滞留区"的假设，试图重新评估古田方言在闽东方言区演化过程中的地位，破除传统上的区域划分逻辑，从语言学的视角揭示区域联系的丰富性和复杂性。

关键词：闽东方言；语言人类学

一、古田县凤都镇概况

古田县东邻宁德、罗源，西依南平、建瓯，北枕屏南，南连闽清、闽侯。位于北纬 26°，东经 118°—119°。该县多山，山地丘陵地带占全县总面积的 88.56%，河谷、盆谷和平地仅占总面积的 9.47%，地势西部、中部和东北部高，西南部低。境内主要河流有古田溪、霍口溪、闽江等。2010 年总人口 43 万，旅外华侨、外籍华人近 30 万人。唐开元二十九年（741 年）划侯官县西部建古田县，历属长乐郡、福州、长乐府、福州路、福州府等。1949 年 6 月起，隶属南平专区、闽侯专区，1970 年划归宁德地区，现属福建省宁德市。

凤都原名五都，宋至清属古田县和平里。清乾隆《古田县志》载："五都距县六十里，辖有凤埔、洋头等二十村"。民国时期属四区凤仕乡。1949 年 10 月为第三区，1955 年 9 月改称凤都区，1956 年 2 月并入局下区。1958 年，划建瓯县小禄村归凤都公社管辖。1959 年 8 月建立凤都人民公社，1984 年 10 月改称凤都乡，1991 年 12 月 7 日撤乡建镇。2005 年，桃溪流域的桃溪等 5 个行政村，共计 12 个自然村，面积 24.5 平方千米，并入城东街道。凤都镇地处古田县西北部丘陵地带，东邻城东街道，南连城西街道，西界南平市延平区洋后镇、巨口乡和建瓯市迪口镇，北接凤埔乡。截至 2010 年，凤都镇镇区登记户籍共计 5949 户，15376 人，汉族 14974 人，少数民族 402 人，其中畲族 394 人。截至 2017 年，常住人口 19495 人。

二、发音人基本情况及语料来源

发音人：林某某，男，出生于古田县凤都镇。同时学习和使用古田方言及普通话，普通话教授者带有浓重的凤都口音。调查时年龄 20 岁，为厦门大学本科生。父母祖上世居古田县凤都镇，均说古田凤都话。

为充实这次报告的价值，小组调查成员参考之前研究者所做的音韵系统调查，试图通过古田方言内部口音的比较，在音韵演变新动向中探究古田方言在闽东方言中的音韵地位。

其中，古田城关音、古田凤都音的两百基本词汇调查部分，参考厦门大学"闽语及其地理分布"创新课题训练组的语料。发音人自身的凤都音与大创组调查中的凤都音有所不同，我们的发音人是古田凤都双珠村与溪头村的口音，而大创组的发音人为凤都村口音，两者在声韵调系统上略有差异，而词汇方面则存在大量不同之处。连续变调的古田城关音语料来源于秋谷裕幸的《闽东区古田方言研究》。

三、古田方言凤都音的声韵系统

（一）声母系统（共 15 个）（单字音）

p 边布兵   pʰ 拼拍鼻   m 门马民

t 鼎茶亭   tʰ 塔体天   n 娘宁   l 柳辣林

k 求加金   kʰ 气溪轻   ŋ 语牙我   h 虾喜远 [①]

ts 争查真   tsʰ 出叉亲   s 时沙新

ø 莺音文容

古田凤都方言的单字音声母共有 15 个，与城关话、平湖话、大桥话、杉洋话等古田县内其他方言以及《戚林八音》的声母系统完全一致。在福州话里面，已经有部分人不区分古田话的 [n] [l]，所以福州话的声母只有 14 个，比古田话少一个声母。

（二）韵母系统（共 49 个）

表 1　古田方言的韵母系统

阴声韵	a 马拍 ai 彩太 au 包豆	ɔ 歌毛 oi[*1] 催袋	œ 初梳	ɛ 西齐 eu 抖扣	i 悲诗 ie[*2] 鸡批 iu 秋守 ieu 烧骄	u 孤虎 ua 花耍 uo 过摸 uai 歪怀 ui 贵位 uoi 杯妹	y 书女 yø 桥去
阳声韵	aŋ 山叹	ouŋ 釭壮	øyŋ 东双	eiŋ 灯县	iŋ 宾民 ieŋ[*3] 天俭	uaŋ 欢拌 uoŋ 元本 uŋ 春蜂	yŋ 银芹 yøŋ 香章
入声韵	ak 甲杂 aʔ 拍庙	ouk 驳浊 ɔʔ 桌粕	øyk 北墨 œʔ 嘱	eik 八得	ik 滴集 iak 獭籴 iek[*4] 接食热	uk 出物 uak 拨扩 uok 雪月 uaʔ 划活 uoʔ 烛局	uk 竹育 yøk 箬略 yøʔ 借药

古田城关话共有 52 个韵母。在凤都方言中，其中 3 个城关话的韵母，合

[①] [h] 实际发音介于 [h] 与 [x] 之间。

并在一起，且个别韵母发音有差异：

　*¹ [oi]（催、袋）凤都双珠音发音接近于 [uoi]。

　*² [ia]（遮、赊）归并在 [ie] 里面。

　*³ [iaŋ] 古田城关音、凤都凤都村音的（声、厅）归并在 [ieŋ] 里面。

　*⁴ [iaʔ]（壁、僻）归并在 [iek] 里面。

附近其他方言的韵母数量分别为平湖话 52 个，大桥话 53 个，杉洋话 67 个，福州话 52 个。《戚林八音》中有 54 个。

凤都话 [n] 与 [ŋ] 作韵尾时不区分意义，实际发音介于两者之间。

凤都话的入声韵 [k] 尾、[ʔ] 尾之间平时不做音位的区分。关于古田话的入声韵，学界有不同的看法。游文良，陆斯厚（1982）；陈章太，李如龙（1983）；李如龙，陈章太（1985）以及杨碧珠（1999）记录的古田方言没有 [k] 尾、[ʔ] 尾之间的对立，只有对 [ʔ] 尾的记录。而秋谷裕幸，陈泽平（2012）和李滨（2014）的记录则有 [k] 尾、[ʔ] 尾两个入声韵的区别。在一部分闽东区侯官片方言（福州、闽侯、连江、永泰等）中已经合并为一个入声韵了（陈泽平，1984）。

（三）声调系统（单字调共 7 个）

阴平 55　　收巾兵丰中

阳平 33　　爬球穷贫成

上声 42　　守酒水手火

阴去 21　　霸赐秀菜票

阳去 24　　士近病郑院

阴入 2　　百七雪结国

阳入 5　　白熟局达热

表2 古田各地方言以及福州话的声调对比

	凤都	城关	平湖	大桥	杉洋	福州
阴平	55	55	55	55	433	55
阳平	33	33	33	33	21	53
上声	42	42	42	41	41	33
阴去	21	21	21	11	335	213
阳去	24	24	213	224	112	242
阴入	2	2	2	1	35	24
阳入	5	5	5	5	5	5

（四）连续变调规律

连续变调是在语流中，相邻的音节互相影响发生的调值变化。古田话的连续变调有前后字都不变调、前字变调后字不变调和前后字都变调的三种，这与前字变调后字不会变调的福州话不同。

表3中标出来的数字是城关话的调值，两地变调一致的话没有标出凤都话的调值。凤都话与城关话的变调不同的地方，在下面另外标出了凤都话的调值。

表3 城关话与凤都话的连续变调规律

前字 \ 后字	阴平 55	阳平 33	上声 42	阴去 21	阳去 24	阴入 2	阳入 5
阴平 55	21/55	21/55	21/42	24/42	24/544 <u>24/55</u>	24/42 <u>24/53</u>	21/5
阳平 33	33/55 <u>33/45</u>	33/33	21/42	21/21	21/24	21/2	33/5 <u>21/5*</u>[1]
上声 42	21/35	21/35	21/53	35/53	35/544 <u>35/55</u>	35/53	21/35
阴去 21	33/45	33/45	33/53 <u>55/53</u>	55/53	55/544 <u>55/55</u>	55/53	33/45 <u>33/5</u>
阳去 24	33/55 <u>55/55</u>	55/33	55/42	42/21	55/33	42/2	33/5 <u>55/5</u>
阴入甲 2	33/45	33/45	33/53 <u>5/53</u>	5/53	5/544 <u>5/55</u>	5/53	33/45 <u>55/45</u>

续表

后字 前字	阴平 55	阳平 33	上声 42	阴去 21	阳去 24	阴入 2	阳入 5
阴入乙 2	33/45 <u>55/45</u>	33/45 <u>55/34</u>	33/53 <u>5/53</u>	55/53 <u>5/53</u>	55/544 <u>55/55</u>	55/53 <u>5/53</u>	33/34 <u>2/45</u>
阳入 5	33/55 <u>2/55</u>*²	33/33	2/42	2/21	2/24	2/2	33/5 <u>2/5</u>

*¹ 阳平＋阳入。"牛肉"等大部分词汇读为 21/5，但是"同学"等词汇读 33/5。

*² 阳入＋阴平。凤都人大部分将"石灰"读为 33/45，接近于古田的 33/55；"读书"读为 2/55。

四、古田方言凤都音① 与城关音的两百基本词汇选释

表4　两百基本词汇选释

调查词汇	普通话国际音标	古田（凤都）词汇	古田（凤都）国际音标	古田（城关）词汇	古田（城关）国际音标
你	ni²¹⁴	你 / 女	ny⁴²	女	ny⁴²
他	tʰa⁵⁵	伊、他 / 伊	i⁵⁵、tʰa⁵⁵	伊	i⁵⁵
我们	uo²¹⁴ mən⁵⁵	我侬	ŋuai⁴² nøyŋ³³	我侬	ŋuai⁴²nøyŋ³³
他们	tʰa⁵⁵ mən⁵⁵	伊个侬 / 伊侬	i⁵⁵ ke²¹ nyøŋ³³	伊侬	i⁵⁵ nyøŋ²⁴
女人	ny²¹⁴ rən³⁵	妇女 / 妇女、女界	hu²¹ ny⁴⁴	妇女	hu²¹ ny⁴⁴

---

① 由于在之前调查古田凤都音的过程中，发音人江先生擅长读文读音，大创组在调查过程中同时记录了词的文读音与白读音，此处予以摘录并以之为对比。本次报告中，针对我们发音人的日常用语，在表达方式上不同的词汇用"/"分开，加粗部分为我们发音人的不同表达方式。制作以上表格是为了以记录古田方言词汇的特殊用法。

续表

调查词汇	普通话国际音标	古田（凤都）词汇	古田（凤都）国际音标	古田（城关）词汇	古田（城关）国际音标
男人	nan^{35} rən^{35}	丈夫依	tyøŋ^{21}mo^{55} nøyŋ^{33}	丈夫依	tyøŋ^{21}mue^{55} iaŋ^{33}
父亲	fu^{51} tɕʰin^{55}	郎罢、父亲/**阿爸**	nu^{33}ma^{24}、hu^{21}tsʰin^{55}	郎罢	nu^{33}ma^{24}
母亲	mu^{214} tɕʰin^{55}	郎奶、母亲/**阿妈**	nu^{33}nɛ^{423}、mu^{33}tsʰin^{24}	郎奶	nu^{33}nie^{42}
丈夫	tsaŋ^{51} hu^{55}	老翁、丈夫/**老翁**	lau^{42}uoŋ^{55}、tyøŋ^{21}u^{24}	老翁	lau^{42}uoŋ^{55}
妻子	tɕi^{55} tsɿ^{214}	老妈、妻子/**老妈**	lau^{44}ma^{21}、tsʰiɛ^{21}tsy^{24}	老妈	lau^{44}ma^{21}
孩子	xai^{35} tsɿ^{214}	傀囝、囝/**傀囝、傀僮仔**	ko^{33}iaŋ^{42}、kiaŋ^{42}	囝	kiaŋ^{42}
一	i^{55}	一/**蜀**	iʔ^{2}	蜀	syøk^{5}
耳朵	ə^{214}tuo^{55}	耳仔	ŋi^{44}iaŋ^{21}	耳仔	ŋi^{44}iaŋ^{21}
眼睛	ian^{214}tsiŋ^{55}	目睭	mei ʔ^{2}tsiu^{55}	目睭	miʔ^{2}tsiu^{55}
牙齿	ia^{35}tʂʅ^{214}	喙齿、牙齿/**喙齿**	tsʰuei^{21}i^{33}、ŋai^{21}i^{33}	喙齿	tsʰy^{21}i^{33}
舌头	ʂɤ^{35}tʰou^{35}	喙舌、舌头/**喙舌**	tsʰy^{33}liek^{5}、siek^{5}tʰau^{24}	舌	tsʰyei^{21}
脚	tɕiao^{214}	骹、脚/**骹**	kʰa^{55}、kyøʔ^{2}	骹	kʰa^{55}
膝	ɕi^{55}	骹头、膝/**骹仔头**	kʰau^{33}tʰau^{24}、tsʰik^{2}	膝	tsei ʔ^{5}
脖子	po^{35} tsɿ^{214}	脰管	tau^{21}un^{33}	脰管	tau^{21}un^{33}
尘土	tʂʰən^{35}tʰu^{214}	混凝、混凝粉/**混凝粉**	u^{55}niŋ^{33}、u^{55}niŋ^{33}un^{42}	混凝粉	u^{55}niŋ^{33}un^{42}
叶子	iɛ^{51}tsɿ^{214}	箬/**箬箬**	nyø^{33}	箬	nyøk^{5}
石头	ʂʅ^{35}tou^{35}	石南母、石头/**石南母**	syøʔ^{5}nan^{42} mo^{423}syøʔ^{5}tʰau^{24}	南母	nan^{33}mo^{24}

调查词汇	普通话国际音标	古田（凤都）词汇	古田（凤都）国际音标	古田（城关）词汇	古田（城关）国际音标
绳子	şən³⁵ tsʅ²¹⁴	索仔（囝）/ 索	so⁴² iaŋ³³	索仔（囝）	so⁴² iaŋ³³
路	lu⁵¹	道	to²⁴	道	to²⁴
晚上	uan²¹⁴ şaŋ⁵¹	暝晡	man³³ mo⁵⁵	暝晡	man³³ mo⁵⁵
杀	şa⁵⁵	杀、刣	sak² tʰai⁴²³	刣	tʰai⁴²
站	tşan⁵¹	徛、站 / 徛	kʰie²⁴、tsan²⁴	徛	kʰie²⁴
给	kei²¹⁴	给、乞 / 馱	kiek²、kʰiʔ⁵	乞	kʰiʔ⁵
吃	tşʰʅ⁵⁵	食	siek⁵	食	siak⁵
吮	şuən²¹⁴	吮	soʔ²		soʔ²
闻	uən³⁵	闻、嗅	uoŋ³³、hiu²¹	嗅	hiu²¹
砍	kʰan²¹⁴	砍、断 /[tœ21]	kʰan⁴²³、tøn²¹	锉	tsʰuoi⁴²
拿	na³⁵	拿、馱 / 馱	na⁴²³、to³³	馱	to³³
玩	uan³⁵	玩 /[tseiŋ42]	ŋuaŋ²⁴、kʰa²¹ lio³³		kʰa²¹ lio²⁴
捆	kuən²¹⁴	捆、缚 / 缚	kʰuoŋ⁴²³、pok⁵	缚	pok⁵
撕裂	si⁵⁵ lie⁵¹	掰、撕裂 / 撕	pau⁴²³、si⁵⁵ lieʔ⁵	掰	pau⁴²
打架	ta²¹⁴ tɕia⁵¹	相（厮）拍	sioŋ⁵⁵ pʰa⁴²	相拍	sioŋ⁵⁵ pʰa⁴²
怕	pʰa⁵¹	惊、怕 / 惊	kiaŋ⁵⁵、pʰaʔ²	惊	kiaŋ⁵⁵
睡	şuei⁵¹	睏 / 睏眠	kʰuoŋ²¹	睏	kʰuoŋ²¹

续表

调查 词汇	普通话 国际音标	古田（凤都） 词汇	古田（凤都） 国际音标	古田（城关） 词汇	古田（城关） 国际音标
说	ʂuo⁵⁵	说 / 讲	suok⁵、 kuoŋ⁴²³	讲	kuoŋ⁴²
知道	tʂʅ⁵⁵ tao⁵¹	别	pei◌⁵ tøyŋ³³	解别	e◌²² pei◌⁵
对	tuei⁵¹	对 / 毛错	tuoi²¹、 mo⁴² lan²⁴	毛错	mo³³ tsho²¹
坏	xuai⁵¹/ŋai⁴²	坏	ŋai⁴²³、 huai⁴²³、tei³³	坏	ŋai⁴²
多	tuo⁵⁵/ sei²⁴	多 / 侈	to⁵⁵	侈	sei²⁴
在	tsai⁵¹	在、伫 / 伫	tsai⁴²³、tyøk⁵	伫	tyøk⁵
和	xɣ³⁵	共	kyøŋ²⁴	还	huaŋ²⁴

经过查找资料文献、询问发音人以及请教大创小组成员，本调查组发现古田话的词汇里有以下几点特别之处：

1. 古田方言里的"侬"是很特别的字。它的常用义项为"人"，泛指一般的人，例如，古田话的男人（丈夫侬）、北方人（北方侬）、死人（死侬）、大人（大侬）、坏人（孬侬）、老人（老侬）等，其中的"人"都是用"侬"来代替。当然，也有例外，如古田话的"女人"却不叫"女侬"，而是叫"妇女"。此外，最为关键的一点是"侬"还被用来表示人称复数，例如，古田话把"我们、你们、他们"叫作"我侬、汝侬、伊侬"。由此猜测闽南话的人称复数 [guan]（我们）、[lin]（你们）、[in]（他们）可能是由 [ŋua]（我）、[li]（你）、[i]（他）与"侬"字组合而来。只是在长期语音演变中，"侬"只保留了韵头，同时被归并至前一音节的韵尾。以上是小组成员在语言学田野调查课程之余的猜想，还需进一步地收集闽东、闽南、闽北和客家语料进行研究。

2. 古田话称"母亲"为 [nɛ]，但我们未能找到 [nɛ] 的合理本字来源。调查之余，我们询问了发音人所在地其他许多古田话使用者，均不认同 [nɛ] 为"奶"

字的直读，甚至不能算是训读。[nɛ] 的义项虽然也可涉及"奶奶"，但更多指向"母亲"，与"奶"义项之范畴不符。许多人根据表面读音，未深入了解词汇在整个表达系统中的地位而做出了错误判断，以致影响到亲属制度的研究，从而猜测"闽人母亲与祖母称呼相同"，是"抢婚"等习俗在语言上的遗留。学者邓晓华在《试论南中国汉人及汉语的来源》中认为"郎奶"的"奶"字不是汉族传统的，可能是少数民族的词，这为我们从基本词汇透视族群互动提供了特殊视角。

3．古田方言里的"拿"叫作"驮"（果摄）。《说文解字》："驮，负物也。从马大声。此俗语也。"《集韵》平声戈韵唐和气切，"马负物"。《说文解字》："佗，负何也。从人它声。"段玉裁注："负字盖浅人增之耳。《小雅》："舍彼有罪，予之佗矣。传曰：佗，加也。此佗本义之见于经者也。佗之俗字为驼，为驮。变佗为他。用为彼之称。"可见，"拿"的本字应该是"驮"。

4．古田方言里并无"知道"这个读法，通常用"解别"表达。"解"在《广韵》上声蟹韵胡买切，记为"晓也"。唐诗人王维有诗作"若道春风不解意，何因吹送落花来"。"别"有"分别"意，可能据此引为"辨识""明白"。"别"另有本字作"八"，也有"分离""辨识"之意。

五、古田方言在闽东方言南片的音韵地位

《中国语言地图集·B12 闽语》将闽东方言区划分为福州话、福安话、福鼎话三大块，福州话下分福州音与古田音。其中，使用福州音的地区包括福州、闽侯、长乐、福清、平潭、永泰、闽清、连江、罗源。古田音包括古田、屏南二县所操方言。

据发音人的介绍，古田人自主地又将古田话分作大东区（相对县城而言，在较远的东边）、小东区（在县城的东边，但紧挨着县城）、西区和南区。这样的划分与《古田县志》所载历来区划基本一致，通过沟通度测试也得到了初步验证。大东区包括大甲镇、杉洋镇、鹤塘镇，小东区广义上包括古田新城、平湖镇、吉巷乡和小东的大桥镇、泮洋乡、凤埔乡、卓洋乡，西区是凤都镇，南区包括黄田镇和水口镇。其中，大东区与宁德的口音更为接近，与宁德的沟通度也比与古田

的高。南区的水口镇带有福清口音，但与古田的沟通度要比福清的略高。

本次调查的西区凤都镇与小东区的差异较小，但还是将其划分开来，主要是因为凤都镇的连续变调与小东区有明显差异，在听感上也尤为明显。

这样的划分并不是绝对的。如大东区中的靠西的鹤塘镇与小东区沟通度差异明显低于杉洋镇和鹤塘镇，小东区中靠东的卓洋乡则有"大东口音"。另外，如果不以沟通度为主要标准，以词汇、音韵或者是语言现象等为划分标准，其中的划分便需改动。

根据本次主要调查的凤都的语料，并参照其他对古田方言的研究，笔者提出了如下关于古田方言地理演变的几处假设，以补充对闽东方言南片方言演化的认识：

《戚林八音》的"秋"与"烧"两韵字的中古音来源不同，"秋"韵字来自中古流摄，"烧"韵字来自中古效摄。这两个韵在福州、闽侯、罗源、连江、晓澳、永泰、嵩口、闽清、坂东、福清、龙田、长乐已经合并了，但在古田、棠口、黛溪、平潭、潭东、延坪仍保持对立。"秋""烧"混同现象与"辉""杯"混同现象的分布地域相同，可见它们同属于一个语音演变趋势。这一演变发生在闽东侯官片的中部，至今尚未波及南北两端。陈泽平将"秋""烧""辉""杯"分别拟为 [-iu]、[-ieu]、[-ui] 和 [-uoi]，与古田的小东地区、西部及南部均一致。凤都方言在这些韵上却表现出与福州方言更接近的特征，同样，古田音南片的黄田音也是如此。凤都、黄田在古田历史上均被称为"西路"，与闽江上下游的联系更为直接。

陈泽平拟测的整套《戚林八音》韵母系统完全与发音调查的古田小东地区一致。而古田等地韵字发音更加接近《戚林八音》的拟测音，正是因为地理的阻隔。就古田、屏南而言，正是因为地处闭塞的山区，两三百年来在韵母系统上发展较为缓慢。位于闽江下游的福州、闽侯等平原区域交流更为密切，语言演变也就更为迅速。

但在古田内部，发展不是绝对缓慢的。大桥方言及杉洋方言还相当完整地保留着这两韵之间的对立，而城关方言中两韵开始混合了。凤都方言同样保留两韵对立，又一次跳出上位的古田话而与福州方言相一致。这暗示我们古田城关方言虽然在方言演变上具有原始特点，但不能视为福州方言的"未进化版本"。

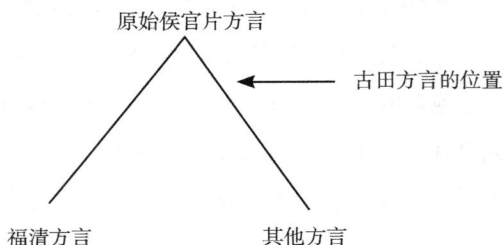

图 1　古田方言韵母系统在侯官片音韵史上的位置 [1]

以上方言演变示意图来自《闽东区古田方言研究》，我们可以补充改进如下：

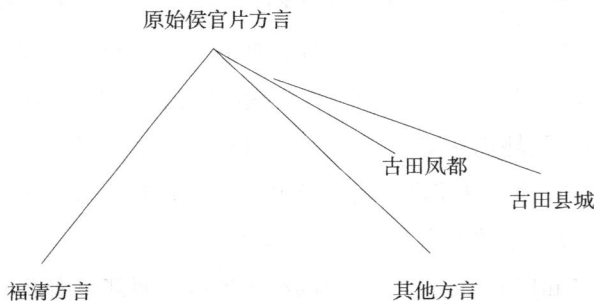

图 2　古田方言韵母系统在侯官片音韵史上的位置（补充版）

　　进一步，根据本次对古田凤都音更细致的调查，我们可以提出演变推想：闽东方言原始侯官片，即南片，在明末清初与北片的差异不大。南片内部的方言差异也较小，具有较高的沟通度。就南片内部的古田话来说，未分化出西区凤都、小东区及偏向宁德话的大东区的差异。经过两三百年的演变，侯官片大部分地区由于处于闽江下游平原，沟通多，内部差异小。不过演化速度较快，发展出许多新韵。侯官片的福清方言位于闽江中游，地形相对封闭，演变速率快，形成了自身独特的音韵系统。古田方言为侯官区最闭塞的山区，发展演化十分缓慢。但是，它还是朝着与侯官片其他地区不同的方向发展。其中凤都音是古田方言区发展最

① [日] 秋谷裕幸、陈泽平：《闽东区古田方言研究》，福建人民出版社，2012。

为缓慢的地区，它与"发展演变速率最快"的福州话的联系，说明二者还保留有原始侯官片方言的部分特征。我们从大范围内寻找到滞留性地区，又从这个滞留性地区中寻找到其内部的"超级滞留性地区"：古田相对于明清时期的福州方言区为"超级滞留性地区"，凤都相对于如今福州平原方言区也为"超级滞留性地区"。经过双重"滞留"之后，我们可以寻求更普遍性的语言发育模式。我们认为，作为相对中间地带的滞留区，并非一种可以简单地定义为发展较快区域地的发育原型。

指导意见

中央民族大学

林含章

　　钱隆同学本身是一个脑子很灵活、喜欢思考和钻研的学生，指导他并不困难，很多时候我需要把他信马由缰的想法往回拉，不愁他没有新想法。看着他从最初进入一个陌生环境的无所适从，到像海绵一样吸收在地生活的各种信息，到和当地人一样骑着摩托车去赶集，这对我来说也是一个很有趣的体验。

　　田野调查的时间是一个月，这样短的时间内，要进行深度的田野调查，实际上是很困难的。学生们花了一周的时间在村子里四处游走，与当地人闲聊，寻找各种可能性。逐渐与当地人熟悉起来以后，他们各自发展出自己的兴趣，开始深入当地。在田野过程中，重要的是保持对外界信息的敏感，这样可以捕捉到各种信息。学生的人类学本能会使他们在田野信息中寻找现象背后的"奥妙"，这个过程需要老师的鼓励，帮助他们保持敏感，寻找到感兴趣的研究课题。钱隆同学选择了用田野材料讲述一个关于客家人的身份认同的故事，这一点十分难得，需要当地受访者的充分配合以及信任。在一个月的田野调查时间里，钱隆同学与被访者一家逐渐建立了紧密的关系，因此在访问过程中收集到了很多当地人对自身认同的反思。在这个过程中，鼓励学生外出探索，帮助学生克服急躁和焦虑是老师需要做的事情。身份认同是一个很难讲好的故事，往往受访者对这样的访谈问题没有充分的思考，给出的都是公式化的答案。所幸，受访者一家人都乐于思考自己的客家身份的含义，因此我们收集到了比较宝贵的信息。

田野是一个从混乱迷茫到熟练自在的过程，是一个从"闯入"到"融入"的过程。它从来不像论文或者研究中显示的那样条理清楚、轻松自如，而是充满了不安、失措、焦虑和无序。从混沌中抽丝剥茧，在杂乱无章中梳理出秩序，身处一团迷雾中找到思考方向，是田野经验能够带给人最宝贵的财富。当然，这个过程需要老师适时给出引导。对学生来说，在对外界信息敏感的同时，需要保持思维的活跃，这样可以对从田野日常中收集到的信息进行分析与联想，多角度的分析使他们对一件事情的本质有着更深刻的理解，同时也提供更多延展的可能。钱隆同学习惯与我交流，用这种方式来梳理他的思路。因此，在指导过程中我让他自己去进行表述，自己与自己对话，自己推翻自己的想法，我扮演一个合格的听众，只在合适的时机出言指导或者把他离题的思路拽回来。我鼓励学生们把每个延展点都当作新的出发点继续进行探索，在这样探索的过程中，所听到、见到、想到、学到的一切会逐渐联系起来，形成一张脉络清晰的大网，田野也就此完成。

关于客家族群认同形成的具体探究

——以松口镇铜琶村饶氏宗族为例

中央民族大学民族学与社会学学院 2017 级本科生　钱　隆

指导教师　林含章

摘要：族群认同对于任何族群的传承和发展都有着不可或缺的作用，客家人作为一个广泛分布在世界各地并具有一定影响力的群体，族群认同在其中发挥了不可或缺的作用。每个客家人的认同的形成不是受单一力量的影响的，而是多种力量共同作用于一个主体的结果，影响每一代客家人族群认同形成的要素也在随着时代的变化而不断改变，但是内核却始终不变。在今天，由于人口流动等因素使得原有的族群认同形成方式逐渐失效，新的认同形成方式是否能解决这一难题，建立一种新的客家族群认同的形成模式是亟待解决的问题。

关键词：客家人；族群认同；认同形成模式

一、导论

（一）研究缘起及背景

客家人是汉族当中一个特殊的族群，在国内主要分布在广东、福建、江西、台湾、湖南、四川等省，在国外的东南亚地区以及美国、秘鲁、毛里求斯等 80 多个国家和地区都有分布，全球大概有一亿客家人，中国的叶剑英元帅，新加坡首任总理李光耀，著名羽毛球运动员林丹等一大批名人都是客家人，由此可见客家人在国内和国际上都有着极强的影响力。从 1971 年的世界客属第一届恳亲大会举办以来，世界范围内的客家人联系愈加紧密，也在各个领域扮演着愈加重要的角色。

对客家的研究从罗香林先生伊始，已有近九十个年头，其中不可避免的一个问题就是对于客家族群认同的形成进行探究。对此，学界也有不同的解读，其中有文化论认为是客家的共同文化维系了这样的认同，主要体现在一些风俗习惯上；也有观点认为是由于会馆、客属恳亲大会之类的客属组织的建立，使得原本离散的族群有了情感维系的纽带，逐渐由血缘形成的认同一步步扩大到了跨血缘、跨地域的族群认同；还有观点认为是政府政策的影响，地方政府通过打造一系列"客家"名片，诸如客家祖地宁化石壁、世界客都梅州等，通过客属的精英诸如华侨名流等，来吸引投资，推动当地的经济发展，在这过程中逐渐形成了对于客家族群的认同。

但如今的客家群体发生了些许变化。随着经济的发展和人口流动，越来越多的客家人选择离开自己的故乡走向大城市去寻找机遇，原本的客家聚居地区也由于通婚半径的扩大而有更多的外地人加入，义务教育阶段普通话教育的推行和当下社会普通话的普遍使用使得客家话慢慢失去传承的土壤，人们对于传统习俗的不重视使得许多具有重要意义的仪式都简化直至消失，再加上出生在非客家地区的新一代受各种信息干扰，导致产生了各种认同的交织和冲突，客家的族群认同面临许多新的问题和挑战，如何在这样的新环境下实现客家族群认同的不断巩固和传承是需要去探究的问题。

同时在过往的研究中,研究者多数是采用宏观的视角去分析族群认同形成的原因和过程,将客家作为一个大的整体放在历史的背景下去探究,极少关注具体到个人或者一个家族对客家身份的认同感和认同的形成过程,使得这些分析缺少具体的在场人物,缺少对现实的具体描写,不够贴近现实生活。对人物的具体情况的探究有利于我们更好地去把握他们在变动的社会中对族群的认识和认同,也能帮我们更进一步到深处去了解他们对于族群的依赖和依恋。

(二)文献综述

对于族群是如何产生的,目前学界有三种理论,分别是文化论、边界理论和民族—国家及其意识形态构建说。

文化论认为族群产生于过去遥远、相对隔绝的一定的地域和社会中,人们经历了漫长的时间适应了当地的生态环境并形成了自己的需求,形成了文化特征,因此产生了不同的族群,此时族群之间的边界和差异是可以由客观的文化特征例如语言、信仰、社会组织等来定义和划分的。[①] 庄英章率先提出:"客家族群到底透过哪种特殊的文化逻辑来选取他们所认为的特色,让它成为一种文化认同,并在实际的生活中发挥功能?"[②] 谢彧认为,客家作为移民群体,所形成的认同具有从原乡意识到移居地认同的过程,后代的客家人可以对移居地形成新的认同,也不会使原乡的认同下降,客家认同会通过修缮族谱、寻根拜祖等传统习俗的不断加强,最终与移居地共同形成新的族群认同。[③] 在陈海斌看来,客家民系具有强烈的认同心理,而客家人的这种认同主要表现为文化认同,是文化而非学界缔造了客家族群的认同[④],文化认同作为客家族群认同的本质与心理基础,需要通过诸

---

① 周建新:《族群认同的人类学研究——理论与经验的双重视野》,载赣南师范学院、人类学高级论坛秘书处、客家文化高级论坛秘书处编《族群迁徙与文化认同——人类学高级论坛(2011 卷)》,2012,第 25 页。

② 庄英章:《试论客家学的建构——族群互动、认同与文化实作》,《广西民族学院学报(哲学社会科学版)》2002 年第 4 期,第 42 页。

③ 谢彧:《清代客家族群意识的变迁与认同探析》,《广西民族师范学院学报》2014 年第 5 期。

④ 陈海斌:《文化认同:客家认同的心理基础与本质》,《嘉应学院学报》2013 年第 31 期,第 23—27 页。

如酿豆腐、修祖屋等文化实践落实并且不断加强，以达到族群认同的不断传承。^①温美芳通过问卷调查的方式，对影响客家族群认同的相关因素进行量化分析，发现家庭、婚姻、语言、演唱和欣赏客家歌曲、收看或收听客家电视与广播、主动参与客语课程的学习这些文化行为对于族群认同都有正面影响，通过这样的具有特征属性的文化活动、共同记忆来激起彼此的认同意识。^②这里的文化论将文化看作是先验的，是具有整合力的实体。但是面对文化的流动性、相对独立性和断裂性的特点，以及群体中实际出现的文化特征与群体实际身份不符的现象，利用文化论的观点来对族群进行划分的方法受到质疑。

边界论认为族群并不是一种文化承载和区分单位，而是一种人们自己或者别人根据他们的出身和背景来推定的归属范畴，在一定程度上，为了互动，成员们用族群认同去给他们自己和他人分类，他们在此组织意识上构成了族群。^③在美国人类学家郭思嘉编辑的论文集中收集了多位学者的看法，他们对不同客家地区的历史、客家认同在不同语境中的构造方式和符号表述方式进行了研究，并认为客家并不是一个给定的概念，客家认同是一个复杂的过程，对其研究不能忽略谁被标签为客家这一事实。^④周大鸣以粤东客家地区几个族群互动案例表明："客家族群认同虽说是基于语言、血缘、习俗等文化特质的认同，但这种认同是以族群的互动为前提的。"而族群的互动则是以边界作为前提的。^⑤边界论的重点在于具体的情境和场景而不是原生的因素，更关注的是边界的确立和维持，而不是内部的文化现象。

民族—国家及其意识形态构建说则从国家的层面解释族群的产生，认为族群是在民族国家建设过程中产生出来的。在陈丽华的专著《族群与国家：六堆客家

① 陈海斌：《文化认同：客家族群认同的表达与实践》，《广西社会科学》2014 年第 9 期，第187—191 页。

② 温美芳：《客家族群认同感的经验研究》，硕士学位论文，台北大学社会学系，2005。

③ [挪威] 弗里德里克·巴斯：《族群与边界》，高崇译，《广西民族学院学报（哲学社会科学版）》1999 年第 1 期，第 18 页。

④ Nicole constable，*Cuest People: Hakka Identity in China and Abroad*,University of Washington,1996.

⑤ 周大鸣：《动荡中的客家族群与族群意识——粤东地区潮客村落比较研究》，《广西民族学院学报（哲学社会科学版）》2005 年第 5 期，第 13 页。

认同的形成（一六八三至一九七三）》中，作者认为台湾六堆地区的客家认同的形成是依靠各时期当地主导的政治力量推动的，强调国家意识对族群认同的影响。国家既是行政治理的机构，同时也是文化理念的集合体。国家的户籍人口登记制度与行为必然会对人群的分类观念产生深刻的影响，而"大一统"的传统国家观念和礼仪也毫无疑问地影响着族群意识的建构。同时，从传统国家向近代民族国家转变过程中，近代民族主义观念的兴起也与族群认同息息相关。而在六堆地区，"忠义亭"作为象征意义的变化彰显了族群认同中国家作用的变化。① 周建新认为客家族群认同的形成有两个重要的因素，一个是客属社团的兴起，例如同乡会、宗亲会、商会等，由血缘性的社团组织逐渐壮大，发展成跨地域超血缘的带有族群性质的客属社团；另一个是由于政治力量的干预，地方政府大打"客家牌"，利用共同的文化情结和家乡认同吸引客家富商进行投资，举办各种恳亲会交流会，让"客家"的文化符号深入人心，认同逐渐形成。② 夏远鸣分析论述了现在广东梅州作为"客都"地位的形成和演变过程。他指出，晚清以来，客家意识在韩江流域的大埔与嘉应州得到了很好的普及与彰显，从而使梅州地区逐渐成为客家意识的中心。从 20 世纪 80 年代起，"客家"开始作为一种文化资源，被梅州加以宣传与利用，而在消费这种文化资源时，也传播与普及了客家意识。梅州"客都"的地位就是在这样的历史过程中形成的。同时，这也展示了"客家文化"在梅州地区被表达、建构、利用的过程。③

在建构的过程中，不只是民族国家，作为权威的学界也在其中起到了极大的作用。对于身份认同的形成，万建中认为从客家研究伊始，学者身份就和客家的族群认同建立了密不可分的关系，客家的族群是由学者所建立起来的，学者或是出于血缘亲情或是出于利益建立起一套客家的学说，塑造了客家这个族群的形成，也帮助了客家族群认同的建立。④ 万建中也认为，"客家作为汉民族内部的一个族

---

① 陈丽华：《族群与国家：六堆客家认同的形成（一六八三至一九七三）》，台大出版中心，2015。

② 周建新：《客家文化认同与族群凝聚力的形构》，《广东省社会主义学院学报》2017 年第 4 期，第 8—13 页。

③ 夏远鸣：《"客都"的历程——晚清以来梅州客家意识普及"客家文化"的建构与利用》，《客家研究辑刊》2011 年第 1 期，第 15 页。

④ 万建中：《学者身份与客家族群认同》，《思想战线》2015 年第 41 期，第 48—51 页。

群，原本并不存在，经过一番学术叙述和处理以后，却似乎变得实实在在起来，这在民族文化研究史上堪称为族群建构的神话叙事"①。在彭兆荣的叙述中，边界与建构是相辅相成的，他将客家人视为远离中心的"边际族群"，特别是其中的《文化重构：宁化客家运动的文化复相》《客家运动与族群认同》等章节内容，突出强调了闽西地区的"客家公祠"、"客家祖地"、宁化石壁公祭仪式、世界客属恳亲大会等仪式活动和象征性符号，阐释了客家族群认同的当代喻义以及作为族群生存策略的基本方式。② 建构的过程不仅是外界对于族群的建构，也包括族群自己对于自己的建构，使自己在社会互动中处于有利的地位。从目前的研究成果来看，多数研究都突破了文化论的观点，更多的是在对边界论和建构学说进行支持和补充。

本文将跳出宏观的视角，从微观的个体出发，具体去探究每个人的生命中客家族群认同的形成，以一种更加贴近生活与现实的角度来对族群认同的形成做出解释。

（三）研究方法

1. 访谈法

在田野调查中主要运用访谈法去了解村里的村民对于客家的族群认同的一些看法。由于族群认同并不是一个可以轻易谈起的话题，对于族群的认同也较难用言语来表达出来，因此在访谈的过程中也参考了一些对于族群认同度的测量量表，将量表中认同的行为指标等纳入访谈提纲，通过询问"你对外介绍时会强调自己的客家的身份吗？""你觉得会说客家话和是客家人哪个对客家人的身份更加重要？"等问题，来判断访谈对象对于自己客家身份的认知和认同。

2. 文献法

查阅以往的关于客家研究的文献，翻看当地的族谱和地方文书，在前人的基础上对客家的族群认同研究有更多的了解，通过当地的文书和文献对当地的具体情况和对家族的具体事务有更加清晰的了解。

---

① 万建中：《客家族群制造的神话叙事》，载罗勇主编《客家学刊创刊号》，中国社会科学出版社，2009，第104—111页。

② 彭兆荣：《边际族群——远离帝国庇佑的客人》，黄山书社，2006。

3. 主客位研究法

本文以客位的视角对目前关于客家的族群认同进行分析，以得出隐藏在言语和行为之下的思考逻辑和核心价值，以主位的方式进行换位思考，思索认同对于客家族群中每个群体的价值和意义所在。

4. 比较研究法

在分析的过程中，与其余的认同形成模式和具体情况进行对比分析，以寻找到在族群认同中最为关键和重要的核心因素，同时分析其在具体的族群认同形成中的作用和价值。

二、田野点概况

此次田野调查的田野点位于广东省梅州市松口镇铜琶村。铜琶村作为行政村，下属有四个自然村，分别是金盘里、琵琶里、仁寿里、大和里，笔者的调查主要集中在金盘里。铜琶村金盘里位于松口镇东部，距镇政府约4千米，村域总面积2.4平方千米。有盘安桥（九孔大石桥）以及两座公路大桥飞架松源河口。其东与介溪村溪口自然村一山之隔，西与镇郊村荷塘背相邻，南面为梅江河，北面与官坪村隔河相望。因民国初年村中有一座金盘宫而取名"金盘里"，别名"铜盘下"。金盘里自然村始建于南宋年间，因客家先民举族南迁而形成。

村子坐落于松源河注入梅江河出口处，梅江河北岸的沿江地带，依山傍水，景色秀丽，距离松口古镇仅一千米，交通便利。明朝初年，属程乡县溪南都，民国时期属梅县松口堡。1949年属梅县松口区，1958年属松口公社，1993年隶属梅县松口镇铜琶行政村至今。

村中有6个世居姓氏，分别是饶、李、赖、沈、周、池。第一大姓为饶姓，元末明初从福建上杭迁至广东梅县程江，明朝中期再从广东梅县程江迁至本地。第二大姓为李姓，元代从福建上杭迁至本地。第三大姓为赖姓，明永乐年间从福建上杭迁至本地。

现存宗祠有6座，分别为饶氏宗祠，镜衷公祠、竹发公祠、赖氏公祠、沈氏公祠、李氏公祠。主要宗祠为饶氏宗祠，为饶宗颐祖居，始建于明朝中叶，重修于清康熙年，重建于 1991 年。占地面积 1200 平方米，以二堂二横一围龙为主要建筑特色，屋前有半月形池塘，保存完好，仍做宗祠使用。镜衷公祠建于清代，1982 年重修，建筑面积 1188 平方米，建筑特色是二堂五横一围龙，屋前有半月形池塘，保存完好，现仍做宗祠使用。

金盘里自然村曾有私塾铜琶学校，始建于民国初年。1950 年后转为公办铜盘小学，1998 年后撤校并班，实施教育强镇，学子到松口镇中心小学就读，旧校址租赁改办为集餐饮、住宿为一体的培训基地。

村中的宗族活动以祭祖为主要形式，在祭祖的过程中会伴有关于族内事务的商讨处理。祭祖多和传统节日的庆典一起进行，村民在中秋，清明等节日都会举行祭祖活动，其中以过年时规模最盛，由于村中外出打工人数众多，法定的节假日，例如国庆，也成为举办宗族活动的时间。在法定节假日和传统节日之外的祭祖活动有农历八月作福、饶氏秋分祭始祖墓。

三、作为基础的儿时记忆

（一）儿时记忆对于人的影响

对于一个人来说，成长是一个不断社会化的过程，而社会化的关键时期在儿时，在世界观和价值观都还没有定型，还没有形成固定思维模式的时候，儿时的记忆就是社会化的关键因素，这些记忆正是人们社会化的具体教程和材料。因为在社会化开始之前未曾接受任何教育，所以小时候的记忆常常是最难忘记也是印象最深的，这其中可能是由于小时候的记忆相较于长大后更加的美好，总是带有家乡、亲人、朋友等令人愉悦的元素，所以总是对其印象深刻。但不可否认的是，一些起着负面影响的令人不愉快的事情也会印象十分深刻，比如小时候受到过的惩罚或者经历的一些困境。因为儿时的我们尚未形成成熟的世界观和价值观，对于一切事物的兴趣都还处于不确定的状态，这其中可能会有一些对于某些方面的极其突出的天赋，这多数体现在艺术上，比如在音乐方面异于常人的天赋，很多音乐家都是如此。

许多文化的差异都是在孩童时期经过社会化过程塑造出来并且在人成长过程中不断强化的。各地饮食习惯的差异就充分说明了这一点，例如，土生土长的北京人从小喝惯甚至离不开的豆汁儿，许多外地人都难以接受，同样，云南人饮食中习以为常的虫子也让很多其他省份的人望而却步，这说明儿童的成长就是接受身边的影响而被塑造的过程。亚裔孩子在美国可以健康快乐地成长，完全适应美国文化，这与家庭环境以及教育环境的美国化是分不开的。导致这些差异的关键就在于儿时所接受的教育，初生婴儿几乎没有自己的偏向和喜好，有极强的可塑性，他们后天的行为、偏好、世界观的形成是在成长过程中与父母、伙伴、同学互动的结果。

在儿时记忆的影响中，一些刺激性的具有极强冲击力的重大事件，不论带来好的影响还是坏的结果，都会造成长远的影响。例如，童年的心理阴影会留下后遗症；现实生活中也不乏因儿时受到鼓励和表扬，逐渐变得自信的案例。可以说，人生记忆尤其是青少年时期之前的记忆，在人的自我概念的塑造过程中起着举足轻重的作用。

除了具有冲击性的事件，日常生活中潜移默化的事情也是主要影响人们世界观、价值观形成的因素。例如，一个小孩子如果从小接受"要孝敬父母"的思想的教育，那么他长大以后大概率是一个孝敬父母的人。不仅如此，人们对一些国家事件的记忆与国家认同是紧密相连的。青少年对例如升旗仪式等事件的记忆当中不仅包含了对事件意义的理解，也包含了强烈的个人情感，这与国家认同中的情感成分是彼此呼应的。各国对待本国青少年的教材的态度都是慎之又慎，要经过仔细的研究和讨论才能付诸使用的，通过对青少年所受教育的内容的把握来塑造他们的国家认同与价值观。

（二）铜琶饶氏三代人的儿时记忆

1. 老人的执念

对于 72 岁的 A 来说，儿时记忆是和自己的家乡一直联系在一起的，在成年以前，从未离开过梅县这一亩三分地。在铜盘小学还在的时候，他在村子里念完小学，然后去镇上念初中，高中还没有念完就回到家中操持家务。松口自古以来就是下南洋的第一站，无数的人从这里出发，去到东南亚以及世界的各个地方，不论会不会回来，在这些人的眼里，外出闯荡都要比守着这并不肥沃的几亩田地要强。A 的爸爸和哥哥都是这样的，"我有个阿哥，大我一岁，出去了很久，在马来西亚"，所以作为家中幼子的 A 要担负起责任，为母亲分担家务，A 也因此没有太多的机会走出铜琶。直到后来年龄大了，作为中华饶氏宗亲会的荣誉会长，才会外出参加会议。对于 A 来说，成为宗亲会会长可能也是因为当年留下来才得到的一种际遇。铜琶是被认可的饶氏祖地，饶氏在元末明初由福建上杭迁至梅县，再迁至铜琶，具有悠久的历史，且村中有四座饶氏的宗祠和饶宗熙的祖居，饶氏曾组织过几次规模较大的祭祖仪式，都在铜琶举行。而 A 由于从小生活在铜琶，所以从小就参与祭祖的活动，据他描述，那时候的祭祖活动和现在有极大的不同。那时的祭祖活动还十分隆重，有很多程序，参与的人也很多，所以 A 正是在祭祖仪式和流程还保持着传统的样子的时候，学习到了完整的仪式流程，并且培养了对于祭祖重要性的认识。他认为每年必须要祭祖，并且一定要按照固定的模式来祭祖。"现在有一些和我差不多年纪的人都不想做了，那他的后代也肯定就不会做了，我现在如果不带着他们做，那以后就都不会了，我现在做了他就会跟着学，现在我都不做了那我的后代他们就不知道有什么风俗，就不知道有这回事了。除非现在我不在了，他们不做。现在我知道怎么做就继续做，这样才能传承下去。"时至今天 A 依然在坚守儿时学到的传统。

2. 上一代的思索

对于正处在中年的三姐妹来说，三人的儿时记忆就是家里的那栋老房子。在三妹 7 岁那年，他们搬到了那间本是杂物间的老房，房子是在祖屋的范围之外的，但是离得也不是很远，"之前这里是杂间，用来放杂物的，都脱离了祖屋的范围，在我 7 岁、我姐 11 岁的时候，就搬过来，这一排的房子都是我爸爸我伯伯他们建的"，三姐妹在这里留下了很多美好的童年回忆。三妹说在她小时候家里面开了一个砖厂，所以在村子里的人纷纷出去闯荡的时候，三姐妹的父母留在村子里发展，辛苦经营砖厂。大姐初中毕业就出门闯荡了，那时候正赶上改革开放的浪潮，大姐想的就是出去闯一闯，见识一下外面的世界，"那时候我大姐大概是十岁嘛，就有了一些自己的认识了，影响还是很大的"。相对稍小一些的二姐留在家里承担家务的重任，帮着父母料理家务、照顾妹妹，而最小的小妹生活应当是最无忧的，她也是家中甚至于村子里第一个考上大学的人，她去梅州读大学，追求自己想要追求的东西。如今的三姐妹各自在广州或深圳有自己的家庭和很好的生活，但她们却始终无法忘记家中的老屋。

B 的父亲曾是村里小学的老师，知识分子在过去受到较多的尊重，因此他父亲在族中也具有较高的地位，经常参与族里一些仪式和会议，也会经常对 B 进行教育。他会讲客家人的历史，会讲要重视文化和传统的继承，所以虽然 B 有些怪脾气，但对自己的客家身份却有着许多的思考，并且在族中有着一定的地位。B 的父亲已经过世有几年了，但每当他提到自己的父亲的时候，从语气和神情中可以看出他是如何尊重自己的父亲，他父亲对他的影响烙在骨子里，至今仍很清晰。

3. 小字辈的童年

对于三姐妹的孩子们来说，每年最开心的事情就是回铜琶过年过节。三个女孩中有两个都是在铜琶出生的，另一个每当提起这个事情的时候似乎有些闷闷不乐，她会用"只有我不是"这样略带委屈的表述来描述自己。由于三姐妹对家有着极强的归属感，所以她们也经常带孩子们回家来，也会参加族内的祭祖活动。虽然三姐妹的孩子多数是女孩，但却对妈妈老家的归属感比对爸爸老家的归属感要高很多，三妹的孩子觉得："家乡是难得的好地方，和在城市里感觉不一样，所以喜欢，玩的东西也很多，连平的村子也很小，这里挨家挨户就很好"，都表示不喜欢回爷爷奶奶家，因为没有小朋友玩，或者是太远了，或者是环境不好。对于小孩子来说，祭祖却不是件有意思的事情，总是上山下山，并且看不懂在做什么，但是提起祖先时又觉得祖先可能很厉害，就会感到很自豪。她们并不是都会说客家话，三姐妹在最开始的时候似乎也没有意识到让孩子学习客家话的重要性，所以几个大一点的孩子都不会说，但是三姐妹在前几年似乎突然醒悟，现在都在努力地教自己的孩子学说客家话。家中有一个最小的小宝宝，现在刚学会走路，他在家就说客家话。大姐的儿子是个例外，他爸爸是广西人，他在广西长大，大姐也时常带他回铜琶，但是他对于铜琶似乎就没有那么浓厚的情感，不会说客家话，也就没有那么强的认同感。他妈妈说他户口在广州，爸爸是广西人，长在广西，可能会说自己是广西人吧。

对于 B 的孩子，C 和 D 来说，童年也是在铜琶度过的。大女儿 C 在镇上上高中，学的是体育，是个性格很爽朗的女孩，同时也带着这个年龄所独有的对于世界不成熟的思考和批判。小儿子 D 是个非常可爱的男孩子，现在在上小学，是个很聪明，但是很调皮捣蛋的孩子。他对于村里的一切都很熟悉，对每个人、每条路，还有村子里的很多故事，他总是能讲出许多，还可以给我们讲在祭祖时候的种种。他和其他的孩子对于祭祖有着不同的看法，他可能是少有的不会觉得祭祖是百分百无聊的孩子，虽然讲起来也是不喜欢，但是在祭祖的时候他会认真地观察发生的事情，并且会记下来，这可能和他自身活泼的性格有关系，也可能和他父亲严厉的管教有关，但总的来说，他眼中的铜琶一定是与周遭的人不一样的，即使是与他姐姐也是有极大差别的。他们姐弟俩都能熟练地说客家话，我们在当地访谈的时候，他经常会充当我们与当地居民之间的翻译，使访谈能够顺利进行。

对于 A 的孙女 E 来说，小时候的记忆也是和村子分不开的。每年的假期她都会回到村子里和爷爷一起度过，但即使是在村子里生活了这么久，似乎了解的也只是眼前所呈现出来的一切。在我与她交谈的时候，她表示我们所提起的关于客家人的种种，关于村子的种种，甚至是关于饶氏的种种她都不曾听说过，直到我们来，她才知道原来还有这么多的故事。她虽然一直生活在村子中，但似乎也仅是生活在村子里，就和很多如此生活在村子里的人一样。她说她从来不曾有意识地问起过这些，爷爷也不曾想起对她讲述这些，"我其实蛮少听他讲这种关于以前的人怎么影响他的，我觉得主要就还是机会太少"。这次我们打开了她新世界的大门，或许她以后会问更多的此类的问题，以弥补儿时不曾知道的遗憾。

（三）以儿时记忆为基础的认同

儿时记忆包含很多元素，有对于铜琶的，有对于客家的，还有对于祭祖仪式的，等等，但这些记忆也有共通之处，也就是在不同的个体间能够引起共鸣的关键点。其一是地点。每个人提起童年，都会提起铜琶，纵然他们的童年发生在不同时间之中，没有太多的交集，但却是发生在同一空间中的，都在铜琶，在这个空间里他们有了更大的产生相同记忆的概率。若在外地遇见同乡，双方聊起家乡的一些地方，一方说"欸，我也去过那里"或者"那个地方离我家很近"，另一方会顿时觉得亲近不少。而如果在对于家乡的谈话中，一方显得一无所知，对什么都不熟悉，另一方对于他的亲近感定然是远不如前者的。因此我们看出同乡让人有极强的亲近感，而亲近感的来源就是双方拥有相似的记忆。在人与人的关系里面，亲近与否是描述距离的一个极为简单的评判标准，如果关系亲近，才会认为是同一族群，才会有相同的族群认同。反过来讲，拥有共同族群认同的人之间一定有着较为亲密的关系，这是每个人基于他们之间可能有的共同记忆所推断出来的结果。因此当令人记忆最深刻的儿时记忆也具有令人觉得亲近的共同记忆的特点时，这种亲近感将在极长的一段时间内发挥作用，以形成"我们是客家人"的一个基础——"我们是同乡人"。

对于铜琶的人来说，都生长于同一个地方，首先是铜琶，其次是梅州。首先他们对于这里有着相同的认识，其次在交谈的时候我们了解到，松口的发展十分缓慢，有位从铜琶去珠海闯荡了三十年后回来的阿伯说，感觉松口这三十年里似乎没有过什么变化，很多地方就和他三十年前离开时一样，"就像是时间静止了一样"。村子里的变化自然也不会太大，尤其对于村民来说，变化只能是这家起了新房，那家又刷了墙，整体的格局不曾改变。对于 C 和 D 来说，铜琶是他们出生和成长的地方，几乎每天都在这里度过，村中有什么变化他们是最先知道的，他们对于铜琶不会有陌生感。E 并不像 C 那样知道许多关于铜琶的故事和传说，只是儿时生活在这里，但依旧产生了深深的依恋，并且这种依恋通过长大后不断回铜琶保存下来。三姐妹家的房子在她们很小的时候就有了，在三妹 7 岁时搬到现在的房子，时至今日除了翻新也没有过太大的变化。而又由于她们要么是已在铜琶长大，要么是正在铜琶长大，要么是每年都会回来，所以她们可以及时了解到铜琶的新变化，逐渐更新对于铜琶的认识，且不影响形成于小时候的熟悉感，因为在这个过程中，会不断有新的熟悉感建立起来。但若是离家多年，就会产生陌生感，因为大面积的改变会超过我们通常所能接受的保留原本熟悉感的事物的比例，此时就会对家乡有陌生感。但在铜琶不会出现这样的现象，三代人对于铜琶的认识通过不同方式统一和联系在了一起，由此形成了认同的重要基础。

四、作为核心的宗族观念

（一）以宗族为核心特色的客家认同

宗族是任何一个客家人都无法避开的话题。可能是由于"客"的典型特点——迁徙，所以在客家文化中对族源的考据占有极为重要的地位。多数客家宗族都有修订族谱的习惯，在族谱中会尽他们所能去追溯先代。对于一个不断迁移的族群来说，以"某一地"作为共同记忆的载体是不可行的，在他们的实际生活中，居住地会不断变化，这样的变化不利于具有统一认同的族群的形成。对于一个族群来说，没有统一的认同就无法存续，所以需要寻找另一种能够带来"亲近感"的共同记忆。血缘无疑是一种很好的选择，彼此的血脉出处相同，彼此所接受的抚养方式相同，并在一起长大，亲近感来自共同长大的这段经历。但是对于经常迁徙的族群来说，这不是一个稳定的方式，这样的关系只能维持一个核心家庭内部的关系的稳定，而对于一个延续了几代的大家庭来说，先辈们之间可能情同手足，但随着家庭的扩大，后辈们人数逐渐变多，每个人之间都基于一起长大建立起"亲近感"逐渐变得不可能。

此时宗族观念作为原有形式的一种抽象精神逐渐形成且定型。原本的宗族观念只是对宗族间关系的一种描述，这种描述具有一定的稳定性。以称呼为例，母亲兄弟的孩子称呼为表哥，那么不管是否与其一起长大，称呼都不会变化。宗族观念将这种原本产生于血缘关系和成长经历共同作用的关系固定在血缘之中。在客家的宗族观念之中还有极为重要的部分是属于先祖的，将当代人们之间的关系追溯到共同祖先的年代，建立起共同记忆，并且通过祭祖这种形式固定下来。从此人们对于"亲近感"的寻求就主要体现在祭祖的过程和仪式上。因为这种关系是纯伦理的，所以可以是固定的、不受现实影响的。人们可能互相并不熟悉，但只要共同出现在祭祖的仪式上，就能明白彼此属于同一宗族，之间就会产生一种可以跨越地域、时间甚至是国籍的认同。这样的认同甚至可以跨越血缘，让通婚的另一方也产生认同。这样就能对曾经不断迁徙，现如今遍布世界各地的客家文化形成一种具有向心力的认同，使得客家文化不论如何迁移，依旧能够有凝聚力，不至于涣散或消亡。

这里需要对为什么宗族观念而非语言或者习俗是客家认同的核心做出一个解释。当我们讨论一个族群文化的时候，我们需要从族群文化的产生开始。族群文化顾名思义是一个族群的文化，在这里族群应该是先验的，只有先形成族群，才可能有族群的文化，而对于形成族群至关重要的因素就是这个文化的核心。在客家族群形成之后的漫长岁月里，逐渐形成语言和习俗在内的另外一些文化。尽管语言和习俗作为客家文化的体现，区分开了客家文化与其他族群的文化，但语言和习俗并不涉及客家族群是如何形成的，所以并不能称之为核心。需要明确的一点是，确实所有的文化群体都需要一种认同作为维系的核心，但并不是说所有文化的核心特色都是相同的，比如客家认同的核心是宗族观念，一些西方文化认同的核心是宗教观念，不同的群体文化的认同的具体体现是不同的，因此核心特色也不同。

客家文化的认同核心也体现在访谈对象的回答中。比如关于"不会客家话是否能算是客家人？"的问题，大家给出了不同的答案，比如 B 就直截了当地表明，客家人必须要会说客家话，否则不能算是客家人，并且表示了对于客家人不会说客家话这一现象的唾弃，"我脾气不是很好，如果有人来我家里喝茶，他的小孩是客家人却不说客家话，我是要当场翻脸的，我就直接让他走"。并不是所有人都持有和 B 一样激烈强硬的态度，大部分人认为现在即使不会说客家话也情有可原，尤其是在外地新出生的一代。三姐妹的大姐就表示，"会讲普通话和粤语很重要，因为广州是生活的地方，是大城市，普通话全国都可以用"。新生代现在不会讲客家话的情况也很普遍，B 的一双儿女也认为不会客家话没有什么，用普通话交流也是可以的，没有觉得十分怪异。当问及"如果我是外来的人，在这里生活了一辈子，学会了客家话和客家的所有风俗习惯，这时候我算是客家人吗？"时，所有人都表示不是，A 说："你的父亲是哪里人，你就应当是哪里人，你在这里生活得再久都不是客家人。"当问到"什么样的人是客家人？"时，大家都认可的答案是父母都是客家人的人，"只要你的父亲母亲是客家人，你即使移民到国外，不会说客家话，不是中国国籍，也不懂客家的风俗习惯，但只要你自己认为自己是客家人，你就是客家人"。我们可以从中看出，对于语言和风俗，大家有着不同的看法，难以统一，但是在宗族观念的基础或者说是最直观的体现——血缘上却没有分歧，也正是因为语言风俗等解释不了客家人为何为客家人，所以人们才会在这些回答上有出入。但是在现实生活中，我们所能最直观地感受到的文化之间的差异，或者说是特征里就有语言和风俗，我们就会习惯性地将其作为一种对文化的认同的评判标准来考量。这并不是一种恰当的标准，就像英语是世界通用语言，但并不是所有用英语的人都对英国有认同，英国人也不会觉得所有说英语的人都是英国人一样，即使可能有些人的英语比一般英国人都要好。

（二）宗族观念在现实生活中的体现

宗族观念作为一种纯伦理的概念，必须要有一定的形式体现才可以在现实生活中发挥其作用，祭祖正是这样的一种仪式。祭祖是客家文化中极为重要的部分，包括祭祖地点围龙屋中的宗族文化，祭祖过程中具体的仪式和行为所蕴含的宗族文化。我们讨论祭祖，是将其看作一个整体，把其看作是宗族观念的一个象征来探讨其作用。

以饶氏宗族为例，每年的祭祖分为春秋两祭，即清明和秋分，逢年过节时也有祭祖，但春节多是各家自行祭拜，唯有清明和秋分的祭祖比较隆重，这两次中又以秋分时的秋祭最为隆重。祭祖的流程通常是先去总祠祭拜铜鼓饶氏共同的祖先，然后再去祭拜各房自己的宗祠。这个过程其实是对本族群历史的一次再经历，所有人都去祭拜总祠，象征着所有人都是同宗同源的一家人，在总祠的祭拜会强化对铜鼓饶氏乃至中华饶氏的整体认同，这是最广泛的也是最基本的对于族群的认同。之所以说最广泛，是因为这样的祭拜可以凝结最多的人数，甚至于囊括全国所有的饶姓；层次最浅则在于这样的祭拜所依托的共同之处或者说人们唯一的联系就是相同的姓氏，即使素不相识也依旧被联系在了一起。但饶氏作为一个整体，可以有效避免群体内部的相互争斗，这样的祭拜在深化饶氏认同的同时，也使得饶氏和其他群体的界限更加清晰。而在祭拜总祠之后对于各房宗祠的分别祭拜，则象征着历史上祖先分家各自迁徙的过程。对各房宗祠的祭拜强化的是在现实生活中有着联系的亲属之间的具体认同，这样的认同不如总祠的广泛，但是层次却更深刻。各房的内部是切实生活在一起的人，大家往往有着较好的关系和较为密切的来往，祭拜在进一步加强他们是出自相同的祖先且彼此关系十分亲近的认同的基础上，也提供了一个社交的场所。这个社交场所不同于日常的社交场所，在祭拜的时候人与人之间的关系得到了一种结构性增强，此时人们会有平日所不会显现出来的独特身份——族群中的一分子。因此如果族内有什么决定都会在这时商量，比如需要筹钱修缮祠堂、各家缴纳族内的发展基金，或者是对于之前族内所交的经费使用情况公示等。选择在这个场景下进行，一方面是人员更为整齐，另一方面是此时大家共同具有被强化的身份认同，使得这些要求比在其他场合更加适合被提出。

在这样的祭祖过程里，小孩子是被要求参与的，他们对于自己族群的认同就是在这样的仪式中不断地被强化的，即使他们还不太明白仪式中的各个行为都是什么意义，但他们却能够留下"每到固定时间大家就要聚在一起去祭拜祖先、共同出席的都是一家人"的概念。长此以往，随着他们认识水平的逐渐提高，就会形成对族群的认同，从而完成作为族群内部的人的身份塑造。

五、客家族群认同的形成

前文已经论述过了儿时记忆是怎样作为基础，宗族观念又是如何发挥核心的作用，客家族群认同正是在两者相互交织的情况下形成的。

不论是儿时记忆还是宗族观念，对于族群认同来说都提供了对于一个族群的共同记忆，这样的记忆可能是在童年的时候大家对于同一个地方的熟悉感，建立在简单的生活在同一地的基础之上，也可能是共同拥有的关于祖先的记忆和祭拜仪式的记忆。这些相同的记忆使人们相互了解，增强了彼此之间的亲近感，使人们能够形成认同。而儿时记忆在其中最重要的作用是对以后人生的长远影响，为族群认同打下坚实的、足以影响一生的基础，使得文化得以延续。作为核心的宗族观念则具体培养关于族群认同的部分，通过在这些祭祖的仪式中不断强化具有同一个祖先的观念，强化大家都是客家人的观念，不断加强参加祭祖仪式的人们之间的联系，通过祭祖的过程在象征层面上重新经历祖先迁徙、分家、开基的历史，在这样的过程中对于共同祖先的认同和对于本房的认同都在不断加强，形成了客家认同的特殊内核。如此就形成了关于客家认同的稳定模式，即以儿时记忆为基础，以宗族观念为核心，依靠祭祖仪式不断加强的客家认同形成模式。

六、当下客家群体所面临的挑战

（一）区别于族群认同的文化

族群认同应当是心理层面上的认同而非文化层面上的认同。如今我们常说的客家族群面临的危机主要是文化上的危机，例如，最明显的一点是客家语言在客家群体中的使用率逐渐下降，若照此趋势发展下去，会面临逐渐失传的危险。但文化所面临的危险是不同于认同的，对于三姐妹的小孩们来说，他们可能目前都不会说客家话，但这并不损伤他们作为客家人的本质。对族群的认同是一个意识层面的自我认可的心理过程，其核心在于自己如何看待自己，认为自己属于哪个族群，以及族群是否接受自己，是否认可自己作为族群中的一分子，这些过程都可以在儿时记忆的塑造和在宗族观念的巩固中得到解决。所以，客家族群所面临的认同危机的原因并不在于越来越少的人说客家话，因为客家话是作为外延的文化现象和认同的体现，而并非认同的核心。

（二）当下的危机

如今客家族群所面临的认同危机是目前社会状况下人口的不断流动、享乐主义盛行和某些突发事件对于已形成的模式的冲击。

自改革开放以来，越来越多的人选择离开家乡外出闯荡，原本的客家祖地居民越来越少，这首先不利于共同的儿时记忆的形成。分居各地的堂表兄弟们聚在一起后最多能了解到自己有这么个亲戚，而无法产生很亲近的感觉，就如尽管 B 与三姐妹之间的关系十分密切，但是 B 的儿子与大姐的儿子之间却并不熟悉，甚至有点生疏，B 的儿子并不将其视为自己很亲近的人。这主要因为二人成长在不同的城市，拥有不同的儿时记忆。同时，散落各地的居住方式给回乡祭祖造成了不小的阻碍，对于居住在外地的人来说，只有节假日才有时间回乡祭祖，但节假日又恰逢出行高峰，交通不便，或者若是遇到紧急情况耽误了时间，就没有办法回来参加祭祖。虽然对于这样的情况有些人会采取补救措施，如 A 所描述："按理说祭祖都应该回来，但有人就是没有回来，没有回来的人就在自己家的楼下找一块地方，画一个圈，然后对着家乡的方向烧纸和叩首，以这样的祭拜方式来代替回宗祠祭祖。"这样的方式虽然在一定程度上有利于维系祭拜的人自身对祖先的情感，但却失去了强化群体内部的认同和帮助下一代形成认同的机会，他们的子女无法在这样的遥祭中形成对于族群的认同。

享乐主义也是危及族群认同形成的重要因素之一。曾经的祭拜流程是先总祠再到各房自己的祠堂，其中要经历过许多仪式，通常整个祭拜的时间较长，会占据一下午的时间。如今很多人觉得这样的仪式流程过于麻烦，所以索性只祭拜各房自己的祠堂，并省去了许多应有的礼仪，只是简单的上香叩首就玩乐去了。对祭祖有仪式感的人比较讨厌打麻将这一事情，他们认为很多人就是为了打麻将，所以才将原本应该有的仪式流程简化。操办祭祖也是一件费心费力并且耗费钱财的事情，有很多人因此不愿出力，觉得麻烦，每当提起是否要办祭祖仪式的时候就以没钱没时间等种种理由去搪塞推托，甚至很绝情地说"你有钱你办，我没钱我不办"。如今这一风气在村中盛行许久，孩子们祭祖与否是受父辈影响的，如果父辈不参与，孩子自然也不可能参与到祭祖的过程中，认同便逐渐消失。

有时日常生活中的一些突发事件也会对这一形式造成冲击。2005 年铜琶发生了一起惨痛的交通事故，那时的交通并不发达，车票不是很好买，因此如果同乡有面包车的话大家都会拼车一起回家去祭拜，结果在回乡路上发生了意外。惨剧的发生使得大家都没有了祭祖的心思，那一年就没有举行隆重的仪式。而且从那之后，这些家庭就慢慢地从祭祖仪式中退出，因为对他们来说，每提到祭祖就会让他们想起那些遇难的亲人，整个家族的祭祖习惯也随之慢慢淡化了。

这些挑战或缓慢或突发，但都可能从根本上对族群认同的形成构成挑战乃至彻底破坏。如果有一天客家人完全散落各地，并且祭祖的仪式逐渐消失，那么对客家族群的认同也可能逐渐消亡。

七、新环境的应对方式与转机

（一）自我的觉醒

对一个人来说，认同感和归属感是极为重要的，对群体的认同感和归属感会让人在面临压力和挫折的时候能有一种内生的动力去面对。在面临超出自己能力的困难的时候，在感到无助的时候，人们会不由自主地寻找帮助和依靠，寻找团体的慰藉。而对一个有群体认同和归属的人来说，他会向自己认同感最强的那个群体寻求慰藉，比如日常生活中我们遇到困难的时候都会想家，因为对于我们来说，家往往是认同感最强的归属。有时候人所面临的问题是更抽象的，例如，对于自己是谁的思索，此时家庭层面的认同无法帮助人们解决这些问题，而需要去转寻另一层面的、对族群的认同，这样的认同为人提供了区别于其他群体中的人的特点与自尊，使人有归属感和积极的自我认知，让人有信心和力量去面对这个世界和自己的人生。三姐妹中的三妹就是一个切实的例子，她作为村中的第一个大学生，在深圳发展的时候遇到过很多困难，她经历了一个转而向内寻求力量的过程，也是从那时开始，她突然明白了故乡的重要性和客家人这个身份对于自己的意义。以那个阶段作为转折点，她开始频频回乡，加强自己以及子女与故乡梅州的联系，也开始教子女学习客家话。虽然三姐妹都没有住在梅州，但是她们一年会回家很多次，也是借此来完成对于下一代的客家族群认同的塑造。

对于自我的觉醒来说，所依靠的是族群认同自身的力量，是在人们对这种力量产生需求之后，去寻找自己的族群特殊性和积极的群体自尊，从而重拾对于族群的重视的过程。这样的过程是族群认同的自我再生产，但却不一定会发生在所有人身上。很多人可能一生都不会对自己的身份出现迷茫，那就无法借助其自身的再生产来完成重拾族群认同重要性的过程。

但现代社会由于人口的不断迁移和流动，认同感缺失的现象越来越多地发生在更广泛的情况下，越来越多的人都拥有如何定义自己或者对自己身份的独特性的疑惑，在未来对于身份的思考中，或许更多的人会再次拾起对于族群身份的思考与重视。

（二）文化的塑造

客家语言对于族群认同的形成虽不是核心，但却有推进的作用。客家话作为客家人的特征之一，是极为具体可感的。现在有许多客家的父母重新开始重视起对孩子的客家话教育，将语言作为一种特征先赋予孩子。孩子在接受这样的特征之后，必然会意识到自己与周遭不讲客家话的群体的不同，于是就会去探寻原因，不论是通过自己去了解还是询问父母的方式，都可以帮助其进一步去发掘自己的客家人的身份，以形成对于族群的认同。比如三姐妹的孩子们在深圳和广州上学，都可以感受到周围的同学与自己的不同，自己的爸爸妈妈会讲客家话而别人不会，同时三姐妹现在也开始训练他们讲客家话和听客家话的能力，想要弥补上学说话时教育的不足，使其重新认识到自己的身份。

此时，语言或许会构成一个新的场域，在这个场域里面，所有讲客家话的人之间的联系和认同会增强，这个场域或许能作为原有的祭祖仪式的补充，同样成为整合客家族群认同的形式。作为族群文化的载体之一，客家话的传承更不受时间和空间的制约，可以随时随地进行。另外，在三姐妹身上，可以看到客家族群认同的生命力。尽管看似客家族群认同的传递并不乐观，但在她们这一代人身上，可以看到客家族群认同延续的火种。在经历了对自身客家族群认同的再发现之后，她们选择了积极地将这样的认同传递给自己的孩子，塑造孩子关于客家身份的儿时记忆，让客家族群认同在孩子身上延续。

八、总结

文化论不应当只是作为一种划分标准来区别已有认同的各个族群，而应该作为一种方法解释族群认同的形成过程，这里的文化不一定是我们可以对其进行命名的某一种文化特征，也可能是日常生活本身。

客家族群认同的建立如同大多数依据血缘关系建立认同的族群一样，是以宗族观念作为族群认同的内核，而儿时经历的形成和记忆的传承则是使得宗族观念深入人心的一个重要基础。祭祖仪式在这一过程中起到的是对于初始儿时记忆的塑造以及后续不断强化的作用，最终形成稳定可延续的客家认同。

但在社会发展的今天，不论是作为儿时记忆形成的必要条件还是宗族观念的具体体现，祭祖仪式都变得不再那么容易实现。客家人散居在外、意识逐渐淡漠的现状向我们提出了寻找新的客家族群认同模式的要求。同时我们也看到，一部分在外生活的客家人通过族群认同本身的力量使得身份意识觉醒，而语言作为族群文化最具象的载体，也有可能打破族群的血缘界限，形成一种具有后现代色彩的、新的以文化为核心的认同形成模式。传承了千年的客家身份以及客家认同，并不会轻易消失，族群认同在人们的心里，会以各种各样的形式，延续自己的生命力。

指导意见

新疆师范大学

关丙胜

2018 年 6 月 15 日，我带领时为本科二年级的王正怡等几人首次前往阳关，本想把一个有厚重历史的阳关呈现在他们的面前，以便让他们找寻现实背后的历史，然而，却发现我们所面对的是一个活脱脱的当下阳关社会，与千年历史中的阳关几无关系。于是，"迁移"就成为阳关田野调查中的重点。

2019 年 7 月至 8 月初，我们在阳关展开一个月的田野调查，王正怡承担了阳关人口迁移与村庄形成历程的调查任务。从熟悉田野点，成为村庄之人，再到确定报告人，展开正式访谈与资料收集，在最炎热的季节里，她克服了语言、天气乃至融入乡村陌生群体的种种困难，让阳关百年人口迁移史呈现在我们面前，这对河西走廊乡村社会研究具有的意义不言而喻，其价值定会在今后河西走廊的研究中逐步体现出来。她在"田野感怀"中说："阳关近三十日的田野不易，被拒绝过、被黑脸过、被怀疑过，但也被无条件地信任过。尽管不能完全展示阳关之全貌，无法将阳关当下之状态尽收眼底，但无论怎样，我想我们一定会秉承田野之遵循，呈现阳关之真实。阳关人、阳关事、阳关景、阳关情，定会铭刻于心，愿日后还能故地重游，见旧人、叙旧情，把酒言欢！"

在呈现阳关的人口迁移基本历程的同时，她尝试揭示其中的规律且加以解释，尽管还显稚嫩，但已经显露了一位具有民族学基本素质和技能专业人士的本色。

2019 年 11 月 18 日

由"聚"而"散"

——阳关镇百年人口迁移之历程

新疆师范大学历史与社会学院 2016 级本科生　王正怡

指导教师　关丙胜

摘要：古时之阳关以其特殊的门户、界域地理位置，承载了军事、文化、外交等诸种重任，也因此让千年之后的我们选择其作为田野点。人类社会总是随着人群的不断迁移而发展，迁移中的个体以及在迁移背后所发生变化的规律值得我们关注。通过对形成百年（尤其是大多数人口迁居于此只有半个世纪甚至更短）的阳关人口迁移的考察，发现其人口以 2000 年为界点，表现出由聚合转向扩散的特点，这是移民乡村向一般性乡村过渡进程中受到全球化和城镇化的催力使然。

关键词：河西走廊；阳关镇；人口迁移

河西走廊是我国唯一的同时连接中原地区、北方草原、西北地区与青藏高原的过渡地带，其地理上的衔接性显而易见，而文化上的多元互动性与共生性则需要我们进一步去深究。选择阳关镇作为我们最终的田野点，是基于历史的考虑。阳关镇地处甘肃省敦煌市市区西南 64 千米的古阳关脚下，是大面积沙漠戈壁中的"一抹绿洲"。清末以来，阳关以其特有的优势吸引着一批又一批外来者定居此地。20 世纪 90 年代，这个移民村庄正向一般性村庄迈进之时，又与高速发展的城镇化和席卷而来的全球化不期而遇，一步一步侵蚀着传统社会的轮廓，使村庄已经或正在形成的"传统"逐渐丢失。诚然，这又是大多数移民社会所持有的共性，因此剖析阳关社会的当下与过往就已足够解释中国移民社会的诸多特质。

一、调查与研究概况

（一）相关研究回顾

关于人口迁移的研究大致可以分为三个阶段：第一阶段是在 20 世纪的前半期，我国的人口迁移研究处于逐步兴起时期。根据可检索到的文献，我国最早的论述人口迁移的研究文献是卢建业在上海的《南洋研究》1928 年第 5 期上发表的《国际移民问题与中国》[①]。第二阶段为 1957—1977 年，可称为人口迁移研究"大萧条"时期，这与在当时的政治背景下，人口研究被列为禁区直接相关。第三阶段为 1977 年至今，是人口迁移研究的繁荣时期。在所有的研究主题中，以对人口流动与劳动力转移的研究为最多，高文书在《迁移与发展：中国乡城劳动力迁移的回顾与展望》[②] 一文中描述中国劳动力乡城迁移的特殊历程,阐述劳动力迁移对中国经济发展的重要作用。其次是对我国人口迁移状况的分析，这其中更多地涉及人口迁移地理空间的变化、移民的文化适应等问题。杨传开、宁越敏的《中国省际人口迁移格局演变及其对城镇化发展的影响》[③] 基于 2000 年和 2010 年人口普查数据，利用多种指标和方法对近十年人口迁移的空间格局的变化及其对城镇化率的提高和省际差异的缩小的影响进行了详细的阐述。《西部少数民族聚居区生态移民人口迁移的文化适应 ——以宁夏中部干旱带地区为例》[④],通过问卷调查法从民族文化和地域文化适应两个方面对西部少数民族聚居区生态移民人口迁移

---

① 卢建业：《国际移民问题与中国》，《南洋研究》1928 年第 5 期。

② 高文书：《迁移与发展：中国乡城劳动力迁移的回顾与展望》，《广州大学学报（社会科学版）》2010 年第 10 期，第 39—42 页。

③ 杨传开、宁越敏：《中国省际人口迁移格局演变及其对城镇化发展的影响》，《地理研究》2015 年第 8 期，第 1496—1506 页。

④ 丁凤琴、高晶晶：《西部少数民族聚居区生态移民人口迁移的文化适应——以宁夏中部干旱带地区为例》，《农业经济问题》2015 年第 6 期，第 78—81 页。

的文化适应状况进行了调查。之后人口迁移与区域社会经济发展之间的关系的分析也占据了人口迁移研究的很大一部分。宋慈、沙景华、何更宇的《东北人口迁移与经济增长关系研究——基于内生人口迁移的经济增长模型》[①]将人口迁移作为内生变量引入经济增长模型中，得出东北三省 GDP 增长率与迁入人口数之间存在长期均衡协整关系，且人口迁移对经济增长影响显著的结论。

由上所知，对人口迁移的研究在各个领域都有所涉及，人文地理、经济学、社会学、人类学等都有大篇幅的研究成果对此主题进行过深刻地探讨。此次阳关之行是以其历史为出发点，以现实为关注点，从时空的角度阐明以阳关镇为代表的移民社会的人口迁移史及隐藏于其后的区域社会特质。

（二）研究区域概况

今天的阳关镇，辖阳关、寿昌、营盘、龙勒、二墩等五村，有 5000 余人口。而如果以阳关绿洲为范围的话，除上述五个村庄外，还包括敦煌市的阳关林场、青海油田敦煌基地的南湖农场两个带有企业性质的"乡村"，前者户数过百，后者现在也有十几余户，但葡萄园等耕地总数均不比阳关镇的哪一个村落少。在阳关镇下辖的五个行政村中，寿昌村的人口最多，2007 年国家提倡"合乡并村"时将南、北工两村合并为一村，包含八个村民小组，几乎占据阳关镇总人口的三分之一。营盘村位于著名景点渥洼池畔，有五个村民小组，总人口 1100 余人。由于南湖乡地形狭长，地形大体为南北走向。通往渥洼池有一条路，此路由北向南，营盘村位于路东，而阳关村位于路西，距离南湖乡政府 1.5 千米处，有六个村民小组。龙勒村，也被称为社办林场，地处古阳关脚下，人口仅 500 余人，此处有茂盛的树林。20 世纪 70 年代，南湖人民公社组织群众在此处栽树、开地，并从其他各队移民来这里耕种、生活。二墩村与玉门关遥遥相望，距离南湖乡政府 30 千米，同龙勒村一样，也是从 20 世纪 70 年代开始组织群众在此处栽树、开地，并从其他各队移民来这里耕种，生活才得以发展成今天的模样。

---

① 宋慈、沙景华、何更宇：《东北人口迁移与经济增长关系研究——基于内生人口迁移的经济增长模型》，《资源与产业》2016 年第 4 期，第 129—137 页。

（三）田野调查过程

我们针对敦煌市阳关镇人口迁移的田野调查，是从 2019 年 7 月 6 日开始，至 8 月 5 日结束，时间共计 30 天，包括准备阶段、进入及熟悉田野点阶段、正式田野阶段、问题田野阶段。调研的内容涵盖了阳关镇人口迁移特征、规律等的方方面面。

二、人口迁移的时间节点及各阶段特征

（一）清末至 1950 年前：少量人口迁入

此时主要是以大户进入阳关，分占有利土地进行经营，并吸引一些贫苦大众入迁为特点。众所周知，家族是中国农村社会的一种重要组织形式，在村庄的政治场域、文化场域中担负着重要的角色，深刻地影响着农村社会的各个方面。在阳关镇，早期人口迁移的规律必定要与当时四大家族的研究紧密联系在一起。北工村（隶属于寿昌村）的夏家、营盘村的张家、阳关村的孙家是现今阳关镇最初形貌的塑造者，三大家族构成了当时阳关镇的核心力量，时间大概可以追溯到 19 世纪中后期。"三足鼎立"的局面在 20 世纪 20 年代中后期被打破，作为晋商的马家携股而来，为 1924 年政府建敦煌提供了大量的资金支持。至今，在阳关镇，还能偶尔在村民的口中听到他们及后代的故事，也能追寻到个别后人的身影，但大多都选择避而不谈。

下面的访谈资料来自阳关镇营盘三队一位 81 岁高龄的老人，他为我们讲述了他出生之后所亲历的以及从老一辈口中所得知的阳关镇最早期的人口迁移史。

我[①] 今年 81 岁，1938 年出生于阳关。在我小的时候，我们营盘有一位地主姓张，叫张东，在阳关有一位地主姓孙，叫孙耀武。不同的是孙耀武当时通匪，保安队剿完匪后抓住孙耀武送到敦煌公审枪毙，而张东被定为"开明地主"，"是

---

① 访谈时间：2019 年 7 月 23 日；访谈地点：访谈对象家中；访谈对象：男，81 岁，汉族，营盘三队。

可以争取和团结的对象"，而且他还作为南湖的代表在新中国成立后去敦煌开会。虽然在后来"开明地主"等词汇随着局势发展不再提，但是在最后认为"他在改造时有悔过之意，不是顽固不化的阶级敌人"而放他一马……

在新中国成立前北工有一个三官庙……南工有一个西佛堂，在营盘二队有一个龙王庙，这个庙现在找不到了。在新中国成立后南湖从初级社一直到人民公社，在这个过程中有一些从外面来的人，有河南人、山西人，还有来自甘肃其他地方的人。

从 1949 到 1978 年，南湖的干部基本都是本地人。在人民公社成立时，阳关和营盘都比现在要小，原来营盘五队，阳关四队和五队的一部分是属于南工的，之后这些地区从南工分出来。

新中国成立前营盘和阳关在过年时，长工、佃农、中农要给地主拜年，地主之间相互拜年。到了公社时期……过年时最多是按照亲戚关系或是其他关系去拜年，邻里之间基本不相互拜年，不带什么礼物……

……在我小的时候感觉邻里乡亲之间的关系亲密，比现在好，当时一家修房子全队人都来帮忙，现在一家修房子都是花钱叫工程队……现在的孩子吃不了苦。当时每年种的粮食有大部分要上交，现在连粮食税都不纳了。

我们老两口有四亩地，小儿子不种地，把他自己的地给我们种了，所以我们现在有六亩地。大儿子和二儿子分别有八九亩地，并且二儿子还在生态保护区当工作人员。这几年收成时好时坏，但比以前要强得多。我们营盘在 2000 年之后才有的冷库。

从这位老人的口述中，我们大致可以描绘出新中国成立之前阳关镇的基本轮廓：夏家、张家和孙家三大家族作为阳关镇最早的迁入者，通过大户进入的形式分占了阳关镇最有利的土地和区位，进行大规模的经营。但是，以"孙耀武"和"张东"为首的两大地主在新中国成立后的命运却是截然不同。前者因通匪而被公审枪毙，后者作为"可以争取和团结的对象"而被定为"开明地主"。这位讲述者并非当事人，也非当事人的后代，他的回忆也只是碎片化的、粗线条的，但其站在旁观者的立场为我们重构了属于那个时代的记忆。

（二）20 世纪 50—70 年代：河南鲁山人的集中入迁和敦煌周边少量人口流入

20 世纪 50 年代，大批热血青年奔赴西北，国内掀起支援大西北的高潮。1956 年前后，一大批人口在党和国家"建设大西北"号召之下从河南鲁山迁居于此。那时的阳关，还是一个极其落后的小镇子，没有平整的楼房，没有四通八达的铁路网，举目四望，入眼皆是荒芜。这种大规模的迁移在 20 世纪 60 年代初却发生了突变，由于扛不住"防风治沙"的繁重任务和艰苦条件，更重要的原因是苏联单方面撕毁对华经济援助协议，撤走专家，逼迫我国限期还债，农户生活压力极大。迫于种种压力，大部分鲁山人选择私自逃离这里，只留下了如今定居于此的三十几户。

我[①]是三岁的时候跟随着父母、爷爷、三个兄弟姊妹一起从河南鲁山迁过来的，是在响应政府"建设大西北"的号召。现在居住在营盘村三队，我老伴是河南杞县的，1958 年从河南杞县迁移到了敦煌旁边的转渠口，她是 1978 年从转渠口嫁过来的。和我们一批从河南迁过来的，（迁移）从 1956 年持续到 1962 年，这一时期是每一个县对应敦煌地区的每一个镇进行人口迁移。1956 年、1957 年这两年生活还不错，但是到了 1958 年，由于……生活条件艰苦，从河南迁过来的这一批人中有很多在 1961 年、1962 年私自逃回家乡。我们一家人来到这之后，又生了五个孩子，所以加上我一共有八个兄弟姊妹。我们家没有离开，是因为我们家人口多，父亲身体又不好。

营盘村的一队之前其实是属于阳关村的，最早的营盘村只有二三队，四五队是南滩，之后才将一、四、五队划入营盘村。营盘二队的张家地主张东是"开明地主"，是从山西来的。20 世纪 60 年代末的时候政府组织调田，目的是将小块的、零散的田地整成大块的田地……60 年代末，社办林场（今龙勒村）就开始做实验种瓜果蔬菜。南湖乡开始种葡萄最早可以追溯到 1987 年。90 年代初营盘村试种过棉花，但是棉花不开絮，在种棉花之前基本上种

① 访谈时间：2019 年 7 月 17 日；访谈地点：访谈对象家中；访谈对象：男，汉族，66 岁，营盘三队。

的是粮食作物，有小麦、玉米、洋芋、大麦、青稞等。种完棉花两年后开始试栽葡萄，谁栽种成活就有奖励……每栽种一亩政府还要奖励一些钱。

营盘二队的田亚萍有一个私人冷库，但前年做卫生的人不小心烧着了，冷库受损，后来又贷款重修冷库。他有十几亩地，都是合作社分的地，自己没有开垦土地。田亚萍还有一个弟弟，原来当过队长，也有一个私人冷库。但是我觉得私人冷库赚钱慢，主要就是收葡萄的时候赚一些钱。三队的黄丽红的三爹在当年孙耀武的那件事中通过土匪，被判了 20 年，早已经去世了。他有上百亩地，买了生产队的荒地加上自己在 1996 年开垦的土地。

我们营盘的灌溉水源主要是黄水坝水库，阳关村的灌溉水源是西土沟，寿昌村主要用新工坝灌溉土地。70 年代末修新渠、种新树，这应该是公社在营盘村最后一次进行的大规模的工程建设。我们营盘村因为位于乡里的主干道旁，上级检查就经常来营盘村附近，阳关村位置比较偏，所以管理就相对松一些。

我在 90 年代的时候出了车祸，瘫痪了 24 年了。我有两个儿子，大儿子在市政府工作，二儿子在七里镇的光电厂工作，二儿媳是市区周边的县城嫁进来的。大儿子和儿媳在市区工作并住在那儿，二儿媳农忙时在我们身边帮忙干农活，农闲时出去打零工，孙子由老伴每天接送照顾。两个儿子在市区都有房有车，如果不是因为我瘫痪在床，我和老伴就进城生活了。

二墩是 1974 年、1975 年全公社抽调劳力新开垦的土地，在 1978 年迁过去的就有十多户，改革开放后就逐渐有青海人迁入。

听说在 1991 年、1992 年有一批四川人承包了营盘林场并签了 30 年的合同，这批四川人是一个邓姓大家族，包括了姐姐、妹妹、父亲、侄儿、侄媳妇等人，他们在这常住但没有落户。

另一位从河南鲁山迁居阳关的老人说：

我 [①] 是初中学历，现在住在阳关村一队。1956 年从河南鲁山迁到这里，

---

① 访谈时间：2019 年 7 月 15 日；访谈地点：阳关镇街道；访谈对象：男，73 岁，汉族，阳关一队。

1968 年到 1974 年初在西藏当兵……后来迁到了乌鲁木齐和吐鲁番一带。当兵回来之后与我老婆结婚，并育有三个孩子。大儿子 1974 年出生，大概在 1994 年结婚，大儿媳是从孟家桥嫁过来的，现在这两个人在市区开服装店，每个月要去乌鲁木齐进货。二女儿 1976 年出生，第一段婚姻以离婚收场，儿子判给了父亲，后来又再婚，现任丈夫是敦煌市区的一名中学教师，对方带了一个儿子，大概十二三岁。小儿子 1978 年出生，现在在阳关镇经营一家药店和一家化肥店。我儿子的化肥店是附近五家中生意最好的一家。

1956 年有三批大规模的人口迁移，是由政府组织的。第一批迁移到了青海湟源，第二三批都迁到了敦煌市附近。我们也是那一时期从河南鲁山迁移到这里的。改革开放后，由于户籍管理制度的放松，大部分适应不了这里的环境和生活习惯的人就又迁走了。现在全乡剩下三十几户从河南迁过来的，其中阳关村还剩下十几户。1956 年，我们由政府组织坐车到兰州，再从兰州坐车到这里，带着锅盔和咸菜当路上的干粮，一个县有一个领队的。当时我跟随父母和哥哥一块迁过来。哥哥的儿子在青海石油的敦煌基地工作，哥哥现在跟随着儿子和儿媳居住。在我们刚迁过来的时候，现在的营盘和阳关还只是荒滩，当时本地只有三五十户，有三个高级合作社。在新中国成立前营盘二队有一个姓张的地主，阳关一队有一个姓孙的地主。据说在刚解放时，孙家地主孙耀武勾结土匪劫掠南湖乡，敦煌县将此次事件平息后，公审了孙家地主后就地正法。60 年代，公社为了扩大耕地面积，将乱坟岗推平，并从各大队抽调农户开垦农地，其中被推平的坟地中还有唐朝的古墓。

最早的黄水坝是由当时的两家地主为了防止水灾在 20 世纪 40 年代雇佣佃农所修，高两三米，宽一两米。黄水坝在 20 世纪 50 年代至 90 年代年年都要进行维修和加固，当时政府的水管所给各家分配任务，一般是一亩地两方土左右，这要视当时的修缮情况而定。我们一般都是冬天修水坝，因为只有冬天是农闲，大家才有时间。最早大家是用毛驴和手推车运送土到黄水坝，后来才逐渐用到拖拉机。黄水坝以前有人养鱼、划船，搞生态游，要收 10 元的门票钱，当时也有村民去卖酒烟和葡萄干，但是赚得并不多。21 世纪初，黄水坝淹死了人……，此后也就无人承包了。黄水坝在 2011 年改名为渥洼池，现在的黄水坝在"五一"前后有很多外地游客来野炊，最多的时候有几百辆车，但是现在没有人承包黄水坝。

人口的迁移流动与一个国家的政治经济形势密切相关，并有其深刻的经济根源。新中国成立以来，传统的计划经济体制导致人口的大迁移出现大起大落，因"开发大西北"而产生的迁移就是其中之一。作为调整我国国家发展的适时性战略，迁移至阳关镇的河南鲁山人也只是国家计划性迁移的一小部分，但这一批人也足以代表彼时人口迁移的整体状况。

通过访谈，感受到以上的这两批人是当时阳关人口迁移的主力军，奠定了阳关人口主体的总基调，人口"聚合"的效应从这个时期开始慢慢彰显。他们经历了各种艰苦岁月，也正是因为这样的原因，在年轻或壮年时主动或被动地选择携家带口离开故乡，为生活寻觅至阳关。一晃几十年，在他们身上早已刻下了"阳关人"的烙印。他们全身都渗透着浓郁的中国乡村传统气息，成为铸就阳关传统社会的开创者，是阳关这个移民村庄变迁过程的见证者。我们试图以村民的集体记忆为出发点，把他们放到阳关镇近百年的社会变迁过程中去考察，为探寻阳关镇的人口迁移史提供其应有的价值。可能是都经历过各种艰难困苦和社会变革的缘故，属于他们这一辈人的集体记忆更为突出一点：对作为"阳关人"的身份认同感和集体凝聚力都比后来者更为强烈。我们对他们的采访同样也为他们提供了"拾回"和存储这些社会记忆的机会。

（三）20 世纪 80 年代至 20 世纪末：省内及其他省区少量人口入迁

这段时间主要是少量来自青海乐都和四川的自由移民以及甘肃省内的人口迁入。

1. 青海移民

这批青海移民主要以乐都移民居多，比例高达 70%—80%，剩余的青海移民多以散户的方式进入，他们主要是投亲靠友式的自发农业移民。这类移民大多依靠亲缘与地缘的关系，采取投亲靠友的方式，前一批青壮年移民站稳脚后，后续移民接踵而至，社会关系网络在这类迁移人口中占据主导。

　　在过去靠天吃饭的状态下，由于生产技术不够发达，一个民族或群体形成何种社会生产方式很大程度上取决于该民族或群体生活在怎样的环境中，可以说有怎样的自然环境，便会形成与之相符合的劳动生产方式。来自青海的移民群体大多都来自山间河谷交错的地带，随着山地抬高，气温逐渐降低，植被覆盖率也越来越低，土质疏松干燥，易降雨雪，虽然有利于耐寒植物的孕育，但是对于农耕经济的发展构成了根本上的阻碍。缺少额外的经济来源是青海移民举家迁移的直接动因。不可否认的是，转换一个新的生活环境需要进行方方面面的调适。首先体现在自然环境的改变引发的生产结构和经营方式的改变，迁居到阳关镇后，由原来的粮食作物种植为主的生产方式转向以葡萄种植为主的经济作物生产模式。初期因缺乏葡萄种植的技术和市场经验，导致进入市场的成本很高，最后葡萄也因不能及时找到销路而全部烂掉。二是面临着新的社会关系网络的建立以及与新的社会环境的融合的问题。但是与四川移民相对比，青海移民在这两个方面的适应过程周期并不长。甘肃省地处三大高原的交织地带，历史上现在的青海省全境或部分地区曾辖于甘肃，甘青两省关系特殊，行政建制方面曾长期有交叉关系。空间距离的接近以及行政建制的密切关系则直接会过渡到文化领域，使得甘青两地的文化异质性削弱，不会产生相互排斥的结果，更有利于移民者融入当地文化。

　　在访谈的过程中，一个很奇怪的现象吸引住了我们的眼球——青海移民中属于河湟地区乐都县的人最多。对于这个问题的分析我们需要打破原有的思维，转换一条"历史"的路径来探寻其背后深藏的原因。

　　河湟地区历史上是在中原王朝与边疆少数民族政权势力拉锯的过程中形成的，其势力范围随着中原王朝势力的强弱不断伸缩、推移。自汉代以来便有中原汉民不断地迁入青海生活。汉宣帝神爵元年，赵充国将军率军进驻河湟地区屯兵耕种。次年（前60年），设立破羌县（治所在今乐都境老鸦城），置流官，汉人开始定居乐都。此后，历代都有大量的汉族移民因战乱等原因，进入乐都地区，形成了以军事移民为主，同时伴随有商业移民、家庭移民等其他各类型的移民文化。乐都的汉人社区在历史上就已形成，根据全国第六次人口普查的结果，当地总人口26.02万，人口以汉族为主，汉族人口23.1万。少数民族地区的汉人聚居区并不多见，乐都则属于其中之一。相较于周边的多元文化，汉族文化的优势地位突出且明显。在自身文化的内因驱动与人多地少的现实条件的相互作用下，一大批人都选择通过考学或外出工作的方式迁移至新疆巴音郭楞蒙古自治州若羌县和敦煌等地。等到工作与生活都稳定之后，就会带着自家亲戚一起过来。现今的青海石油局敦煌基地就是乐都人的聚居地，至今依然有不少青海乐都人在那里工作，在敦煌定居。

我[①]1947 年出生在青海乐都县达拉土族乡滚子洼村，八九岁的时候在村里上小学，小学六年级还没毕业的时候回家，在生产队参加劳动。1962 年结婚，爱人是乐都县雨润乡汉庄的人。1965 年开始在生产队当了两年会计，以后再没担任村里的任何职务。

从家谱上看，我们家族在老家是个大家族，在邻村有许多姓袁的人，我的爷爷那一辈兄弟姐妹六个，我爷爷是老大，是秉字辈，具体名字不清楚。我父亲兄弟姐妹六个，我父亲是老四，他们全部生活在滚子洼村。我兄弟姐妹五个，我是老三，有两个哥哥，两个姐姐。大姐出嫁到乐都雨润乡，过世早，另一个姐姐也出嫁到雨润乡，过世已经三四年了。我的二哥在青海石油局敦煌基地上班后退休，因为我们的一个堂哥原来在青海油田上班，所以把他叫过去上班，这个堂哥后来去了大庆油田支援，他的后代现在也在大庆那里生活。我二哥刚到石油局时是工人，后来成为干部，最后在科级岗位上退休，现在他后代都在青海石油管理局敦煌基地上班。现在只有大哥和我们两家及子女们这里生活。

我有五个小孩，三男两女，现在全部在这里。大儿子 1966 年出生，大儿媳是乐都老家的；二儿媳是青海省乌兰县的，他们也是从乐都县移民到青海省乌兰县的人；三儿媳也是乐都老家的；最小的儿子是 1977 年生的。一个姑娘出嫁在本村，一个出嫁到湖北了。大儿子有两个小孩，大的 1989 年出生，小学毕业，小的在兰州市上班；二儿子有一个姑娘一个儿子，都在本村，姑娘出嫁了，儿子还没结婚，姑娘大学毕业；三儿子也结婚了，在本村，也是一个儿子一个女儿，儿子现在新疆和田当兵。我大哥家五个儿子，其中两个

---

① 访谈时间：2019 年 7 月 14 日；访谈地点：访谈对象家中；访谈对象：男，72 岁，汉族，二墩村。

儿子在青海石油局上班，其他三个儿子都在这里。

所以，现在我们袁家在本村共有6户共28口人。

1992年，我们通过二哥迁移到阳关镇的二墩村，迁移到这里的主要原因是老家在山上，是靠天吃饭的地方，没有灌溉，收成不好，生活也较困难，吃水困难，山路也不好走。当时我父亲82岁，他同意来这里，但是母亲不同意迁到这里，她78岁的时候在老家去世了，她去世三周年后我们才迁到了这里，户口也一起迁过来了。迁到这里后房子全部是自己盖的，每人给了6亩地。当时我来这里的时候，包括我们家在内，二墩村总共53户，现在已经有110多户了。

刚来的时候我们种小麦，但是产量不行，生活也很苦，比老家的生活还差一些。过了几年，开始种葡萄之后，生活水平慢慢提高了，收入增加较快。

父亲是1997年去世的，享年85岁，葬在了这里，坟就在村东南的沙地里。父亲去世的第二年，我们从老家把母亲的遗骨也迁到了这里，就葬在了父亲的旁边。我们每年清明节这一天上坟，每年每家轮流"宰坟猪"，也滚馒头，进行清明节的祭祀活动。这个地方是在清明节上坟，老家是在田社时（就是春分）上坟。我们到这个地方后就跟着这里的风俗，在清明节上坟。在丧俗上有一点不同，就是下葬之后必须做羊肉粉汤给所有参加送葬和葬礼的人吃，而我们老家是旗花面，也就是寸寸面，里面可以放猪肉，也可以放羊肉，或者牛肉，这个要看主人家的便利条件。但这里必须是羊肉粉汤，也不知道是什么原因，就是这个风俗。

我们到这里之后，和本地的人关系很好。这里的人非常仁义，没有那种欺负外来人的情况，所以也没有感觉到受到欺负，村里的关系都处得不错，没什么矛盾。现在老家的亲戚有婚丧嫁娶的时候才回去参加，其他也没有多走动了。

儿子们10年前就在敦煌市区买了房子，我和老伴平时都在敦煌市区，主要是照看孙子们上学，他们一放暑假或寒假，我们就回到二墩村生活。一般情况下，这里的农活10月中旬就全部干完了，农活干完之后，儿子儿媳就回敦煌市区生活，我们老两口回到村里生活，一个冬天我俩就在村里生活，儿子孙子们在敦煌市。他们 4 月初农活开始的时候才回到村里来，每年在这里生活七个月的样子。

现在我们也把这里当成家乡了，毕竟生活了二十多年了，儿子孙子们更是习惯了这里的一切，把这里当成了家乡。但是村里的人都知道我们老家是青海的，所以一直叫我们"青海人"。

另一位来自乐都的移民说道：

我①1994 年从青海乐都迁过来的，从乐都坐班车先坐到武威，再从武威拐到敦煌，有 1100 多公里，我们坐了一天半的班车。我们兄弟姊妹总共有八个，我们迁过来的有兄弟三个，我排行老四，另外两个排行老三和老五，其余的五个姊妹都还在老家。来的时候直接就将户口落在这了。两年之后就分了家。母亲才来了七年，户口还在青海没有迁过来。

原来在老家的时候，我们还没有分家，一个大家族大概有十七八口人一起种了 30 多亩地，大概都种小麦、洋芋等，那时候都是靠天吃饭，也经常下雨，收成只够填饱肚子。当时选择迁过来肯定是因为经济困难，在老家的时候一般都是种完地就去打工了，8 月份出去，等到快收的时候就回来，一般都是哪有工就去哪，也没有固定的地方。我和我兄弟都是在老家结完婚之后才迁过来的，媳妇都是老家那边的。来的时候房子是自己修的，政府先给批的地。至于当时我们为什么会选择这个村，是因为我的侄儿是这儿的女婿，有这个亲戚关系才把我们引荐过来的……我们最开始迁过来的时候有五口人：我、我的媳妇、我的大儿子、兄弟和兄弟媳妇。最开始我妈还没有迁过来，是七年前把她从大哥手里接过来的，大哥在海西蒙古自治州种地，其余时间还要去打工，所有没有空闲时间，我只种地不出去打工，所以有时间照顾我妈，就把她接过来了。最开始来的时候政府按人头分地，一人 2.5 亩地，我们家最开始有 5 亩地，后来又在七年前买了 4 亩地种。老家的地是在山脊，产

---

① 访谈时间：2019 年 7 月 23 日；访谈地点：访谈对象家中；访谈对象：男，51 岁，汉族。

量不好，1亩地也就收个三四百斤小麦，勉强够喂饱肚子，额外的收入几乎没有。现在在这种葡萄，产量也不确定，像去年好的时候产量可以达到1亩5000斤。每家的价格也不确定，葡萄捂得好的话可以卖到三块四五一斤，捂得没有那么好的话买到两块七八。我们家也没有搭棚，一个原因是成本太大了，另外一个原因是搭棚人工消耗太大了，10亩地我们也没有雇人，都是自己种，所以也不想增加负担。我们村里的冷库大都集中在我们北工这边，大库有五六家子，一间冷库大概有将近80平方米。农户需要将老板挑好的葡萄送到库里，农户入库是不掏钱的，存库的钱是老板自己掏。前面那个房子是2012年盖的，当时盖房子加装修大概花了二十来万元，是自己找工程队修的。我们冬天都进城去住了，我们五年前在敦煌市区买了房子，104平方米，当时买的时候大概4000元/平方米。在我们村里几乎每家都有一套房。

生活条件也是近几年才慢慢提高的。刚来的时候那些老户都已经把好地给分走了，我们只能分到那些边上的地。迁过来之后我们大概打了十年工，一般都是给老户盖房子之类的，等到葡萄地慢慢好起来了我们才把全部精力用到种地上。刚来的时候只有很少一部分人种葡萄，我们来的时候还没有人种棉花，大都种麦子，但是产量不行，1亩地也就产个200斤左右。种了一两年麦子之后开始种棉花，棉花产量也不理想，1亩大概产三四百斤。

我们这个村里的人都是从五湖四海迁过来的，只不过他们来得早一点，我们来得稍微迟一点。大家关系都是很好的，没有那种老户与新户的区别。

"推拉理论"是关于人口迁移的重要理论。最早对人口迁移进行研究的学者是英国的莱文斯坦，他在1885年发表的《人口迁移之规律》这篇论文中，就提出了人口迁移的七条规律。首先提出"推拉理论"并运用于研究人口流动原因的是巴格内，巴格内认为人口流动的目的是改善生活条件，流入地的那些有利于改善生活条件的因素是拉力，而流出地的不利的生活条件就是推力，人口流动就由这两股力量前拉后推所决定。运用该理论来解释青海移民的选择是合适的。在人口流动自由的情况下，人口移动就是在改变生存和发展状况的"拉力"和限制个人发展的"推力"共同作用下完成的。高寒地带欠发达的农耕经济与阳关较为光明的发展前景共同构成合力，推动着他们迁移行为的产生。

移民者在进入到新的生存环境中时，所要面临的首要问题便是融入的问题，尤其是文化融入的问题。所谓"融入"，是指把个人在一个文化和族群多元化的社会中的处境混同于在一个文化和族群相对单一的社会中的处境，移民的自我调适就显得尤为重要了。对于这批青海移民来说，清明节的祭祀活动、丧俗仪式等逐渐呈现"入乡随俗"的趋势，在一程度上与老家割裂了某种层面上的关系。

2. 四川移民

一般来讲，移民村庄的历史短暂，社区记忆不强，如果移民的异质性很强的话，村民之间的信任度则就会很低。四川移民的到来将上述移民村庄的特征展现得淋漓尽致。阳关镇的四川移民其实就是专指营盘四队的邓某一大家子，十几口人的陆续到来呈现出"家族式迁移"的特点。他们的住所位置与社会关系网络的覆盖范围都与当地人有明显的区别。

我①是 1994 年从重庆迁过来，当时重庆还隶属于四川，来的时候我爸和我大伯带着我们四个堂兄弟姐妹，1997 年承包了四队这儿的一百多亩地，签了 30 年合同，当时大概花了几万块钱。因为之前发生了洪水，把沙子带到这里，地就变得不好，所以当时卖得很便宜，是直接通过乡政府买的，但是我们这种地十来年才收回成本。1999 年我们这几户在这落户，当时户口还比较好入，到了零几年落户就比较难了。刚到这里时我们种的是温室蔬菜，1998年开始种葡萄。刚搬到这里的时候是政府批的地，我们自己修的房子，当时有一条大水渠，旁边的几条小水渠也是我们自己修的。种葡萄在去年赚得多，纯利润最高接近每亩 1 万元；2015 年的情况最差，1 亩挣个一两千元，勉强保住了生活费。收葡萄时是老板通过中介直接找到我们的，与我们沟通价钱后老板又与中介商量冷库费用，通过哪个中介就进哪个中介的冷库。

2009 年我们翻新房子时政府补贴了几千块，但是柏油路到现在还没通，自来水也没有通，说是今年就会解决这些问题。我觉得这任的村长和支书还

---

① 访谈时间：2019 年 7 月 19 日；访谈地点：访谈对象家中；访谈对象：男，汉族，39 岁。

不错。我们周围有 6 户人租了两百多亩地,据说有一家是老板买来包给他们的。这几年政府搞绿化使空气比来的时候好多了。

我大伯、大伯母已经去世了,他们有三个孩子。我大侄子 30 岁,在上海工作;大侄女已经嫁人了。二哥家的儿子今年 23 岁,在四川传媒大学上大四,女儿才 9 岁。姐姐嫁给了本地人,大儿子今年 30 岁,在外地做摄影师,老婆是老家人;女儿今年 26 岁,在敦煌当代课老师,毕业于天津的一所大学。我的老婆是老家来的,我有两个孩子,大女儿今年 16 岁,在兰州文理学院上学,儿子 13 岁,今年上初中。在这里定居是因为在这儿可以落个农村户口。我们已经适应了这里的环境,所以不太想回老家,而且老家的地也已经卖完了。在老家的时候我们是按人头分地一人一亩,在老家干农活累,在这儿不太累。

针对四川移民,一位知情人说:

我是营盘三队的上一任队长[①]。四川人来的时候,我们村正好有一百多亩地闲置,因为发洪水,地也不成型所以就闲置下来了……30 年的承包合同,到 2026 年到期,还有几年时间,到期了他肯定是要归还我们的。

最开始就是邓某先迁过来,带着他几个亲兄弟、亲姐妹,后来又把他几个叔伯家的兄弟姐妹叫过来了。他们当时承包了地之后,先搞的温室大棚,种了三五年的温室才开始改种葡萄的。我们也不知道啥时候他们的户口就进入营盘三组了……营盘三队,除了有四川人之外,还有几家是从武威、张掖等地迁过来的,他们的地有的是买的,有的是自己建的。因为那种三荒地一般承包合同是 50 年,最多 70 年,最少也有 30 年,所以大部分都出钱买地。

各家各户跟他们家几乎是隔离状态,没有啥交集。也不是说不联系,就是见面了打个招呼而已。像本村的红白喜事,我们是不会请他们的。

在移民村庄的整合过程中,不可避免地会因为资源的争夺而产生分歧,进而

----

① 访谈时间:2019 年 7 月 30 日;访谈地点:育童超市;访谈对象:男,汉族。

引发矛盾甚至冲突，而这种冲突事件的发生不可避免地会对已有的或者尚未稳固的移民村庄的秩序带来冲击。在《局内人与局外人》一书中，作者埃利亚斯以文明化理论分析社区中不同群体的社会地位与社会关系。尽管埃利亚斯所选择的这个社区不是一个传统类型的社区，而是一个发达国家中典型的随工业化发展起来的现代小城镇，位于城市边缘，本地人与大量外来工混杂居住在一起，内部关系复杂，与今天中国城市周边的社区颇为类似。在他看来，社区群体间关系的形成是一个动态发展的结果，在此过程中，一个群体内部逐渐形成了对个体具有约束力的礼仪规则，个体越来越需要考虑自己的行为对他人与群体所造成的后果，遵守这样一套礼仪规则的人共同构成了"局内人"群体，而外来者往往因缺乏相应的礼仪规则，而出现行为取向上的诸多"偏差"，成为局外人。此种"局内人—局外人"的分析模式对当代中国的传统社会研究具有重要的意义。

（四）2000 年之后：季节性生产的基础上两栖居住模式的出现

2000 年之后，人口进入恒定期，随着城镇化进程的加快和葡萄产业迅猛的发展势头，越来越多富裕起来的农民或因改善居住环境提高居住质量，或因子女上学的需求，或因进城务工和工作的需要，纷纷在敦煌市区购房，比例高达 80%—90%。住房消费观念发生了重大改变，从内涵上则预示着农民从"生存需求"向"舒适需求"的转变。两栖住房模式的出现和发展，更多的与葡萄产业的季节性特征紧密相关：大多数小孩在敦煌市区上学，由此也就出现一个小孩一个大人的陪读模式，而家中其他的年轻人也会在每年 11 月份葡萄埋藤之后带着老人进城过冬，因此整个冬季村镇出现空无一人的景象也丝毫不令人奇怪。这个特点可以用图 1 表示。

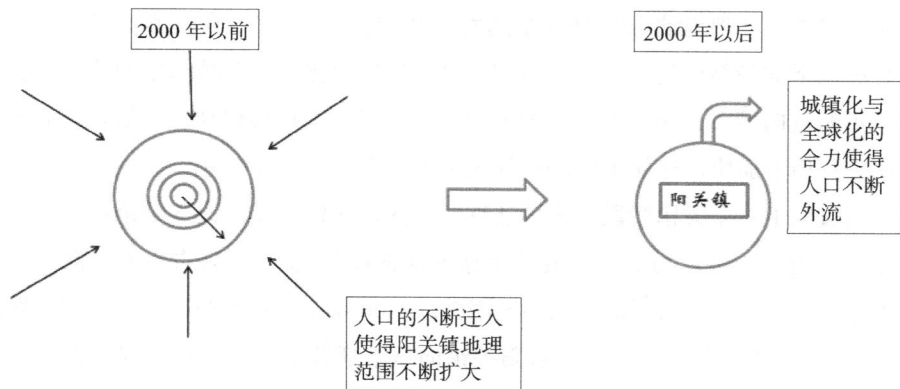

图 1　以阳关镇为中心的人口迁移趋势图

阳关在未受到城镇化浪潮的冲击以前，还是一个较为稳定的传统社会的模型。无论是在文化观念，还是在生产方式、行为方式上，都突出表现了与现代城市社会不同的特征。然而，随着社会转型和现代化的推进，现代文化逐步走向开放、多元、批判，这从根本上改变了传统社会的结构与面貌，乡土观念逐渐淡化，生存理性逐步让位于经济理性和社会理性，村民对于乡村的乡土情结、社区归属感、认同感减弱乃至丧失。对于年轻一代来说，这为他们逐步脱离传统乡村农耕文化提供了很好的借口。实质上，他们不仅仅不屑于"社火"等传统民间文化活动，对农业耕作也抱有快速逃离的想法。不可否认的是，随着城乡社会流动的加剧，人口迁移的活力也将进一步被激活，越来越多的乡土青年转化为务工青年，农村文化面临着持有者老龄化和年轻一代快速出走的文化断层，农村传统文化日益式微，乡间里的乡音也终将会成为日后的回忆。

不仅阳关，当今世界的每一个角落都充斥着全球化的痕迹。全球化的 3.0 时代始于 2000 年，这也与阳关人陆续进城的时期不谋而合，它突出表现为建立在技术所引发的社会结构变化基础上的人类社会的一致性。全球化是解构传统化的过程，它把各种新型且明显不同的世界和生活方式集合在了一起，任何人都不可能坚持以传统的方式行事，而必须意识到在他面前存在着许多其他生活方式的选择。于阳关人而言，受现代化、城市化和全球化的影响，在城市文化、外来文化的传播与入侵下，乡村地域文化受到冲击，地方特色文化被大众文化侵蚀，人们根深蒂固的乡土观念也相应处在快速发展和变化之中。"城乡两栖模式"正是全球化影响下的最新产物。城镇化的核心是人口城镇化，人口城镇化的重点是农村人口不断流向城市，而这正巧与当下阳关人口迁移的趋势相吻合。随着农业集约化的进程稳步加快，这种在科技牵引下的社会转型将更加彻底。

通过以上对阳关镇阶段性人口迁移的概述，我们可得出以下结论：以阳关镇为中心，迫于生存压力而产生的"生存理性选择"，驱动着来自青海、河南、甘肃等地相对不发达的农村的移民寻至阳关。2000 年之前也可被称为人口的"聚合时期"。城镇化兴起之后，人口从阳关镇向城市迁移的趋势愈加明显，人口相对凝固的状态被打破，"扩散效应"不断彰显。

三、讨论与结语

移民者一部分原先就生活在河西走廊，而也有一部分，与河西走廊几乎没有任何关系，所以我们的重心就转向了对这样一个问题的探索：为什么拥有不同背景的群体都不约而同地选择了阳关，选择了河西走廊最西端的农村社会？我想这当中一定掺杂着历史的因素，也一定有移民者对现实的考量。河西走廊贯通东西，连接南北，在地理位置上具有咽喉意义。古时之阳关位于河西走廊的最西端，是汉朝的西大门，是中原通往西域和中亚的必经之路，阳关镇在河西走廊中的独特区位使得研究阳关镇的特殊意义和重要价值不言自明。与此同时，土地肥沃、水资源丰富等有利因素也在不断地吸引着移民者的到来。人类社会随着人的不断迁移而得到发展，随着来自不同地域的人群的迁入，阳关镇在承载人口方面的枢纽作用逐渐彰显，才会使不同群体的文化在此处汇集与整合，并展现出独属于阳关人的区域社会的特质。从研究中，我们也得出了对阳关镇人口迁移规律性的认识：由"聚"而"散"的转变过程，它也从另一个侧面回答了根基并不稳固的移民社会在面对现代化强烈的冲击时会做出何种反应，最终又会走向何处的问题。即使人来也会人往，但如今的阳关依然在河西走廊的西端闪耀着它的光彩，依然在社会转型中平稳地过渡与发展。它是一颗明珠，代表着河西走廊部分乡村社会的整体变革。

指导意见

广西民族大学

黄家信

最近十年，广西壮学学会连续在广西田阳县举办"布洛陀学术研讨会"。汪钰程同学特别热爱民族学，故要求他2019年春节期间在自己家乡做一次调查，进而完成一篇学术论文，再以文参会。

2018年12月12日，他说："因为后面还要做'非遗'口述史的项目，下学期还要准备考研、实习，所以我想这个假期就开始做毕业论文的田野调查，请问老师您什么时候有空？我想找您谈一下我现在的想法，希望老师能给我一些指导。"因为离他毕业实习还早，所以建议他先做一个小调查，提交论文参加布洛陀会议。

2019年1月30日，他问："老师，要提交的论文只要与壮族有关就可以了吗？写云南的壮族可以吗？"导师回答："云南壮族也是壮族的话，当然可以。"

2月6日，他问："老师晚上好，请问提交的论文需要像投稿到期刊的论文一样，把摘要和关键词翻译成英文吗？"导师："你问的是4月份百色会议的论文？表达要准确，先写好正文，交给我修改，定稿后才写摘要。

摘要等不用译成英文。"

2月25日，他提交了《民族杂居区的文化融合与变迁——以云南蒙自壮族土僚支系为例》，共有7页，导师自己打印出来，在文章上用红笔修改。当天晚上，他说："老师，我觉得我们明早还是应该当面聊一下，因为您有些批注我看不太懂，有些地方我也要解释一下，可能当面聊比较好。"

27日，他说："黄老师您好，这是我自己改过一遍，又经师姐指正过后的论文，您看看还有什么需要修改的地方吗？"导师说："好多地方，你都不按我红批改，第一段你没有用自己的话表述，两个引号之间不再标点。我打问号的意思是这个符号对了没有？要查证。把《百色学院学报》一篇论文的首页、末页打印出来，一点点对照弄。"

28日，他说："老师，真的要把'壮族'去掉吗？应该要说明土僚是壮族的一个支系吧。"导师说："壮族黑衣？黑衣壮？壮族土人？土人？土僚壮？你在前边界定成了。就用蒙自土僚。"他说："老师，这是按您的要求改过的论文。"导师："行距不对。图一，后面一个汉字空格。不急提交。应该自己打印之后，再核对数据、校对，修改，满意后才提交。行距要处理好一点，按我的模板。我文章才3500字，都压得厉害。你排那么多页（加图片超过10页），会让人反感的。市、乡镇的壮族人口比率，有可能的话，也算出来，放在参考文献标识后面。你的研究要体现出来，不然只引用一堆数据，研究呢？"

4月19日，导师留言："我稍处理前面的一些内容。你文中，壮族、壮族人、壮族土僚、土僚等混用。应该采用一个能说明的概念即可。"

融合与变迁

——彝汉之间的蒙自土僚

广西民族大学民族学与社会学院 2016 级本科生　汪钰程

指导教师　黄家信

摘要：云南蒙自坝区的土僚与当地的彝族、汉族杂居，长期的民族交流交往使土僚的文化发生了融合与变迁，呈现出当地彝汉两族的文化特征。由于民族认同等心理因素，蒙自土僚开始进行文化重构，希望在文化发展中突出自己的族群性。

关键词：文化变迁；蒙自土僚；壮族

云南省蒙自市是红河哈尼族彝族自治州的首府，2016 年末，全市有汉、彝、苗、壮、回、傣、哈尼等 7 个千人以上民族，其中汉族 160789 人，彝族 120966 人，苗族 66651 人，壮族 44107 人，回族 3786 人，傣族 1596 人，哈尼族 5031 人。本次调查的田野点文澜镇的壮族人口有 29795 人，新安所镇的壮族人口有 3784 人。[①] 全市的壮族人口约占总人口的 10.9%，文澜镇的壮族人口比率约为 16.9%，新安所镇的壮族人口比率约为 10.8%，整体呈现"大杂居、小聚居"的分布状态。

---

　① 中共蒙自市委党史研究室、蒙自市地方志编纂委员会办公室编《蒙自年鉴》，德宏民族出版社，2017。

云南蒙自的土僚族群是壮族的一个支系。古代僚族经历了长期的分化融合，仍保持"僚"称谓，自称和他称都为"土僚"，又称"土佬""土人""土族""布傣"等，"土"是土生土长、土著的意思，这些称呼都带有本地土著居民的含义。除蒙自外，土僚族群主要分布在文山、红河二州的马关、麻栗坡、开远、河口等县市以及广西西南部。

关于土僚族群的历史，戴裔煊曾进行较为完整的梳理。[①] 张陈呈的《僚族研究综述（1948—2006 年）》，对僚族研究进行了较为全面的概述，在族属源流、演变发展、僚人入蜀、壮族土僚、僚汉关系、地域僚族等几个方面，进行了系统梳理。[②] 根据目前的研究来看，关于蒙自土僚的研究几乎还没有涉及。虽然也有关于壮汉关系或僚汉关系的研究，但涉及壮彝关系的研究非常少，尤其蒙自土僚与汉族、彝族交往密切。本文就蒙自土僚与彝族、汉族交往过程中产生的文化融合与变迁，进行实地调查与研究。

一、蒙自土僚与彝汉的文化融合

蒙自土僚族群受彝汉文化熏陶和影响，在服饰、饮食、风俗、婚嫁、禁忌等方面和坝区彝族尼苏支系大同小异。清中叶以后，受汉族文化的影响，多数土僚改说汉语，仅保留"土僚"自称和少量壮语词汇，其文化兼具三族特色。

（一）语言、服饰与其他文化艺术的涵化

关于蒙自土僚族群使用汉语的时间，每个地方说法不一。据新安所南山屯一位 78 岁的壮族土僚老年妇女报道，她小的时候，屯里老人会说壮话，到她这一辈已经没有人会说了。大沙地村也是一个土僚族群聚居的村子，那里相对于其他地方，更加注重传承民族文化，在问到语言方面时，当地人的记忆非常模糊。据一位中年妇女高某报道，她的祖辈还是能说一些壮话，但是后面也没有传下来。多法勒是蒙自土僚族群人口最聚集的地方，曾经还成立过多法勒壮族乡，但是壮

---

① 戴裔煊：《僚族研究》，载《南方民族史论文选集：第 1 册》，中南民族学院民族研究所，1982。
② 张陈呈：《僚族研究综述（1948—2006 年）》，《文山师范高等专科学校学报》2007 年第 2 期，第 33 页。

族文化保存情况似乎不比新安所好。在曾属于多法勒壮族乡的王家寨、白平等村访谈时，当地村民都对壮语毫无印象，甚至他们的祖辈也很少提及。一位白平村二十多岁的壮族女子代某某报道，她的外公说，在外公祖辈一代，壮语就已失传，残存的一些壮语词汇，连他们自己都不知道那是壮语，是与文山的壮族交流时才知道的。

蒙自土僚男子传统服饰为蓝靛色土布对襟上衣和土布阔腿裤，土布是用麻线染织的，现代服饰与汉族相同。女子传统服饰以红绿线束发盘髻至头顶，绉纱缠额，喜饰银簪，以系芝麻铃、银狮子的青蓝色方巾包头，穿蓝白大襟短衣、扭裆裤、罩黑蓝色领褂，胸覆绣花围腰（俗称背腰），系以银链，前链挂于颈上，后链系于腰间。中青年妇女多以五色毛巾缀彩色毛线系珠料璎珞为头巾包头，中老年妇女包头多为黑色头巾。

蒙自壮族土僚传统刺绣十分精美，传统的刺绣品有围腰、背被、花鞋、香包等。围腰虽然只有一小块，但是大有讲究：未婚女子背腰刺绣丝线配色极为鲜艳，并以花、鸟为装饰；已婚女子围腰的刺绣丝线没有那么鲜艳，图案以果实为主；老年人花样不限，但色彩搭配比较简单。另外，通过看壮族背小孩的背被的花样和配色，便能区分这家人所生孩子是男是女。区分方法十分有趣，孩子出世后，为男孩所准备的背被是中间一个果实，四边角上以老虎、狮子、龙、羊、狗等作装饰，象征男子的威武有力；为女孩准备的便是花朵，如莲花、牡丹，周边是花草缠绕，四角则绣上燕子、孔雀、蝴蝶等物，代表女子的温婉秀丽，具有十分明显的性别特征。[①]

蒙自土僚女子的服饰与刺绣，跟当地彝族尼苏支系相似，外人往往分不清。据新安所南山屯的老年妇女说，彝族尼苏妇女喜欢戴绿色、水红色的头巾，一般都是毛巾；土僚喜欢戴青蓝色和黑色布料的头巾，以前是土布，现在是绒布。据雨过铺镇的彝族妇女说，土僚人的围腰上喜欢用两道粉红色的藤条纹装饰，但是彝族人一般不用。

蒙自土僚有一项传统文艺活动，即花灯。蒙自花灯属于云南花灯的一种，流

---

① 蒙自县民宗局：《绣出的彩锦会说话——多法勒壮族传统刺绣》，《今日民族》2002年第7期，第28页。

传于蒙自坝区的彝族、壮族村寨。蒙自花灯最早是彝族尼苏支系的特色曲艺，融合了汉族的戏曲文化，目前蒙自彝族花灯已获批成为州级非物质文化遗产。受彝族文化影响，蒙自坝区的很多壮族村寨也有花灯队，表演花灯时都要穿民族传统服饰。随着时代的发展，民族服饰越来越舞台化，颜色越来越鲜艳。

虽然蒙自土僚族群的文化中还保留着一些自身的特点，但不可否认，其语言、服饰和其他文化艺术等已经发生了涵化，呈现出与当地汉族、彝族文化相融合的特征，这也是民族交流交往过程中，比较典型的文化涵化现象。

（二）经济生产与社会生活的变迁

云南有一句俗语："壮族住水头，彝族住山头，汉族住街头。"生动形象地表现了高原地区民族分布的特点。各民族由于分布的海拔不同，形成了各自的民族特色。蒙自坝区是一个特殊的案例，这里壮、彝、汉三个民族交错杂居，民族文化呈现一种交融的状态。土僚族群由于长期与彝、汉两个民族杂居，经济生产和生活习俗与其他地区的壮族有着很大差异。

蒙自坝区壮族与当地其他民族一样，以种植经济作物石榴为主。蒙自地区盛产石榴，有著名景区万亩石榴园，位于新安所镇，以大规模连片种植石榴和农业生态观光旅游著称，邻近的文澜镇也种有大片的石榴。蒙自石榴大规模种植始于20世纪80年代末，通过采取政府引导扶持、农户投资经营的方式，实行统一规划、连片种植、依靠科技、面向市场的产业政策。目前，全市石榴种植面积已发展到10.5万亩，年产量达13万余吨，年产值2.5亿元。

在大面积种植石榴之前，蒙自坝区以种植水稻为主，现在有一些壮族村寨还种植水稻。大米是壮族的主食。米饭、米线、卷粉、香米粑粑、糍粑、粽子、糯米饭、五色饭、米酒等米制食品是壮族钟爱的美食。当地人所食肉类及蔬菜的种类和汉族基本相同，并在长期生活实践中形成了各方各俗的美味佳肴。蒙自多法勒坝区壮族土僚养殖鸭子，做成特色菜品"半头鸭"。逢年过节都要吃糯米饭和糯米粑粑，以前也与其他地区的壮族一样，做花糯米饭，即用红、黄、绿、蓝等多种颜色染糯米，蒸熟而成，这是年轻姑娘在社交中招待小伙子的食品，现在大部分地区已经不吃了，如果需要的话，要到街上购买。每逢"祭龙"、中秋节或嫁女儿，都要做三色蒸糕。用糯米和紫米粉合蒸，甑糕内放三层糖，再染成三色或四色。当地人好吃酸食，家家都爱吃酸汤菜，这点与许多壮侗语族的民族都相似。肉以猪、鱼、羊为主，有人忌食牛肉、狗肉。居家请客要做"猪八碗"，包括酥骨、肝肚、薄片、扣肉、条子肉、炖子肉、肉干巴、酥肉等。

由于生活地域的原因，蒙自壮族土僚支系在居住习俗方面也与其他地区的壮族有很大差异。大部分地区的壮族传统建筑为干栏，适应潮湿的河谷、水边，蒙自土僚所居住的地区虽然也靠近湖边，但是由于海拔较高，没有河谷那么湿热，所以建筑与当地的汉族、彝族一样。最早的建筑是茅草房，随着居民收入水平的提高和城镇化、现代化的发展，经历了从茅草房到土房，再到木房、砖瓦房，再到现代钢筋水泥楼房的演变。

以上种种，既体现了蒙自土僚在生产与生活方面，在地域环境、民族交往中的变迁，也体现了时代发展和现代化过程中的变迁。

（三）传统婚姻与丧葬习俗的消失

蒙自土僚实行一夫一妻制，婚姻有自由恋爱和父母包办两种形式，但自由恋爱也须得到父母同意后方能结婚。同姓一家不能通婚，生辰八字不合也不能联姻。蒙自土僚聘媒说亲称"送打狗菜"，订婚称"吃小酒"，彩礼称"奶银钱"。订婚由媒人率领男方亲友六七人将奶银钱、酒菜、衣服、首饰送到女方家，另送岳父母衣服各一套，同时议定婚期。娶亲时若新郎出门在外，可由媒人携公鸡一只代表新郎娶亲。新娘入门要拜家堂（祭祀祖宗），其余仪式与汉族同。

土僚亦实行棺木土葬，与汉族大体相同，但也略有差别。个旧、蒙自等地人们在农历九月二十八，为当年去世的老人过满年节，俗称"土僚满年"。节日前，老人的女儿同女婿要带着鸡、酒，回娘家烧纸、献饭、请亲友上坟祭祖宗。过去，满年节要连续举行三年，现在一般只做一年。满年节民间有两种传说：一是古时有个皇帝，请壮族厨师做御膳。有一天皇帝问他："世上什么最甜？"厨师说："盐最甜。"皇帝一怒之下杀了厨师。又另请了一个厨师，这个厨师做菜不放盐，皇帝问厨师："为什么不放盐？"厨师回答："皇上说盐不甜，所以不敢放。"皇帝才知道错杀人了，就给杀错的厨师做"满年节"。二是古时有个皇帝的妃子，是土僚女子。有一年，妃子的母亲去世，她选农历九月二十八为启程的日子，回家给母亲送丧。皇帝说："天下雨，你回不去。"妃子说："再大的雨也要去。"皇帝说："天要下雨，天要下雨。"到了这天真的下雨了。据说，后来每年农历九月二十八这天都会下雨，不下雨也要阴三天，天不阴，收成就不会好。①

现在蒙自壮族土僚支系的传统婚俗和葬俗已几乎消失，取而代之的是现代化的婚礼和葬礼，不过大部分人对"土僚满年"还是有记忆的，但也仅仅知道有这个节日而已，现在基本不过了。

（四）宗教、祭祀与节庆方面的文化融合

铜鼓是中国南方少数民族常用的礼器和乐器，壮、苗、彝、瑶等民族直到现在仍有人在使用，其中壮族分布的地区是使用铜鼓最多、也是出土铜鼓最多的地区。1989 年在蒙自鸣鹫乡出土了一面万家坝型的铜鼓和一批青铜器。据史料记载，铸造和使用万家坝型铜鼓的民族为古代濮人，即壮族先民。这表明在万家坝型铜鼓流行的春秋战国时期（前 770—前 221 年），距今 2700 多年前就已经有壮族先民在蒙自一带生活了。现在蒙自的土僚已经不使用铜鼓，但在新安所大沙地村的壮族文化传习馆还收藏有一面铜鼓，看样子是新购的，更多的是作为一种民族象征。

蒙自土僚的信仰为自然崇拜和祖先崇拜，有"祭龙"、吃新米饭等节庆习俗。"祭龙"是现存比较隆重的祭祀活动，也是一个节日，时间在农历二月第一个属龙日，一般在农历的二月二，称为"龙抬头"。据大沙地村的村民说，二月二当日，全村要杀猪祭祀龙树，停止农事活动，祈求五谷丰登、六畜兴旺，这与当地彝族尼苏支系祭龙仪式相同。目前祭龙习俗在蒙自土僚所居住的村子逐渐消失，仅有部分村寨保留，且多为老年人在举行仪式。吃新米饭，是在新谷登场时吃，先要供祖宗、喂狗，因为传说中水稻是狗藏在尾巴里从天上带来的；再喂牛，因为农业生产中牛的功劳最大；再合家用餐。由于蒙自土僚现多以种植经济作物石榴为主，所以吃新米饭的习俗改到了新年。佛教和道教在壮族中也有很大影响，蒙自土僚聚居地的一些村寨就建有观音寺、关圣庙等，并且往往在一座寺庙内同时供奉释迦牟尼、观音菩萨、关圣帝君等神灵。

---

① 云南省个旧市民族事务委员会编《云南省个旧市民族志》，云南大学出版社，1990。

二、蒙自土僚的民族认同与文化重构

根据调查，蒙自土僚由于长期与汉族、彝族杂居，在与其他民族的交流交往中，文化已经发生了变迁，呈现一种文化融合的状态。同时，由于城镇化、现代化进程的加快，蒙自土僚的文化保护情况不容乐观，呈衰变趋势。不过在调查过程中也发现，部分蒙自土僚人的民族认同感很强，同时也在进行文化重构，以此来强调自己的民族属性。

（一）民族认同感促使民族身份恢复

蒙自坝区的土僚由于长期与汉族、彝族杂居，服饰、习俗等与彝族相似，比如与彝族一样有祭龙仪式，仪式流程也与彝族相同，甚至也过火把节；语言则基本完全使用汉语，所以在民族识别初期，有部分土僚被划为汉族、彝族。

虽然蒙自土僚的特征已经不明显，但是其民族心理认同感很强，在外人看来服饰已几乎没有差别的情况下，土僚仍然能清楚地辨识自己与彝族尼苏支系的区别；在几乎完全使用汉语的情况下，土僚仍然保留着自称，知道自己的族群身份是土僚，不是汉族，更不是彝族。随着民族平等观念的传播和普及，一部分曾被识别为汉族和彝族的土僚，民族意识逐渐增强，开始寻求机会恢复民族身份。据调查，蒙自多法勒白平村的代家，恢复壮族身份仅有两代人的时间。据代家的一位晚辈报道，她的父亲和母亲都是土僚，但是父亲家那边的长辈和外公那一辈人还没有恢复民族身份，身份证上是汉族。不过她外公对于壮族的认同感非常强烈，经常和晚辈说："我们是壮族土僚人，我们有很多汉族没有的习俗。"在她外公的建议下，从他母亲这一代人，恢复了壮族身份，往后的子孙基本上也都登记为壮族。

（二）民族符号的表达

1. 大沙地"民族文化生态示范村"的打造

大沙地村民小组是蒙自市新安所镇大新寨村委会隶属的一个村民小组，位于闻名全国的万亩石榴园之中，距镇政府所在地 2.1 千米，距县城 2 千米。红河大道擦村而过。全村占地 0.7 平方千米，共有农户 88 户，361 人，其中壮族占总人口的 95%。大沙地村非常重视民族文化建设，投资 45 万元建起壮族文化传习馆，投资 13.6 万元建起壮族文化表演戏台，村中有许多促进民族团结的标语，以及反映壮族人民文化生活的宣传画。村里的文艺表演队是传承和宣扬壮族文化的重要组织，挖掘壮族民间艺术，创作壮族文艺节目，除了在村里的节庆活动时表演，也外出参加比赛，还获得过不错的成绩。[①] 大沙地因此获得了"民族文化生态示范村"的称号。据当地村民报道，大沙地村如此重视文化建设，是因为村里有人在红河州博物馆工作，所以提倡村里进行文化建设。

大沙地村是民族文化重构的典型，当地村民其实与蒙自坝区的其他土僚一样，在民族杂居生活的过程中已经发生了大规模的文化变迁，但是在打造"民族文化生态示范村"的过程中，大沙地村有意识地向壮族的主流文化靠拢，比如在寨门立起两个非常大的"石铜鼓"，悬挂起有壮族元素图画的标语；村里的墙上绘制了许多铜鼓的图案；购进真铜鼓放在壮族文化传习馆进门最显眼的地方；即使不会做花米饭，在过节时也要从街上购买；村里文艺队编排的是壮族舞蹈，表演时穿的不是当地的壮族传统服饰，而是主流观念中的"壮族舞台装"。种种现象表明，大沙地村的村民在突出自己壮族"特性"的过程中，进行了文化重构。

2. 南山屯"壮族风情园"的建设

南山屯村属于蒙自市文澜镇红寨村委会，该村为促进旅游业发展，准备打造一个"蒙自壮族风情园"。为了突出与一般农家乐的区别，该村决定利用自身壮族村落的身份，以壮族文化为基础，推出具有壮族特色的文化活动，用以吸引各地游客。

目前南山屯的"壮族风情园"建设还未完工，据当地几位身着土僚传统服饰的老年妇女报道，建设"壮族风情园"想法是村领导提出的，通过招标的方式，请外面的人来建设，她们也不知道这个"壮族风情园"会怎样打造。就目前情况来看，当地的"壮族风情园"建设也免不了在商业化运作下进行文化重构。

---

① 何凯：《努力打造新农村建设的亮点——对蒙自县新安所镇大沙地村的调整与思考》，《阵地与熔炉》2009 年第 3 期，第 56—57 页。

三、结语

综上所述，可以总结出蒙自土僚文化的发展历程。首先，蒙自土僚在与汉族、彝族的交往交流中，融合了彝汉文化，发生了大规模的文化变迁，形成了自身独特的文化体系，与其他地区的壮族土僚支系产生较大差异。体现在其语言的涵化，从说壮语到完全转用汉语，仅保留自称和少量壮语词汇；服饰、信仰等文化艺术和习俗的融合与变迁，服饰、戏曲、祭祀仪式都与彝族相似，宗教信仰受汉族影响。

其次，虽然已经发生了大规模的文化变迁，但是部分人的民族意识和民族心理认同感还十分强烈，通过继承传统、文化重构等方式，来突出自身的民族特性。体现在积极地恢复民族身份，打造民族文化生态示范村，建立壮族文化传习馆，建设民族风情园上。在民族符号表达上，突出壮族的特性，强调自己壮族的民族身份。

最后，值得讨论的是，大沙地村的壮族文化传习馆是蒙自唯一的壮族文化集中展览室，建设"壮族风情园"的南山屯所属的红寨村也是多民族杂居的村子。这样强烈的文化意识，没有出现在壮族人口相对集中的多法勒地区，而是在壮族人口较少、多民族杂居的地方，除了权力的影响和旅游开发的需要，也许用"族群边界"理论也可以解释，因为处于民族杂居程度较高的地区，这些人的族群意识可能更强，才更有"自我"与"他者"的区别。

指导意见

内蒙古大学

那顺巴依尔

人类学的魅力，在于它常常关注日常的或人们熟悉的生活现象，并从中引出让人深思的或者具有哲理意味的结论。在我的教学经历中，发现学生们的兴趣也正是由人类学的这种魅力所激发，使他们愿意踏入人类学研究的广阔天地。

每次让学生阅读和讨论闫云翔《个人生活的变革》的时候，讨论一般都变得比较活跃，尤其涉及房屋空间的演变和个体意识的提升部分，同学们一般都深有体会。改革开放以来，不仅中国农村的经济生活发生了深刻的变革，农民家庭生活的方方面面也迎来了诸多变化。其中，伴随家庭居住空间的扩大和个人化，家庭成员之间的隐私和心理空间有了微妙的"革命"。闫云翔讲述的是黑龙江农村的故事，那么，内蒙古蒙古族的居住形式的变迁情景是怎么样的呢？

蒙古族传统上作为游牧民族，居住形式就是蒙古包。但蒙古包不仅仅是一种住宅形式，早在1935年，吴文藻先生便指出，"……了解蒙古人民的现实生活，首当认识"蒙古包"，因为这是蒙古物质文化中最显著的特征。我们也可以说，明白了蒙古包的一切，便是明白了一般蒙古人的现实生活"。因为，蒙古包不仅是游牧民族特有的居住样式，同时也是一种社会组织单位（家庭、户或驿站等）。通过对蒙古人居住方式，即蒙古包的观察，吴文藻先生看到，"包内并无障隔，佛坛，客厅，食堂，寝室，厨房等等，皆在此中"；"合家同住一包"，并指出，"他们的生产，决定了他们的住居方式；而他们的住居方式，又决定了他们的社会组织。以现代生活的眼光看去，这种生产和住居方式，若不先谋改良，则蒙古社会文化的进展，是很难谈到的"（见吴文藻《蒙古包》一文）。

自 1947 年内蒙古自治区成立以来，内蒙古各地都发生了巨大变化，其中，经济有了根本性的转型，传统的游牧生活方式几乎消失。吴文藻所见到的蒙古包及其社会含义，已经推陈出新，其意味需要重新解读。人们在土坯或砖瓦结构的房屋里开始了定居生活，对空间和时间做出了另一种的安排，给生活空间赋予了新的意义。

内蒙古大学民族学专业一向鼓励学生关注身边的学术，观察所处现实生活中的各种现象和问题。我们的本科生培养方案，明确要求本科生在四年学习当中完成不少于四周的田野实习，并在此基础上撰写相关题目的学年论文或毕业论文。2017 级班级于 2019 年暑期在呼伦贝尔、兴安等地做了相应的田野实习。主持内蒙古大学国家级创新项目的娜仁同学，是在进行上述田野实习时，特意到新巴尔虎左旗乌布尔宝力格苏木和乌兰诺尔嘎查做了 15 天的牧民生活田野调查。他们收集到相当丰富的资料，更重要的是，他们切身体会到内蒙古东部地区农村牧区社会生活的具体氛围和丰富多彩的生活形态，其中包括蒙古族居住形式的变更所带来的空间概念。娜仁的论文是对在 21 世纪内蒙古社会背景下的蒙古族居住形式变迁及其文化构建的初步探索。今天蒙古族的居住形式及与其相关的社会文化，可能不能反映出一般蒙古族群众现实生活的全部，但能肯定的是，娜仁同学的论文能反映出他们社会生活的诸多重要维度之一。为此，娜仁做出了有益的、值得肯定的尝试。

2020 年 8 月 20 日

蒙古族家庭居住空间变迁的人类学考察

——以内蒙古新巴尔虎左旗为例

内蒙古大学民族学与社会学学院 2017 级民族学本科生　娜　仁

指导教师　那顺巴依尔

摘要： 蒙古族作为草原游牧民族，历史上长期延续着逐水草而居的生产和生活方式，蒙古包的居住格局也成为模式化的民族特征。建国 70 年以来，特别是改革开放这 40 年，牧区的生产生活条件以及交通方式都焕然一新，相应的，蒙古族的家庭居住方式和条件也发生了重要的变化，即开始从蒙古包转向砖瓦房，从游牧走向定居，家具内部格局也在悄然改变着。本文以新巴尔虎左旗蒙古族家居方式为研究对象，考察和分析了家居变迁的内容和方式，以及其背后的文化走向。

关键词： 蒙古族；居住空间；变迁

一、变迁中的牧区：新巴尔虎左旗

（一）研究地点

新巴尔虎左旗 [①] 是隶属内蒙古自治区呼伦贝尔市的一个旗，地处大兴安岭北

[①] 以下简称"新左旗"。

麓，呼伦贝尔西南端。总人口数 4.2 万，少数民族占总人口的 75%，是一个以蒙古族为主体的多民族聚居区。新左旗东南部为山地丘陵，中部为高平原，北部海拉尔河一带为低山丘陵，南部为大兴安岭北麓山林区，多山，最高处为乌尔根乌拉山，海拔 1573 米，气候条件是中温带大陆性季风气候。新巴尔虎左旗风光旖旎，民风独特，有水草丰美的草原、松涛激荡的大兴安岭林海，纵横交错的河流，星罗棋布的湖泊，以及民族特点浓郁的风土人情。当地人民主要的生产生活方式以畜牧业为主。①

（二）地域历史

国家的政策与少数民族地区的命运是紧紧相连的，因此国家的每一个相关政策都对新巴尔虎左旗地区有着显著的影响。1947—1957 年的 10 年间，内蒙古自治区的基础设施建设事业以及社会主义改造取得了令人瞩目的成就。1978 年 12 月十一届三中全会后，中国开始实行改革开放政策。改革开放以来，内蒙古立足实际，在牧区创造性地制定了"草畜双承包"责任制，使牧区获得了大发展。②改革开放之后，也是中国民族地区农村牧区经济发展不断加速和生活方式剧烈变迁的时期。这一剧烈的变迁，充分地体现了改革开放以来我国民族地区社会发展和进步的巨大成就。新巴尔虎左旗地区传统的社会生活方式，由"封闭型"走向了"开放型"，从"单一型"走向了"多元型"，并向着新牧区建设迈开了坚实的一步。此后，使当地牧民居住模式产生变化的最直接因素便是"十个全覆盖"工程。根据国家的政策，内蒙古自治区农村牧区基本公共服务"十个全覆盖"工程的基本内容是：一是危房改造工程；二是安全饮水工程；三是街巷硬化工程；四是电力村村通和农村网络改造工程；五是村村通广播电视和通信工程；六是校舍建设及安全改造工程；七是标准化卫生室建设工程；八是文化室建设工程；九是便民连锁超市工程；十是农村牧区常住人口养老、医疗低保等社会保障工程。③十个全覆盖工程的实施之后，我们能够深深地感受到新左旗各方面的变化。那些

---

① 引自新巴尔虎左旗人民政府官网，http://www.xzq.gov.cn/。
② 引自《奋进在民族区域自治的光辉道路上——写在内蒙古自治区成立 70 周年之际》，内蒙古新闻网。
③ 引自《内蒙古十个全覆盖》，360 百科，https://baike.so.com/doc/10957660-25425575.html。

一座座被建造得整齐划一和被粉刷成一样颜色的房屋及院落更是让人不由得赞叹。更确切地说，在研究地点新左旗乌布尔宝力格苏木①乌兰诺尔嘎查，根据笔者田野调查统计，全嘎查共 206 户，当中除了 70 多户依然在牧区居住并在蒙古包之外，其余的牧民人家已经在自己的牧场或乌苏木建了房子。②还有较早在镇上或在乌苏木建了砖房或买了楼房等居住的。由此我们便可以了解到，居住于蒙古包的牧户在乌兰诺尔嘎查当中已经不再占大多数，而是趋于少数，居住于砖瓦房（砖房）的牧户反而越来越多。

（三）牧区生活

说到牧民，人们对他们的生活方式的一贯了解是"游牧生活"。然而目前的牧区情况，却与人们所熟知的不太一样。传统的"游牧"，指的是"骑马移动的牧业，是在干旱草原地区通过骑马移动放牧的方式，利用水草资源以获取生活资料，并保持草场可持续利用的最佳方式"，这是百度百科给予的阐释。然而目前在新左旗地区，牧民的"放牧"已与传统的"游牧"大不相同。造成这种从"游牧"到"放牧"的原因，在于新中国成立以后，经过 1949—1952 年的土地改革，再到 1997—1999 年落实"三十年不变"的延包政策，新左旗地区的草原已被分配到牧民个人，从此，每一个被铁丝网围起来的草场都是牧民的私人草场。这造成了一个很明显的结果，牧民没有了提供"游牧"的大场所，家家户户只能在自己被分配到的草场内"放牧"。再有，从新中国建立，到改革开放再到现在，我国的经济和社会文化都悄然发生着很大的变化，随着这些变化，科技技术逐渐发展，人民群众的生活方式、生产模式都随之改变，其中，现代化科技发展的结果深深地影响着牧民的生产和生活方式。比如在以前需要骑马半天才能从乌苏木到达新左旗，现在只要四十多分钟便能到达，交通工具以及公路的发展为牧民带来了方便。因此，笔者想要尽力说明的是，在现代社会，牧区生活早已与大众所熟知的牧区生活截然不同，这里的人们不再骑马上学，他们跟国内许多城市中的孩子们一样，用着许多前沿的设备工具。一年四季，牧民们总是很忙碌，照料家畜，

---

① 以下简称"乌苏木"。
② 数据来源于乌兰诺尔嘎查大傲其日拉图。

为过冬储备粮草，放牧等，都是非常费时间以及费精力的事物，所以，牧民们的日常生活都是围绕着五畜和草地的。当然，也会有娱乐时间，尤其在夏季，会有祭敖包、祭山神、那达慕、婚礼等。放在以前，这些场所是人们交流、交换信息的重要场所，但是在现代，只要是有通信讯号的地方，大家都能够通过手机获取各类信息。还有种现象，许多牧民在自己的草场中安置了摄像头，因为草场都有围栏，所以没有特殊情况，牧民都不用无时无刻地跟随畜牧。许多牧户在草地上建了砖瓦房，在结构上基本与国内的砖瓦房并没有特别大的区别。要说区别的话，大多数牧民会在砖瓦房旁边搭建上他们自己的蒙古包，砖瓦房内的装饰有着显著的民族特色。

（四）准备工作

2019 年的暑假期间，笔者在呼伦贝尔市新左旗乌苏木乌兰诺尔嘎查进行了为期十天左右的田野调查工作，通过此次的田野调查，笔者对当地的情况有了初步的了解，并且有了除文献之外更加具体的理解。在调研过程中，乌布尔宝力格苏木和乌兰诺尔嘎查的工作人员给予了非常大的帮助，并提供了相关数据。

二、居住空间的变迁

（一）居住模式的改变

关于居住模式变迁，本文概述性地提出了居住模式变化的原因、影响、结果等内容，提出是外在因素（政府的推动力）和内在因素（牧民自身的向往等）共同导致居住模式发生变迁。首先，新左旗地区的牧户居住模式在短时间内发生巨大变化的原因，是离不开国家力量的。第一，2014 年提出的"十个全覆盖"工程在新左旗地区施行后，我们能够明显感受到它的影响力。除了修整平坦且便利的公路以外，在乌苏木整齐规划修建的房屋更能说明这个工程实行的结果。第二，除了社会发展和国家的"推动力"，还有一种原因是我们不能忽视的，那就是从"游牧"到"放牧"的变化直接影响了牧民的生活方式。如果牧民依然在游牧，他们定会选择拆装方便、四季适用的蒙古包，但是现代牧民"放牧"的情况，让他们也有了不居住蒙古包的选择。因此，在自己的草场内建座砖房也不会与生活方式与生产模式冲突。而且，牧民也会产生一定的向往砖房的欲望，笔者认为导致这种向往的就是对私人空间的欲望。在乌苏木，有一定条件的牧户一般都会选择在自己常住的牧区建一座砖瓦房，并且在旁边搭建自己的蒙古包；生活条件较好的，除了在牧区建砖瓦房，也会在乌苏木建砖瓦房，或者在镇上购买一座楼房；条件更好的富裕的牧户，会因为自己孩子上学的需要，也在镇里或者海拉尔市里购买楼房，这样的家庭一般不会局限在某一个居处，极有可能孩子和老人在镇上或市里的楼房长期居住，而夫妇俩会在牧区工作生活。有一些特殊的家庭，丈夫长期放牧，生活在牧区，妻子在镇上工作，长期居住于楼房。

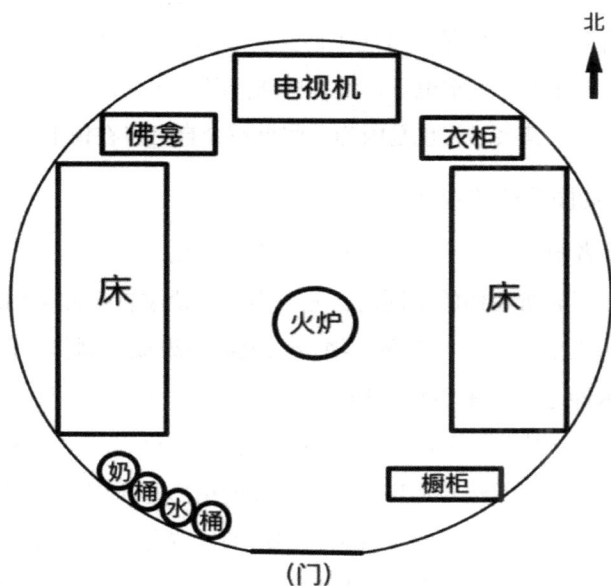

图 1 蒙古包内景示意图（笔者绘）

如果你有机会去拜访一次牧民人家，且他们居住在蒙古包，在互相问好之后，你会被邀请到蒙古包当中。那时，你首先会附身低下头钻进门走到蒙古包里，随后第一个展现在你面前的是位于蒙古包正中央的火炉。蒙古包中神圣的火焰是家庭与部落生活的中心，要是在以前，可能就是用铁质的炉子，现在的话也有很多用水泥或者砖砌成的炉子。接下来你的目光会扫向蒙古包的正后方，你可能会看到一台现代的电视机和存放电瓶等装置的柜子。而后你会发现蒙古包东西两方放置的两个床——大部分牧户家庭里，夫妇一般都用东侧的床，他们的孩子或者是别人会用西侧的床。在蒙古包当中，西北方向会放置佛龛，东北方向会放置一些堆放生活用品的柜子。东南方和西南方都放置些厨具。图1的蒙古包正是笔者小时候的居所，那个时候笔者爸爸妈妈早起，笔者和妹妹便会早起，他们俩早睡我俩也会跟着睡，但现在已经不像从前那样了。小时候，冬季时蒙古包里的东西虽然都放置得满满当当的，但也不失整洁和温馨的气氛，早晨都会在妈妈熬奶茶的香味当中苏醒，随后便会跟随父亲去给羊群和牛群放草。而夏季蒙古包里太热的话，妈妈会在蒙古包前面搭炉子做饭。那时候觉得生活特别简单，只要想要搬家就可以拆解蒙古包运走。但是自从建了砖瓦房之后，冬季基本不会自己给羊群和牛群放草了，而是雇人，夏季也是。没有特殊情况的话，爸爸妈妈在下营地期间，笔者只是过去小住，其余时间也是因为一些事情会自己待在镇上。

（二）居住物质建构的变迁

在这里，笔者根据研究地点新左旗乌苏木乌兰诺尔嘎查的几户牧民家庭的居住变化来阐述他们居所建构的不同。首先，需要细谈蒙古包的结构组成部分，以便比较。蒙古包主要由架木、苫毡、绳带三大部分组成，制作不用泥水、土坯、砖瓦，原料非木即毛。架木包括套瑙、乌尼、哈那、门槛。苫毡的裁制由顶毡、顶棚、围毡、外罩、毡门、毡门头、毡墙根、毡幕等组成。蒙古包最大的特色在于它易拆卸易组装，不像建砖瓦房要耗费很多的精力与时间，可谓是一个游牧民族伟大智慧的结晶。蒙古族非常重视蒙古包内的位置分配。蒙古包内分西侧和东侧，男性位于西侧，女性位于东侧。根据研究，女性之所以位于包内东侧，是蒙古族社会处于女权社会时留下的习俗。在女权时期，女性之所以位于东侧是因为最初的蒙古族跟其他族群一样崇拜大自然的力量，敬拜太阳神，因此主权女性跟随太阳升起的方向，位于包内东侧。然而，随着时间的迁移，男性权利崛起之后，男性位于西侧，女性位于东侧的位置分配并没发生大变化，但牧民们开始更加重视西侧，把西侧视为男性的位置，则在蒙古包西侧的后方被视为是家主之地，家主拥有绝对的权力，因此除了家里的主人男性之外是不允许其他人坐的。蒙古包正中央，是火炉的位置，传统就是在这里产生的。蒙古族信仰佛教，因此还在西侧后方处放置他们的佛龛。并且，当家里来客人时，家主一般都会让客人坐在屋内的西侧以表尊敬之意。由此可见，在蒙古包当中保存着许多空间划分的文化和习俗。在我们的研究地点，新左旗乌苏木乌兰诺尔嘎查，在自己的牧区建砖瓦房居住的已有80—90户人家①，换句话来说，这80—90户牧户中有大部分是从蒙古包搬迁至砖瓦房的，所以，笔者便从空间的角度出发，观察当地的牧户搬迁情况，来探讨蒙古包的空间和砖瓦房的空间差异。

（三）具体的变迁

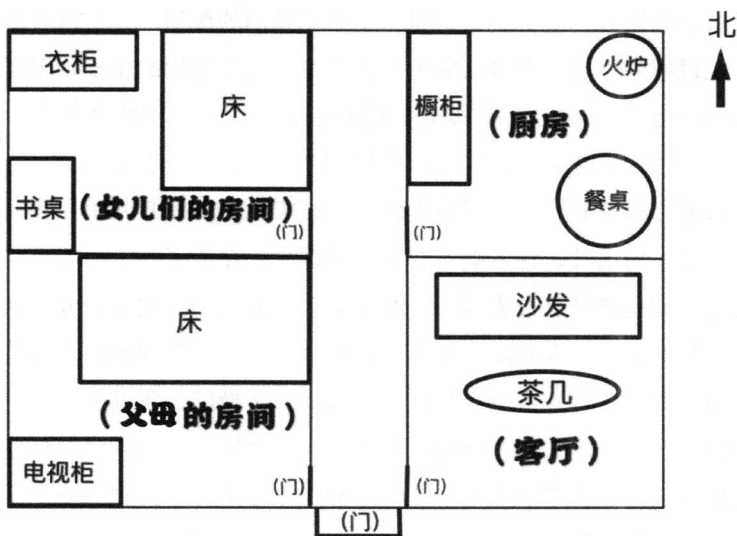

图2 CLM家（笔者绘）

笔者在这里要阐述的第一户人家是当地最具代表性的牧民的建房及搬迁情况。在政府的优惠政策项目下，也就是在"十个全覆盖"工程的政策下，牧民

---

① 数据来源于乌兰诺尔嘎查大傲其日拉图。

CLM① 于 2016 年在乌苏木建了一座砖房。在此之前，他们一直居住在蒙古包内，家庭成员包括夫妻俩与两个女儿。居住在蒙古包时，父母用东侧的床，两个女儿用西侧的床。大致位置分配与上述蒙古包的结构相一致。搬家至砖房后，其砖房内的房屋位置分配如图 2 所示。我们能看到，在这个有四个屋子的砖房内，有厨房、两个卧室和一个接待客人的客厅。夫妻俩与子女都拥有了各自的屋子，两个女儿和父母开始真正的分开住，并且在日常生活当中，女儿们的活动已经隐蔽于父母的双眼。如果在蒙古包，可以说一天 24 小时女儿们和父母都是共处于一个空间之中的，因此，在父母的视线下，女儿们的活动都是"透明的"。蒙古包当中，如果有客人来，那么主人会让客人就座于屋子的西侧以示尊重。但是搬至砖房之后，屋内有了专门的客厅来招待客人。笔者在跟他们家小女儿闲聊当中得知，一般寒假或暑假回家后，她不会跟姐姐一起住在他们的房间，而是自己拿上被褥去客厅住，她说姐姐总是按照自己的意志去装饰和改变她们的屋子，以至于不想再去那个房间一起住。她还说，"要是以前在蒙古包，我们可能并不会有这么多事，但是现在有好几个屋子，我喜欢去哪个房间住就去哪个房间住了"。

第二户人家是典型的核心家庭的代表——YDE② 家。YDE 除了在自己过冬的牧区建了一座砖瓦房之外，在镇上也有自己的楼房，在牧区砖房西侧还放置着他们家的蒙古包。家庭成员有夫妻俩和一个在上大学的儿子。在大部分时间，在牧区的家里长期都是丈夫一人和雇的工人一起居住的，妻子会在暑假寒假等假期过来帮忙做家事。他们家特殊在妻子是镇上小学的一名教师，所以妻子一般春季和秋季的学期都是在镇上工作的。因此，他们一家人的居住空间是非常自由的。假期期间，他们在牧区的房子的内部空间分配如图 3 所示。从空间分配来看，他们新建的砖房与大多数现代砖房并没有很大的区别，但是他们家里有一处不可或缺的位置，那就是供佛的位置——佛龛。在蒙古包当中，佛龛的位置必须是在西北侧，而搬迁至砖房之后，佛龛不是在砖房的西北侧而是在父母屋子里，这对于蒙古族传统的习俗文化来说也是一种变化。一家三口真正在一起的时间也就是假期期间了。但从现实的情况来看，孩子越长越大，回家时间越来越少，就算是回家，

---

① CLM，47 岁，男性。

② YDE，42 岁，男性。

一家人共处的时间也很少。虽然他们家在镇上也有楼房，但是很多主要装置、各类的物品，还是放置在牧区砖房里的，镇上房里主要都是些妻子的用品，比如过春节等主要节假日，还是会在牧区的房子里。夏季的时候，父母因为通风凉快等各种原因，晚上住在砖房外面搭建的蒙古包内，而在冬天，蒙古包又成为存放肉制品、奶制品等的储存空间。在笔者看来，YDE 的妻子是非常自由的，她并不像其他的妇女一样被限制于牧区的房子当中，而是基于自己的工作安排自己的起居生活，就算是在假期里，也是很自由地在两个家之间徘徊。而且他们互相把两个房子称作为"你的家"：YDE 把镇里的楼房称为妻子的家，而他的妻子把牧区的房子称作为 YDE 的家。

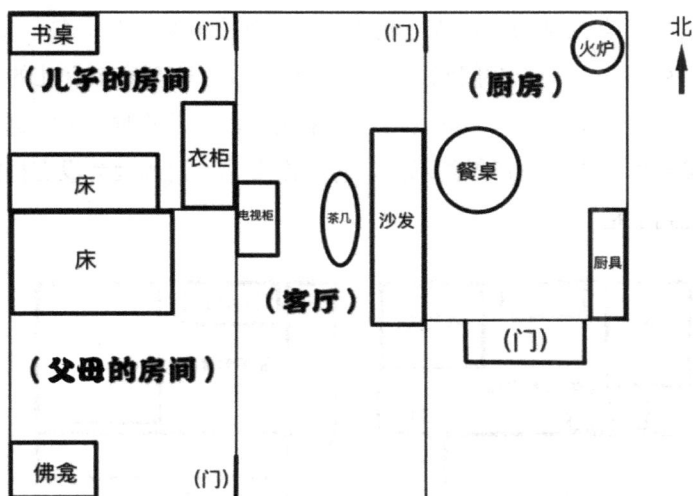

图 3 YDE 家（笔者绘图）

第三户人家，是 SYL[①] 一家，他们家的情况相对比较复杂一点。SYL 在新左旗买了楼房，家里共四口人，夫妻俩和老母亲以及女儿。SYL 夫妇常年在乌苏木工作生活，因为夫妻俩都是幼师，所以收入情况很不错，再加上老母亲也是一名退休干部，所以生活压力相对较小一些。他们家在乌苏木有一座砖房，在新左旗

---

① SYL，52 岁，男性。

有楼房。日常生活中，老母亲一直居住在楼房中，女儿常年在外求学，SYL 夫妇常年在乌苏木砖房居住。所以只有年迈的老人独自长时间居住在镇上的楼房里，但是在暑寒假、节假日期间，家里的成员都会回到镇上的房子里。他们房间的空间结构如图 4 所示。他们各自都有一间屋子，且日常生活中只有老人一个人在家时，其活动区域只有她的屋子和厨房与洗手间。再细看图，我们能够清楚地看到，比起砖房，楼房内无论是空间分割还是空间装饰都是大且隆重的。因此，就算一家四口全在一起，日常生活中除了吃饭，其余大部分时间都可以待在各自的私人空间内。SYL 曾经跟笔者说："不知是什么原因，说到回家，我心里第一会想到乌苏木的房子。这个楼房居住条件虽然比乌苏木的好，但是乌苏木的房子好像才是我的房子。"他的妻子也曾告诉我："不能让 SYL 和妈妈居住在一起很长一段时间，因为他俩都是非常有主见的人，待一起太久的话就会开始产生分歧、发生口角，所以只要没特殊情况，工作时间我俩也不太会回来。"这个家中女儿的空间与牧区孩子的空间相比是很大的，比如女儿朋友来做客，一天的时间可能都不需要从房间出来，父亲母亲进去时还敲门示意，有一次女儿的妈妈因为没有提前示意就进去房间而受到了指责。

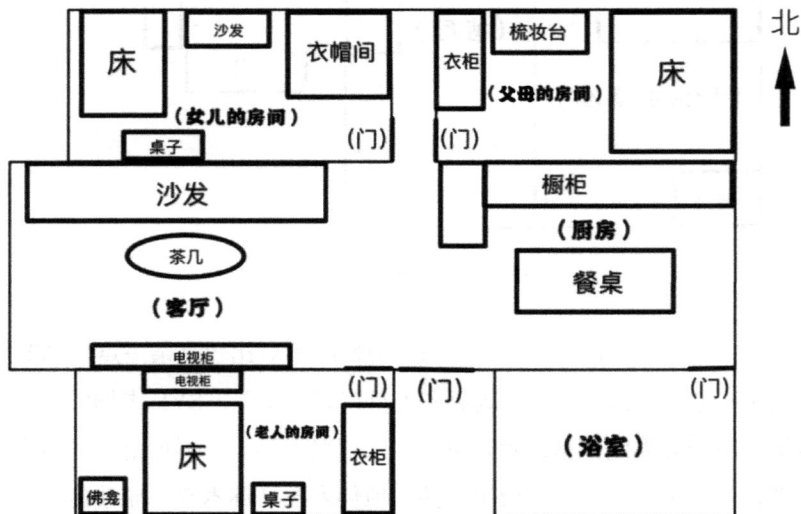

图 4　SYL 家（笔者绘）

综合上述三户人家的居住模式和改变的空间结构，我们可以清楚地看到：第一，从蒙古包到砖房，单一的空间结构变成多间隔的子空间结构。如果说房子的整体空间是大空间，那么我们可以说有间隔的屋子是大空间的子空间。一个家庭一旦有了子空间的存在，尤其是长期居住于单一空间——蒙古包的蒙古族，它的变化是非常瞩目的。第二，蒙古包是蒙古族文化的载体，当牧民试图把这个文化融入砖房时，方形的空间结构是否会与其特有的文化产生冲突？第三，有了很多子空间的居住结构，除了家庭成员原有的感情程度与交流方式，空间的隔断是否会对家庭成员的交流产生影响？第四，一旦有了子空间，那么家庭成员就有了自己的私人空间，随着私人空间的产生，家庭成员个人的思想状态是否会发生变化呢？关于这些问题，我会在结论中细述。居住模式的明显变迁会直接导致空间分布结构的变化，带来的影响应比我上述的还要多。

（四）空间"视角"上的变迁

从上述三户人家居住空间的变化，我们能清楚地观察到的是空间总体面积都变大了，而且有了以个体为单位的私人空间。如夫妻俩为一个单位，孩子为一个单位，各占有一间屋子。费孝通认为："居住的聚散多少有关生活上的亲疏，因之，空间给了我们研究社会联系的一个门径。"[1] 基于这种理念，首先来观察孩子与父母分开居住的空间。蒙古族非常重视家教，父母们经常教导与矫正孩子日常生活中的言行举止，让孩子们养成尊老爱幼和学习爱护民族文化的良好传统习惯。笔者写到这儿不由得会有一种疑惑：当牧民们从蒙古包搬进砖房时，其家庭的家教会不会随之而受影响呢？笔者认为，在蒙古包居住时，孩子与父母是共处于一个大空间的，在大空间内就像是笔者在上面叙述第一户家庭的物理结构时提出的那样，孩子们的行为举止、活动都是"透明的"。然而，当牧民们居住于砖房时，他们的大空间内还有着许多个"小空间"，也就是子空间，这个子空间在某种意义上便是私人空间了。并且，据我观察，在一天的闲杂时间当中，孩子们并不会围绕着父母，待在一个屋子内，而是在自己的房间忙碌着自己小世界的事情。所以，笔者认为，关于家教，砖房的空间结构在一定程度上是会影响孩子与父母之

---

[1] 陈默：《空间与西藏农村社会变迁——一个藏族村落的人类学考察》，中国藏学出版社，2013。

间交流的。虽然不是决定性的因素，但也是不可忽略的。

第二，在这种空间发生巨大变化的环境中，由于空间的变化，"个人私有"的意识也会相应地发生变化。先说第二户 YDE 的家庭，夫妻俩会毫不示弱地互相调侃说回"你的家"，虽说真正意义上不是各自的家，而是共同的家，但是由于现实中有这个条件，他们的精神选择或者态度也是与其他家庭不同的。再如前面个案中的第三户家庭，在他们家中一共有两台电视机，一个被放置在客厅，一个被放置在老人的卧室，所以第二个电视机也已经明确带有"私人"的概念。晚间，一家四口看电视时并不是全部一起坐在客厅看，而是夫妻俩在客厅看一个电视，老人在自己的房间内观看自己的电视。如果这家里只有一个电视机，夫妻俩就必须要服从或"让步"于老人，观看老人喜欢看的电视节目，所以在起初装修和购买时就已经考虑到了这种问题并且采取了措施。笔者认为这种变化会让人有点沮丧。从客观的角度来看，在这种空间的变化之下，家庭成员之间的交流已经被动变化为很少了。再有一个，在老人的屋子内是有佛龛的，然而无论是夫妻俩在乌苏木的房子里还是在镇上的楼房内都没有专门的佛龛。换个角度来讲，供佛处的一切都是老人自己来打理的，孩子既不参与也不过问。如此一来，老人的空间就像是被"隔离"了一般，看电视也是分开的，居住也是分开的，日常也是分开的。在老人的屋子内都是属于老人的物品，如果孩子们打扫屋子弄乱了老人的物品摆设，老人也会建议并且要求不需要再打扫她自己的屋子，这是高度的私人空间意识，即"我虽年迈，我的一切我仍可以自己去打理"，又或许是因为老人的这种态度，孩子们便长时间安心地让老人独自居住在楼房里。这是老人与孩子的意识中并且实际空间上的"私人"的表现。而这个家庭的夫妻俩与自己孩子之间的空间的私人化程度也是很明显的。SYL 的女儿，只有暑假与寒假时会回家，而且在回家期间都是独自住在自己的屋子内。对于现代的孩子来讲，电视机已经不是重要的娱乐方式了，所以大多数时间都会在自己的电脑或手机上花费掉，因此孩子无论是跟父母还是跟奶奶都不会有很深程度上的交流。当然，跟父母的交流要比跟奶奶的交流要多得多。在自己的屋子内，除了床，女儿有自己的梳妆台、自己的茶几、自己的沙发，并且还有自己的储物间，这可以说是女儿的小世界，里面的东西就像反映了一个房子应该具备的家具一样，某种意义上，这些都是私有的，是个人使用的。孩子与老人对个人空间的拥有程度都已经很高了，所以，无论是老人还是孩子，都会追求自己的私人的空间，并且"私人拥有"的意识会越来越强烈。

在这里，我们需要对比。如果在蒙古包内，家里的成员们之间就不会有这么大程度的"私人拥有"的意识。对于这个问题，笔者用下几点来解释：首先，在蒙古包内，空间是共同的、共享的，大家处于一个空间并且在这个共处的空间当中保留的是最合理的位置安排。就比如说，蒙古包的西侧前方放置的是粮食、水桶之类的，东侧前方放置的是碗柜，后方放置电视机等，这些都是根据空间的容纳度而安排的位置。简单来说，就是有限的空间内合理的安排，所以不会像砖房内一样，由个人的意志改变房内的位置安排或装饰。其次，就算是居住于蒙古包的人们拥有强烈的私人空间意识，那也是不容易实现的，因为现实条件就不允许满足这个私人的要求。随着新时代的到来，基于人们的意识的变化，牧民们受到越来越多外界的影响，所以现在当我们去观察牧民家庭的装饰时，能看出不仅有国内普遍的装修风格，还可看到现代化的众多元素，也能看到欧式的装修风格。

三、空间与家庭、个人、文化

在现代社会当中，牧民的家庭随着居住空间的变化产生了显著的变化。在这之中，我们不能把从蒙古包转变为砖房的变迁视为一种彻底地或是尽善尽美的单线式发展。相反，与所有的发展趋势相同，它是辩证的，也产生了一些独立的特征。

（一）空间与家庭

从变迁至砖房以后的空间结构来看，对于一个家庭，除了此家庭本身的感情、交流情况，其居所的空间结构对于家庭成员之间的关系也是有一定程度影响的。就如我上面所述的家教问题，老人与子女的关系以及孩子与父母、老人的关系等，这些变化虽不能断定一定是空间分布结构的变化所导致的，但是也不能忽略了空间在其中发挥的作用。在从传统的蒙古包变迁至砖房时，不仅是物理空间变大了，随之发生变化的还有私人空间的变大以及家庭成员关系之间那些身处其中之时容易忽略的变化。这里出现了以夫妻为单位，或以性别为单位的居住模式。居住方式的变化是道德观的变化在空间中的投影，也是人类社会发展变化的一个重要方面。"首先是卧室与其他居室的分离，接着是成人卧室与儿童卧室的分离，然后是不同性别的儿童卧室相互分离。家庭住宅内私人空间的设立使人们的伦理道德观和性别观念表现在家屋的结构中了。"① 当然，空间本不是影响家庭或家庭成员之间关系的决定性因素。

（二）空间与个人

在当前生活之中，越来越多的人都开始关注私人空间。这在一方面能够说明，在通信技术发达、时间与空间早已不对等的时空观念中，人们已经缺少了一种安全感，因此追求更加绝密的、私人的空间。现代人们以各种方式追求自己的私人空间。在乌兰诺尔嘎查，牧民们在新修的砖房中实现对私人空间的追求。这并不是说一个人的空间就是绝对的属于个人的私密空间了，而是在相对的环境当中，人们有了能够独处的空间，并且在此基础上去要求或探寻更多的更隐蔽的私人空间。个案的三户人家从小到大的空间结构或多或少都在满足个人对私人空间的需求，条件越好的家庭对私人空间的实现程度越大，个人的私人空间越大，其思想和生活的态度也会有相应地变化。

（三）空间与文化

由于游牧民族世代居无定所，常年逐水草而居，应生活之需，蒙古族形成了独特的生活方式、习俗风尚，其中就包括蒙古包这种独特的民居形式。蒙古族的这些特征从方方面面塑造了蒙古包的各种文化。但是在搬迁后的砖瓦房之中，我们很难看到蒙古包特有的各种文化的表现。因此，在空间的变化当中，有一部分文化会始于空间，或许也会终于空间。世间的万物随着时间的迁移而不断地变化，因此，接受变化并且做好变化的准备可能就是我们需要做的工作。在民族文化这种急剧变化的情况之下，我们应该做好保护与传承优良民族文化的工作。

---

① [英] 迈克·克朗：《文化地理学》，杨淑华、宋慧敏译，南京大学出版社，2005，第 27 页。

（四）结论

蒙古包是最能体现蒙古族独特文化的载体，从它的形状到颜色，内部的位置安排以及各种物品的摆放，都汇集了游牧民族特有的文化特征。在现代，牧民的游牧方式、生计方式的变迁直接导致了居住空间的变化，这种变化最直接的原因除了是与之相关的国家政策、牧民生活及生产方式的变迁，还有牧民自己对于更大空间的向往。蒙古包当中的许多习俗，在砖房之中并没有实现的条件，因为两者的空间结构存在巨大的差别。这种空间结构的差异，或许会导致下一代牧民孩子对蒙古包文化的陌生。另外，居住模式的变迁，必然影响着牧民家庭成员之间的关系以及私人空间的意识，家庭成员的关系在这种空间的变化当中或多或少地淡化了。这种淡化在不同人之间以不同的形式体现，就比如上述的第三户家庭一般，家里的女儿或者老人，都以各自的方式跟家人沟通并且划分自己的私人空间。我们基于空间在生存着、生活着，但我们如果能够认真去研究和探讨空间，又能够从空间看到更多的信息。

指导意见

西南大学

王彦芸

2008 年，作为学生的我在从江完成了第一次田野训练，11 年后，我带着一帮年轻人又来了。

把实习点选在黔东南，我心里很踏实，这份踏实是来自这片地方以及生活在这里的人。从我多年前踏上田野行程开始，就一直愧受着村民们无私的接纳，他们对待他者的温润滋养着我，也正是这个缘故，我深知田野实习，不仅仅是完成一份学分，也希望年轻的同学借着这份善意，打开自己和未知世界的联系。因此，我们的田野，是从感知开始的。

在进入田野之前，这份感知始于文献。学期刚结束，同学们都雀跃地准备收拾行囊，却没想到田野并不是说走就走的旅行。从相关研究著作、论文、方志、地方文献到调查报告，我们一边阅读一边整理，这样做的目的一是希望大家能在出发前尽可能多地了解地方社会，二是学习如何从文献的蛛丝马迹中发现问题，形成一些初步的问题想象，但更重要的是，学会把这些问题悬置起来，警醒自己，这些也许只是一种"想象"，它们都等待着田野的考验。

　　我相信每一个同学在经历了上述一番阅读后，是带着问题兴趣盎然地出发的，同时我也相信，一旦出发之后，这一切的前期工作一定会被抛到九霄云外。到达从江县西山镇，同学们关心的问题变成了有没有空调？有没有 wifi？美团外卖能不能用？超市里有没有熟悉的冰激凌？带着自己的生活经验，田野真正开始了。作为一个教师，这一刻我深深意识到，不仅人类学的研究对象是活生生的，我们的学生也是活生生的。与自己做田野尤为不同的是，指导教师是在三个不同的世界中穿梭，自己的世界、田野的世界和新生代的世界。我们按照专业训练的轨迹，早起进村、参与观察、访谈，晚饭后聚在一起整理一天的田野笔记、开会讨论所见所闻和可以深入的问题、为第二天做准备。有意思的是，有的同学把这种日复一日的调查训练，诠释成"游戏脚本"：进村偶遇一个 NPC[①]，触发一个仪式事件、完成一个指定任务。还有同学在调查中增加了一项内容：快手中的地方社会……我以为只有同学需要打开自己进入陌生，其实我自己也需要进入陌生。

　　田野方法与技巧是容易指导的，大约经过两个星期的训练与磨合，大部分同学开始渐入佳境，每天晚上汇总的田野笔记，也渐渐多了实质的内容。当田野调查的习惯与模式建立之后，同学们变得更主动了，虽然有时候累得需要在风雨桥上小憩一会儿，但那份田野惯习会推动着大家往前走。真正困难的，是如何将田野观察变成可讨论的人类学问题。为了让大家获得一份完整的田野感知，在前半个月的时间中，我并没有让同学固定具体的方向和问题，甚至督促他们交换小组、轮换寨子，也将所有的田野笔记汇总公开，任凭取阅，其目的是能形成一种整体视野，等田野进入后半段，

----

　　① NPC 是 Non-Player Character 的缩写，指的是游戏中不受玩家操纵的游戏角色。

再根据各自前期的调查与兴趣，确定田野报告选题。确定选题的阶段，被我称为田野指导的"黑暗之心"，因为选题是将课堂所学知识、理论体系、田野调查、学科理解相综合的过程。虽说最后撰写的只是一份田野报告，但在我的理解中，缺乏问题意识的田野报告是不完整的。我们用了三天的时间密集讨论，有时甚至持续到深夜，每一个同学（包括老师）都充分经历了生产问题意识的痛苦，但我想只有经历过这种痛苦，才能在真正意义上将我们所做的田野变成人类学研究的田野。

　　离开的最后三天，是田野报告的写作时间，我始终相信在田野中完成报告是重要的，不仅拥有新鲜的田野现场感，还有机会查缺补漏，更能克服回家后的拖延症。写作并非一帆风顺，习惯了碎片化阅读和使用手机生产文字的新生代，要用纯粹的文字呈现这个世界显得困难重重，因此写作也变成了一种训练。不过我想，文字是一种链接，如同上文所说，这些田野报告文字链接起的是三个不同的世界，我们可读出一层人类学、读出一层西山社会、也同时读出一层新生代。

　　除了这些训练，黔东南也许也留在了这些年轻人的世界中，这些年轻人问了很多我没法指导、也不知道如何回答的问题，比如：当地人为什么要对我们这么好？我们为什么要去了解当地人？人类学田野调查是为了什么？我想我只能期待，有更多的年轻人，问更多的问题。

历史记忆、传说故事中的集体认同

——以贵州省黔东南从江县西山镇侗族村寨为例

西南大学历史文化学院民族学院 2016 级民族学本科生　谭天羽

指导教师　王彦芸　李思睿

摘要：从记忆角度研究集体认同，是人类学研究集体认同的发展方向之一。本文通过呈现与分析西山镇坪寨村、陡寨村、顶洞村的历史记忆材料，分析了西山侗族在本寨人与外来者的不断划分中深化的"寨集体"认同，和以血缘与非血缘为基础维系的"兜"集体认同。"兜"集体与"寨"集体，共同塑造了以"兜"的先来后到为基础的寨内权力分配的优先阶序格局。本文认为，该地区的集体认同受到文化交流、历史发展、资源分配等社会各方面因素的多重影响，呈现出纷繁复杂的图景。

关键词：历史记忆；集体认同；黔东南；侗族

一、导论

（一）研究缘起

2019 年 7 月，笔者与指导老师和同学们 ① 在从江县西山镇顶洞村、坪寨村、

---

① 本次田野调查时间为 2019 年 7 月 8 日—2019 年 8 月 1 日，由西南大学历史文化学院民族学院共 18 名同学与两名指导老师共同调查。

陡寨村①进行了为期一个月的田野调查。在田野过程中，笔者收集了部分当地历史文化的文献与口述材料。材料大多是"我们曾经是将军的后代""吃了一顿饭之后我们就是一家人了""我们这里共分为初一到初七七个堂口""皇帝下令，江西免粮""石家是最早来到我们这儿的一个家族"等各种饶有趣味且引人深思的故事。当地人对这些故事众口不一，不过同一地缘关系下的人群拥有类似的叙事模式，其文本内容、相关名词，提及人物、地点也有诸多相似。这引发了笔者浓烈的兴趣：是否可以从这些记忆与传说中思考其文化与社会的意涵？故此，笔者在田野访谈的过程中常与村民进行相关讨论，记录了大量口述材料。由于这些材料的内容不可在传统历史学范畴中进行严格考据，本文将其界定为"历史记忆"②，即历史文献与叙事。

同时，笔者根据口述材料中叙述的时间、地点等线索，对其进行了类型划分，发现材料中出现了部分与古代王朝历史紧密联系的叙事。在当地村民关于明清到民国年间的相关口述中，零星提及了中原王朝在都柳江流域所进行的重大历史与事件与相关历史人物，如阳洞长官司、都柳江疏浚事件等。这一结果显示，进一步挖掘上述口述材料的学术价值，对了解该地区历史脉络至关重要。

笔者的思考便从王朝历史与口述材料、传说故事的结合开始。但是，这些材料显示的仅是当地人叙述的过去，而过去对于现实世界的观照则无从说起。张小军认为："人类学家重在从历史当中探究人类生存的规律，落脚点是理解'人类'，现实和历史事实都是他们探究的根据……是将人类学具体到历史并将历史学放大到人类。"③通过对历史脉络的梳理与口述材料的分析，更应思考其对现在的影响。"过去如何造成现在，过去之建构如何被用以诠释现在。"④

在上述理论的指导下，笔者整理了相关的历史记忆与传说故事，这些材料中呈现出了生动而丰富的当地人群集结与划分的范畴。笔者认为，西山镇侗族各村

---

① 本文中的"西山侗族村寨"，指坪寨村、陡寨村、顶洞村三村寨。

② 王明珂：《历史事实、历史记忆与历史心性》，《历史研究》2001 年第 5 期，第 136—147 页、第 191 页。

③ 张小军：《让历史有"实践"——历史人类学思想之旅》，清华大学出版社，2019，第 22 页。

④ [加] 玛丽莲·西佛曼、格里福：《走近历史田野》，贾士蘅译，麦田出版股份有限公司（台北），1999，第 237 页、第 255—258 页。

寨的历史记忆与当地人群的集体认同存在密切关系，本文的核心概念由此而发。而从"记忆"入手的"集体认同"①研究，也是学界已有的话语路径之一。

（二）文献回顾

人类学对"记忆"的研究，始于20世纪20年代法国社会学年鉴学派的哈布瓦赫最先提出的集体记忆概念，哈布瓦赫的集体记忆指"集体记忆是立足于现在而对过去的一种建构"②。但是，哈布瓦赫的集体记忆理论是建立在社会和谐统一的"均衡"预设前提下的，展现了记忆的稳定性、公平性和现在性，忽略了记忆的传承性与情境性。其次，哈布瓦赫过分地强调了记忆的建构特征而较少提及集体记忆的时间维度，忽略了记忆的传承问题和文化的连续性问题。保罗·康纳顿对这些缺陷进行了反思，提出了"社会记忆"理论，强调记忆的社会特征，填补了哈布瓦赫关于记忆的传承与延续问题，体现了记忆的产生和传递源于社会。③

相比哈氏关注记忆的建构性，康纳顿更关注记忆的连续性与功能性。然而，康纳顿过分强调了社会记忆中政治、权力的作用，从而忽略了记忆是一种人体官能，有多姿多彩、包罗万象的记忆现象，而用记忆的部分阐释代替了全局的研究。与康纳顿同期的另一学者扬·阿斯曼继承了哈布瓦赫的集体记忆理论，提出了"文化记忆"观点。他将哈布瓦赫的记忆分为交流记忆和文化记忆两种，后者是社会中不可或缺的、反复出现的内容，与康纳顿提出的受权力操演的"社会习惯记忆"类似，是受到权力操演的。但其新视角在于文化记忆对社会成员共享的身份认同的诠释，人群通过文化记忆来进行认同与区分。另一个突破在于文化记忆媒介突破了原先研究者文本的限制，诸如文字、图画、塑像、纪念物、象征品、建筑都可以作为文化记忆的内容。

法国学者皮埃尔·诺拉（Pierre Nora）观点与扬·阿斯曼的文化记忆存在类似，突破了对于记忆的文本限制，展现出记忆之场中对于集体的"身份认同"。在全

---

① 本文中的"集体认同"，指西山镇侗族村寨的"兜"集体认同与"寨"集体认同。

② [法]莫里斯·哈布瓦赫：《论集体记忆》，毕然、郭金华译，上海人民出版社，2002，第22—25页。

③ [美]保罗·康纳顿：《社会如何记忆》，纳日碧力戈等译，上海人民出版社，2000，第30—37页。

书中，他以这一概念为核心，通过对"记忆场所"的研究，例如埃菲尔铁塔、凯旋门、《马赛曲》等，探寻了残存的民族记忆，以期找回法兰西群体、民族和国家的认同感和归属感。①

哈布瓦赫、康纳顿、阿斯曼、诺拉为记忆研究奠定了重要的理论基础，后来大多学者的关于记忆的研究都是在他们的理论影响下进行的。到目前为止，对于社会记忆和集体记忆，学者仍未得出一个明确的概念共识，诸多学者对其进行了讨论，这些学者的共同点在于记忆的"社会性"。故此，记忆的"集体认同"视角也是本文的出发点与落脚点。

孙旭在研究侗族村寨时提出了"集体中的自由"这一概念，他认为，侗族村寨的集体具有社会互动与文化心理的双重内涵②，即集体认同是在与外来文化交流影响下和自身本土根基文化的双重建构下形成的。然而他对于集体的这一界定忽略了侗族社会作为一个无文字民族社会的历时性发展，作者在本文中将会进一步思考这一观点。

本文标题中所沿用的"历史记忆"概念，属学者王明珂、赵世瑜、张伟明等人共同提出的记忆研究的概念范畴。王明珂对于历史记忆的思考颇有见地，他认为，历史记忆是指文献与口述历史，而其研究目的在于探究历史记忆中的社会情境及历史心性。前者指社会人群的"资源共享与竞争关系"，与相关的族群、性别或阶级认同及区分；后者指此历史记忆所循的选材与述事模式。本文从历史记忆角度研究集体认同，与王先生的研究路径有相似之处。但是社会作为一个复杂的有机体，其资源基础上的认同与区分是否可以表示"社会情境"本身，则值得我们商榷。

综上所述，笔者通过梳理本文核心概念的相关学术脉络，结合笔者对当地田野的具体思考，决定从"历史记忆"角度研究当地的"集体认同"关系。在此基础上，本文对西山镇侗族村寨已有的历史记忆与传说故事进行了分析，想要探究的是：第一，西山镇侗族人群不同结群范畴集体认同的表现形式；第二，不同结群范畴内的集体认同的关系。

---

① [法] 皮埃尔·诺拉：《记忆之场》，黄艳红等译，南京大学出版社，2017，第30—43页。
② 孙旭：《集体中的自由》，社会科学文献出版社，2019，第35页。

（三）田野点概况

西山镇位于贵州黔东南从江县东南，距从江县城 28 千米，东与广西融水县大年乡交界，南接翠里乡、斗里乡，西邻雍里乡毗邻，北与广西三江县梅林乡相依，[①]属于亚热带季风气候，气候年际变化大；地处云贵高原与广西丘陵过渡地区，地势起伏高差大，东南高，西北低，素来有"九山半水半分田"之称。在此基础上，坪寨、陡寨地区、顶洞地区的耕地面积受地势影响较大，使得耕地大多开垦于山间坝子、河谷和河漫滩地区，同时缓坡山区也存在大量的梯田。

根据 2018 年从江县门户网站发布的消息，西山镇农业人口 15912 人，耕地面积 724 公顷[②]，约合 10860 亩，人均占有耕地面积为 1.465 亩。自 1996 年后，整个从江县才结束了向外调粮的历史，达到基本自足。[③]1996 年，从江全县人均耕地面积为 0.754 亩，而全国平均水平为 1.662 亩，远低于全国平均水平。

本次笔者的田野点主要在西山镇坪寨村、陡寨村、顶洞村等侗族村寨，该地区主要生计方式为农业耕作，农业人口占总人口的 97% 以上。西山镇自 1949 年才有集市，始有货物的大量流动，称"西山集市"。可以说，商业流动和商品交换对于早期西山侗族村寨而言可能是一个并不频繁的概念。农业尤其是种植业，是其主要的生计方式。

坪寨村毗邻西山镇政府驻地，全村共辖 15 个村民小组，共 367 户 1534 人，人口绝大多数为侗族，主要姓氏包括杨、石、吴、赵等。陡寨村位于西山镇北约 1.5 千米处，与坪寨村有公路"坪陡路"相连，两村界限为田坎上一条明确的农田分水线，全村共有户数 291 户，人口 1279 人，主要姓氏包括杨、石、赵等。顶洞村距西山镇政府所在地约 5 千米，全村共有 15 个村民小组，432 户 2070 人，系西山镇最大的侗族村寨，主要姓氏包括蒙、梁、石、潘等。早在元代，设立有阳洞长官司。顶洞作为西山镇最大的村寨，也在从江县政府的指导下进行"少数民族特色村寨——水车侗寨"的旅游建设计划。

---

① 贵州省从江县县志编纂委员会编《从江县志（1991—2008）》，方志出版社，2010，第 323 页。
② 来自从江县政府官网，http://www.congjiang.gov.cn/zwgk/xxgkml/xzxxgkml/xsz/201802/t20180227_2998190.html。
③ 贵州省从江县县志编纂委员会编《从江县志（1991—2008）》，方志出版社，2010，第 323 页。

（四）研究方法

本研究主要采用定性研究的方法，通过参与观察法与访谈法进行材料的收集与整理，结合文献法梳理该地区的历史脉络，采用民族志方法撰写西山镇侗族村寨历史记忆与传说故事，并进行分析与研究。

第一，笔者通过参与观察的方式，在为期一个月的田野考察期间，进入西山镇侗族顶洞村、坪寨村、陡寨村，了解其日常生活，生计方式，亲属关系，村寨姓氏，历史碑刻，家藏文献、历史传说、仪式、娱乐活动等相关信息，在此基础上发掘出本次报告探讨的主要方面，即历史记忆与传说故事。

第二，笔者通过查阅《从江县志》《光绪黎平府志》《从江县民族志》《皇朝经世文编》《明史》《明实录》《清实录》等文献，梳理了从江县西山镇侗族村寨在中原王朝统治下的历史进程，并与现今当地人叙述的历史记忆与传说故事文本进行互动。

第三，在田野考察期间，笔者对坪寨村、陡寨村、顶洞村、高脚村等村寨的6个姓氏，共35个村民进行了半结构式的深度访谈，并进行了详细记录，未采用录音功能。笔者以各村寨的姓氏为划分依据寻找报道对象，包括23名男性，12名女性，主要材料来自村寨中了解历史与传说故事的老人与中年男性，以及寨中具有象征性地位的家族的关键成员。报道的真实性主要来自对当地其他村民的多方询问，或通过对在公共空间——鼓楼、风雨桥、寨老协会议事地点等的直接访谈进行相互印证。

二、从阳洞到西山——历史记忆中的寨集体认同

西佛曼（Marilyn Silverman）总结了历史人类学研究的话语路径之一，即"过去如何造成现在，过去之建构如何被用以诠释现在"。通过传统史学结合历史记忆的鲜活性，我们得以逐步深入理解历史情景。西山地区的历史，是逐渐与中原王朝接触并强化自身集体认同的历史。在本节中，笔者将从历史脉络入手，探析西山镇侗族的寨集体认同的历史记忆，在这一沿革过程中，呈现了历史记忆中西山镇侗族的寨集体认同。

（一）明代顶洞村阳洞长官司的统治与寨集体的集体认同

顶洞村为阳洞长官司的官府旧址所在地。在对当地村民的访谈中，有关阳洞长官司的历史记忆尤为丰富。据西山镇顶洞村老人孟某（男，66 岁）的叙述与史料记载，顶洞村长官司是元顺帝十二年（1352）初建，名为大洞长官司。宋太平兴国二年（977），设福禄永从长官司，西山镇为其辖区。宋崇宁四年（1105）"王江古州蛮户纳土"置怀远军，存在军队驻扎。该地后改为平州，因地域辽阔，遂分置允州、从州。明洪武三年（1370）改大洞长官司为阳洞长官司，改名原因是改朝换代，全名为西山阳洞蛮夷长官司。明正统六年（1441），废福禄永从长官司，设永从县，阳洞长官司隶属其中。清康熙二十四年（1685）废阳洞长官司，其地初归镇远县，后划归黎平府永从县，名曰蔡江汛或西山蔡江，朝廷在此处于时停时管的状态。有宋以来，今天的从江县地区开始有了建制区划，与中原王朝交涉的机会日益增多，在此基础上，西山镇侗族"寨"的集体认同逐渐深化。

阳洞长官司的管理范围很大，"永乐五年，寨长韦万木来朝，自陈所统四十七寨，乞设官。因设西山阳洞长官司，以万木为屯长"①。东至广西，西到从江边界，共包含 47 个寨，几百户人家。其职能主要是管理生产、税收，处理村寨纠纷，考核私学等。阳洞长官司由朝廷任命村寨寨老以及了解寨中情况的人担任，其中五任长官司皆为韦姓，这一职位在当时有家族传承的现象，这一点也得到了史料的印证："万历十年，西山阳洞长官司酉长韦昌金，冠带，先是属贵州黎平府，正统间叛，今昌金率众来归，复赐之，待三年后，果能输纳粮差，准与承袭祖职"②。孟某还详细地记录了四任韦姓长官司的世系传承：韦万木（1403—1436）、韦文光（1533—1544）、韦昌金（1601—1643）、韦有能（1644—1647）。③

阳洞长官司官邸在现在的顶洞村，顶洞村的后山至今仍有阳洞长官司的旧址。阳洞长官司把控军事权力，对内负责寨内事务，对外负责外交。在顶洞后山顶的阳坡居高临下，可洞察寨内事务，为阳洞长官司府邸旧址；阴坡为兵营与家眷住宅；在山腰处开阔地有射箭坪、跑马坪一处，便于日常训练军队。由于权力的集

---

① 张廷玉等：《明史》卷 316，中华书局，1974。

② 《明神宗实录》卷 133 壬寅，"中研院"历史语言研究所（台北），1962。

③ 来自孟某的口述材料。

中，韦氏在顶洞做了许多恶事，以下记录一则村中流传的关于侗族姑娘出嫁前"初夜权"的传说，由孟某（2019 年 7 月 19 日）叙述：

>……这个情况被阳洞各寨村民得知，引发了 47 个村寨的联合起义，并将情况回报给了上面。恰逢这一时期为改土归流的大环境，清政府也就撤除了长官司，之后此地就划归了永从县直接管理……最后一任土官韦有能被赶出了阳洞，韦姓家族也就离开了这一地区。

这一传说揭示了阳洞长官司统治结束的原因——权力膨胀。在"土皇帝"的压迫下，各村寨为了自身利益与生存，联合反抗推翻了阳洞长官司的暴政。可以认为，在利益受到侵犯时，西山镇人维护自身利益的意识逐渐被激发，出现了"自我"与"敌人"之划分，而这一区分对于西山镇侗族村寨"集体认同"的深化是重要的基础。

而从另一个角度，我们同样可以感受到村寨集体认同的深化。据孟某叙述，阳洞长官司对西山地区最大的影响就是仿照中原王朝的民兵、屯兵制进行训练和组织的顶洞村的自卫队。

>阳洞长官司曾设自卫队，所以村里也组织了自卫队。以前村里的每家每户都是有枪的。那时候强盗多，村里的鼓楼就有警示全寨的作用，每当村里鼓楼连续敲响的时候，就代表着强盗来了（或者有急事），家家户户就拿着刀枪去鼓楼集合。有时候我们侗族人在村里唱歌，妇女啊，老人啊身上都戴着银子做的首饰，那时候就有很多强盗来抢，自卫队就负责保护……我们村以前自卫队的人，一般都是村里十八到四十岁的男人，也就是我们说的"罗汉"，以前是有义务的，必须参加自卫队，有强盗来的时候就集合起来保卫村寨。强盗倒是什么人都有，旁边寨子也有人过来偷盗，本寨也有人引强盗进来。据说同治三年，坪寨有人过来偷盗，起了纠纷，两个寨子就打了一架。

我们在孟某对于"自卫队"的历史记忆中，看到了顶洞历史文化受中原王朝影响的痕迹大多属于军事、防御范畴。从鼓楼——"烽火台"的作用，到"屯田、民兵、府兵"——自卫队的机制，都体现了阳洞地区对中原王朝文化的借鉴与本土化。在这种对中原文化本土化的背后，我们看到了西山镇人对于村寨的保护意识，"罗汉"建立自卫队保卫村寨免受"强盗"的欺压。而对于"强盗"的界定，当地人认为是"什么人都有"，即并非一个特定群体，是指所有侵犯其利益的人。

阳洞长官司历时 281 年，其中 127 年有官府治理，154 年无官府介入。阳洞长官司的沿袭与"土皇帝"的权力，其所做的"恶事"，激发了当地人的反抗意识；另一方面，自卫队作为历史"遗产"，被当地人进行了地方化运用，强化了其对于村寨的保护。在反抗意识和村寨保护意识的背后，蕴含了寨集体从元至清逐渐深化的集体认同。

（二）清末民初的"土匪"与寨集体认同的深化

清末民初，当地人在与外来敌对势力的不断博弈中，面对不同的竞争对象，在共同应对的过程中，其"本寨人"的集体认同逐渐加强。而在坪寨、陡寨、顶洞的历史记忆中，"土匪"这一词汇多次出现，其多重内涵是探究寨集体集体认同的重要突破口之一。

对于"土匪"的叙述，来自陡寨妇女石某梅（女，43 岁）、坪寨村民赵某阳（男，67 岁）等诸多人的口述。然而，"土匪"的称呼在清末民初踊跃出现，也有一个转变的过程。以下是来自坪寨村的赵某阳老人（2019 年 7 月 24 日）对于民国初年土匪的叙述。

民国的时候，西山镇的政府叫分区政府，在坪寨现在戏台后面那个坡坡上。那个时候，有一伙叫作"金江台拱"的土匪在 20 世纪 40 年代左右吧，攻打了政府……各村寨都使用鸟枪，有自己的民兵自卫队，包括"罗汉"、寨老，只要是男的都可以当，只要（土匪）进犯土地，就要和他们打到底。

来自坪寨的赵某阴（男，43 岁，2019 年 7 月 21 日）也有类似叙述。

民国初年的时候，雷山县有一群土匪，因为人口太多了，田地不够，想侵占坪寨的土地，抢劫我们，我们就拼死抵抗……我们好不容易打退了他们，第二次他们又来了，这附近的苗族、侗族寨子就都合起来把他们歼灭了。

在赵某阳、赵某阴的历史记忆中描述了土匪在民国时期对村寨的进犯。当地人认为，"土匪"是一个普遍现象，需要村寨"合起来"，即齐心协力进行抗争。在此基础上，我们可以看出当地人界定"土匪"和"本寨人"的方法。

而在另一则来自陡寨村的叙事中（2019 年 7 月 16 日），土匪还有了新的内涵。

那个年代，尽管拥有武装的初衷是因为自保，但是匪与兵的界限其实没有那么分明，很多人白天是兵，晚上就是匪。我大爷爷那时候就是土匪，但他不会在邻近作恶，也不可能靠打劫来获得财富，我大爷爷不过是个小头目。那时候弱肉强食，成王败寇，不这样的话我们就保护不了自己的寨子。

此外，来自顶洞村的鬼师梁某（男，50 岁，2019 年 7 月 25 日）的叙事（略）更加别致。

综合上述口述，我们认为，不同村寨对于土匪的界定是不同的，甚至有互相指责对方是土匪的情况出现。土匪作为一个外来的"他者"群体，其认定是一个模糊且相对的机制。村民对土匪本身可能并没有清晰的认识，土匪代表的是一个侵害本寨利益，与本寨势不两立的另一群体。对于本寨而言，他寨之人侵犯本寨利益即是土匪。而在这一环环相扣的划分体系中，西山镇侗族各村寨的人群逐渐形成了何为本寨人，何为土匪的区分与认同。

综上所述，当地村寨在应对外来势力的反应中，不断将侵犯自身利益的群体认定为"土匪"，从而深化了"本寨人"的集体认同符号，强化了其寨集体认同。

（三）如今的"本寨人"

在田野调查的过程中，发现村民在日常生活中出现了对"他者"占有的排斥，这种对"他者"界定的意识与历史上逐渐出现并强化的因素密不可分。

除"他者"的区分外，"本寨人"的聚合同样体现在西山镇侗族各村寨历史记忆中，以下是陡寨村民石某泉（男，70 岁，2019 年 7 月 27 日）的叙述。

我母亲那一辈，她才成姑娘（达到适婚年龄）的时候，那几年连年旱灾，三年没下雨，颗粒无收，没有吃的，就把干得裂开的河床里面的土挖出来用火烧，然后炒一下，就有麦子的味道，吃这些东西。富人们在鼓楼下面煮稀饭，全寨人每个人只能领一次。只要领了稀饭，就把红色的"巴巴"（印章）印在脸上，说明不能再领了，这个稀饭一连煮了几个月，我母亲他们才挨过去哦。

石某泉叙述了一段在灾害时期当地的饥荒故事，其中寨中经济实力较强的富人在面临这一事件时，拿出自己储存的粮米与全寨分享，使陡寨村度过了艰难的时间。当地的富人在危难时期通过对全寨的保护体现了他的"自我"意识，即"我是陡寨人"，从而进行没有实际利益甚至让渡自身利益的对寨内的保护，这在一定程度上体现了"本寨人"观念在如今的强化与聚合。

从元末的阳洞长官司、明末清初的"土匪"到如今的历史过程中，村寨历史记忆中呈现的寨集体认同存在共性。当影响村寨利益的主体出现，村寨人将团结一致，抵抗外来势力影响——表现出一种鲜明"本寨人"与"外来者"的不断划分。格尔茨提出"深描"民族志，强调民族志文本的情境性，在历史沿革的脉络下，西山镇各侗族村寨的历史记忆中呈现的集体认同表现出一种"本寨人"与"他者"的在各种历史时期的不断划分。两者的边界具有复杂性与不确定性，其主要界定方法在于划分过程中历史记忆的具体情景的分析。

历史记忆具有溯源性和建构性的特征，不但受到历史展演的影响，也同样贯穿一个集体可追溯的历史过程。正如前文引用的西佛曼对于历史人类学的核心问题的表述："过去如何造成现在，过去之建构如何被用以诠释现在"，西山村寨的历史作为一种情景化的口述，而历史所代表的"过去"与口述时间的"现在"具有相互的影响和诠释的关系。西山侗族村寨的人群通过历史记忆不断对过去进行诠释与理解，过去的历史记忆也同样在建构如今的口述。

三、历史记忆中"兜"的集体认同

王明珂认为："在人类的社会认同与区分体系中，有许多是以血缘来凝聚我族并排斥异己。"[1] 然而，基于历史记忆形成的血缘关系可能有世系意义上确切的真实，也有可能是集体的建构和想象。人们通过血缘划分为了一个又一个血缘群体或非血缘群体，重要的并不是考究其历史记忆是否为历史事实，而是了解集体是否认为这一记忆为真实。在这一基础上，建构的血缘纽带就形成了类似真实血缘纽带的作用，从而深化集体的认同。

"兜"（Doux）是侗语词汇，意为基于同一根系生长并聚拢的分叉或枝丫，是一个与汉语"房族"类似的词语，学界也将"兜"称为"房族"。西山镇侗族的"兜"是父系继嗣，以"血缘"为纽带的集体。当地人叙述："兜就是内部不允许通婚，但是平日里逢年过节都要在一起'打平伙'、一起走访，红白喜事也相互参加，有什么事情相互帮助的一个大家庭。"下文将以坪寨村石、杨两个姓氏的历史记忆为基础，探究西山侗族的兜集体认同与血缘之关系。

（一）石家与"来杨 PangP"[2]

石家是最早来到寨里的家族，地位特殊。当地人称其为"Nyony Gun Sun"，即"领场人"。随后来到石家的是小杨家族，侗话叫"来杨 Pangp"，其中"来杨"指杨姓人，"Pangp"即"高高在上"的意思，那个时候石家才来，人也很少，没钱没势力，就与后来的小杨家拜了兄弟，意思就是同属一个"公"了，成为一个"兜"。小杨家和石家虽为不同姓氏，族源上也没有任何的血缘，但是不可通婚。其原因在于他们祖宗曾结拜了兄弟，通过一种"共食仪式"，大家成了一家人。据杨某澜描述（2019 年 7 月 20 日）：

"Pangp"当初是第二个来到我们坪寨的，他们当时人很少，就和最早的石家

---

[1] 王明珂：《羌在汉藏之间》，中华书局，2008，第 35—37 页。
[2] 本节内字母为侗语注音。

拜了兄弟，大概就是小杨家的人请石家人吃了一餐，两家以后就是一家人了，属于一个"公"，也不能相互结婚了。

作为现今石家嫡系的石某州也有相似叙述（2019 年 7 月 16 日）：

我们石家虽然只有四户，但是我们有一个房族，除了我们石姓，还有几户杨姓的人，他们是当初来坪寨的时候和我们石家"拜码头"的，后来我们就和他们结成了兄弟，他们杀了一头猪请我们一起吃，还有糯米饭、酒之类的，大家吃了一餐之后就结了兄弟。

上述的叙述表明，石家同"PangP"通过"共食仪式"，和另一个集体结为"兜"，出现了"同族不同姓"的现象，并共享同一个祖坟所在地。

（二）大杨家（Manc）与"金劳""金略"的故事

随后来到村里的是大杨家，侗话称"Manc"，"Manc"即"大"之意，大杨一支中又分为了三个"公"，分别是"金劳""金略"与"格纳"，这三支也不可相互通婚，其中"金劳"和"金略"是他们分别的"公"的姓名，"格纳"因为其居住于河边，所以称作"格纳"，即河边之意。据说当初"金劳"和"金略"祖上存在矛盾，闹到了不可开交的地步，最后导致了分家，这一矛盾也持续到如今。下文为"Pangp"的杨芷澜叙述（2019 年 7 月 13 日）。

当初寨里只有一个大杨祖公，其中"金劳"是大杨祖公的大老婆生的，"金略"是小老婆生的，两个孩子互相不服气，就给对方取了不好的话来当名字。这里面啊，其实"金劳"的客话意思大概就是那种白白的芋头杆杆叶子上很干净的水，就是很干净很好的水，而"金略"就是指那种垃圾桶里面的泔水，洗了碗之后倒出来的脏水。就是说"金略"家的姑娘像脏水一样丑，两家因此就有很大的矛盾，直到现在两家虽然都是一个"公"出来的，也不能相互结婚，在村中也很少有往来，红白喜事也不相互参加，据说就是两家人当初相互说了坏话。

杨某光鬼师又解释了如何调解这一矛盾。

我们当初是想解决这个矛盾的，毕竟关系不好对大家都不好，只是没有等到最后的结果而已。只需要双方各带来一头猪，站在当初两兄弟争地盘的地方，把猪杀了一起吃，然后鬼师互相说点好话，把以前的坏话冲掉，两家就可以和好如初了。什么让别人瞎眼睛啊，让别人断腿，这就是坏话，如果说让我们一起做好兄弟啊之类的就是好话。我的父亲曾经想要调解这个矛盾，但是一直没有找到合适的日子，所以拖到了现在，这个事情也没人管了。大家除了日常说说话，其他事情都几乎不来往。

在"金劳""金略"的故事中，同一个兜的两兄弟分裂开来，导致了如今"金劳""金略"互不往来的相处模式，而解决这一问题的方法则是通过"共食仪式"。

（三）改姓杨的人群（Gao Gak）

坪寨杨氏家族中还有一支特殊的"改姓杨"群体，当地人称为"Gao Gak"。在称呼中可以看出他们认为这一个杨姓"兜"已经算不得"杨"，而是"Gak"。"Gak"在侗语里的意思是"客"，即外来人、外来者，不属于村寨中群体的他族，街上的汉族、麻盖人，高山的瑶族等群体都可以被称作"Gak"。下文为坪寨村老人协会的"Gao Gak"的杨某强（男，80岁，2019年7月24日）叙述：

我们被这边的人叫作"改姓杨"，其实以前我们姓韩，在朝中当官，犯了错被皇帝诛灭了九族，为了逃难就来到了西山，躲避追杀改名换姓为韦，后来因为坪寨大部分人都姓杨，怕被追查，就改姓杨。

而在杨某澜的叙述（2019年7月20日）中，则提供了改姓的另一个原因。

杨家还有一支叫"Gao Gak"，算不得杨，他们原本姓韩，后面改成了韦，最后在民国的时候改成了杨。当初他们姓韩的时候，村里的什么事情都不让他们参与，只要他们的人敢进鼓楼，就会被砍头。后来他们请了鬼师，杀了猪，把腌鱼腌肉拿来给我们全寨人吃了一顿，改了杨姓，我们才准他们进来，让他们进了大杨家。

除此之外，现在坪寨中还有唯一的一户韦姓，韦某，也属"Gao Gak"，我们向他询问寨内关于祭祀、活动、节庆等事务，他的回答皆与坪寨众人相异或表示不清楚，他的住宅位于坪寨顶洞河边的最角落的一家，可以认为其受到了"边缘"处理和寨内排挤，本人可能也很少参加寨内日常事务。

"Gao Gak"或者"改姓杨"这个集体，他们因为外界追杀逃到了西山镇的坪寨村，最早作为寨内的一个边缘集体而存在，而后他们通过"共食仪式"这一媒介，逐渐融入寨内集体，被允许进入鼓楼等重要的公共空间，参加寨内事务。

在上述的三个"兜"缔结或分裂的历史记忆中，仪式占有重要地位，分裂需要"下咒"、缔结需要共食。特纳认为，仪式过程的主要概念分为阈限、交融与结构，仪式将特定人群从结构中分离达到暂时的阈限状态之后，再通过仪式进行交融，产生新的社会结构。在阈限这一阶段，人从原先的文化结构中剥离，具有反结构的特征。[1]

在上述历史记忆中反复出现"好话""坏话"与"吃一顿""结拜"这类词语，而事件的处理方法几乎都是"下咒""吃一餐"之类。可以认为，"好话""坏话"与"吃一餐"的类似词语具有仪式性的特征。首先，在事件的发生阶段都有仪式人员——鬼师参与；其次，在双方"吃一餐"或"下咒"的过程中都体现了一种摒弃已有规定的反结构性；再次，"好话""坏话""吃一餐"之后双方进入了新的阶段，或互不往来，或结为同一个"兜"。

综上所述，参与事件的双方不管是否具有血缘关系，都可以通过仪式缔结或分裂"兜"。第一，血缘并非持久稳定的、长期的群体；第二，无血缘关系的人群同样可以结为同一"兜"；第三，有血缘关系的人群也可能将"兜"割裂；第四，无论血缘，当他们凝聚成为一个统一的"兜"时，内部互不通婚。可以认为，

---

[1] [英]维克多·特纳:《仪式过程——结构与反结构》，黄剑波、柳博赟译，中国人民大学出版社，2006，第111—116页。

"兜"集体认同并非完全按照世系进行追溯，也同样存在着"非血缘集体、拟血缘集体"等形态各异的不同情况。产生这种不同情况的具体原因，与人类生计、资源竞争等因素密不可分，需要在历史记忆的不同情景中进行特定分析。

四、优先性——"兜"与"寨"集体认同的联系

在上文中，笔者对寨集体的集体认同，兜集体认同进行了讨论分析。从"寨"到"兜"，体现了一种集体认同的主体变迁。孙旭曾在《集体中的自由》一书中提到了侗族人结合的结构性范畴①，通过对于侗族人群结群原则的概念化解释，区分了房族、村寨、年龄组等不同范畴人群的归类、身份认同和行动界限。而侗族人结合的结构性范畴中"兜"与"寨"集体认同存在怎样的关系，是在本节中将要讨论的问题。

在对西山地区侗族村寨的访谈过程中，"先来者"和"后来者"的说法尤为多见，人们用先到和后到来区分村寨中的人群。澳洲学者泰晤士·福克斯（Tames Fox）在研究南岛民族的起源中提出了"优先性"的概念，认为强化起源优先性的社会将形成具有阶序的社会运作体系。②西山侗族各村寨的历史记忆表现了其对优先性的推崇。对于西山侗族村寨的"兜"来说，历史记忆与优先性的关系是什么？这种推崇背后蕴藏的社会逻辑是怎样展现其集体认同的？笔者将在本节中分别对坪寨村、陡寨村的优先性进行讨论。

（一）石姓"兜"与坪寨优先阶序格局

坪寨村的石家人作为一个"兜"，被称为"Nyony Gun Sun"，西山坪寨村的石某州是坪寨村"优先性"最高房族"石家"的嫡系长子，在对他进行访谈的过程中，在他家客厅看见用木制框架装裱的一首绝句："石质好又坚，明祖建寨先。州乃后裔员，入场在人前。"下文为他的叙述（2019 年 7 月 14 日）。

---

① 孙旭：《集体中的自由》，社会科学文献出版社，2019，第 210—223 页。
② 林淑容：《"平权"社会的阶序与权力——以中国侗族人群的关系为例》，《台湾人类学刊》（台北）2006 年第 4 期，第 1 页。

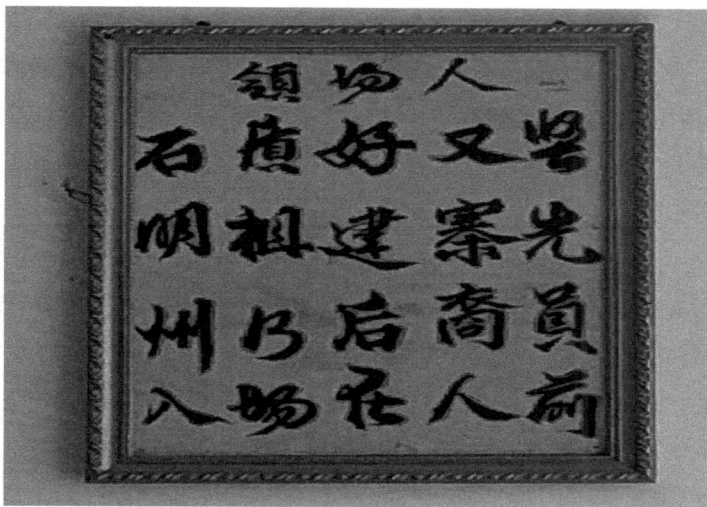

图 1　石某州家中绝句（笔者拍摄）

这首诗的意思是一首藏头诗，前面三句的第一个字是我的名字，大概就是讲我们石家是最先建寨的，我是我们石家的一分子，在坪寨有什么事情都要我先去。我们石家的祖先原来来自江西，因为家乡发生了灾难，从家乡逃往这里，一开始是在广东，又从广东辗转一路到了贵州的黎平，在这里就分了家，有些去了广西融水，有些去了顶洞，还有些去了从江等，我们这一支就来到了西山的坪寨，从此在这里定居，成了这里最先来的人。后来来了一些姓杨的人，大概有六户人，和我们拜把子成了兄弟，是一个房族的，我们不能相互结婚。因为我们是先来的，现在村上有什么关系到利益的事情都要找我商量，村长、支书和老人协会都要找我商量事情。我的爸爸以前是很有名望的寨老，在他去世之后，我虽然没有到年龄，地位也和寨老差不多，村干部、寨老和我协商，完全就出于我家是先来的，虽然我说话也不算数，但他们象征性地找我，也是尊重我嘛，这样处理大家都开心。

结合上述材料，笔者认为，石家作为寨内的"先来者"，在如今具有象征性的权力。同时石家对于人群的维系也有重要作用——"石家不带头，全村不响应"

这一规则延续至今。

此外，石家同样拥有"萨"的优先祭祀权。"萨"，当地人也称作"萨丙"，"萨"是侗语中"祖母"之意，"丙"即侗语"全寨"，"萨丙"就字面意思而言，是全寨的祖母之意，寨内也称其为"寨婆"。下文是坪寨村鬼师杨某先的叙述（2019年7月14日）：

> 萨丙就是寨婆嘛，是护佑我们全寨的，我们以前就用一个石头当作寨婆，那个石头在鼓楼旁边的坝子啊（后确认为石某州家门口），现在我们修了个地方，专门供寨婆，就在那个凉亭后面（后确认为石某州家中窗户随时可见的凉亭），我们在那里种了一棵圆形的树，在下面用小石头围成了一个土丘。

根据杨某先的叙述，笔者找到了坪寨村"圣石"与"寨婆"祭坛的所在地，皆与石某州住宅的地理位置接近。下文为石某州的舅舅杨某靖的叙述（2019年7月23日）：

> 石家人很特殊啊，是我们全寨人公认的寨主。每年大年三十的时候，只有我们家族有资格去萨丙那里烧香啊，我们会向祖先叙述自己过去一年发生的事情，感谢祖先的保佑，大年初一我们石家人就要去鼓楼的顶上敲鼓，如果大年初一开始的时候石家不敲鼓，村里的其他人都不敢放炮啊！正月十五的时候我们也要祭一次萨丙，那个时候寨主就要领头，带着寨里的几个鬼师、寨老去祭祀萨丙，主要内容大概都是祈求新年平安啊，祖先保佑之类的，祭坛上面摆的鸡、鸭、腌鱼、腌肉、酒也必须要我们石家出钱或者准备，仪式结束之后好多年轻人就都在那块石头（指"圣石"）那儿围着踩歌堂啊，唱歌、跳舞啊，老年人就在鼓楼下面"打平伙"。

"萨"这一当地体系中的神灵，其作用在于对全寨的维系与管理，全寨都认为"萨"对全寨具有保护和护佑的功能，是坪寨村的"土地神"。那么掌管"萨"优先祭祀权力的石家，也被赋予了独特的地位。

通过坪寨村历史记忆的叙事，石姓"兜"存在"优先性"之地位，获得了"萨"的优先祭祀权，从而将"兜"与"寨"两种结群原则下的人群联系起来，形成了以石姓"兜"为核心的全寨优先阶序格局。

（二）"兜"的权力分配与陡寨优先阶序格局

在陡寨村的姓氏传说中，同样存在优先性这一话题。下文为陡寨村村民石某麟的叙述（男，75岁，2019年7月27日）：

> 我们陡寨村有石、赵两个大姓，最先来到这里的是小石家族，之后是赵家，最后来的是黎平来的大石家族。在我们村里，石、赵排第一，之后才是其他姓，我们把村里的人按照来的先后顺序分成了初一到初十十个堂，也就是坪寨人所说的"兜"。其中初一到初三叫作小石，初一初二是一个"公"，初三又是一个"公"，初四到初六是赵家，初七以后就是大石。我们这个寨子以前是一片荒山，初一堂的人可能是逃荒或者逃难来到这里并在这里养牛。我们寨子里有一个古老的风俗习惯，就是放牧时候的那头牛，从这边山到那边山去，生了一个牛犊的话，人们就认为那个地方风水很好，就搬到那里去住，后来就一个接一个地过去，就变成了寨子。第一个在这里安家的人就是那里的第一人，所以就管那里的水源。后来一个家族一个家族来，第二个来的时候，就向第一个要了一些职务，把自家的兄弟安排到位，一起保护这个寨子的安全，第二个就负责管我们两面这个寨子的山坡和水田，还有萨丙，就是初二堂。初三堂主要管寨子里面的地势啊，山头啊，主要分管寨子里面的治安。以前我们的寨子很小，动不动就有强盗来这里偷牛，打架，初三堂的人就带着一帮弟兄，把不属于我们寨子的恶人全部弄走。初四堂主要以俗工为主，管寨与寨之间的生产与贸易，生产工具的制作，初五堂就负责火药和井水，河里面的鱼虾和人畜用水。初六堂就是管寨子边的大树，古树，坟场和墓地由他们来分。初七堂和大石我就不太清楚了，他们家族太小了，来得晚。大石现在就是寨中的义务兵。

表 1 陡寨村资源分配表（笔者自制）

兜	职务
初一堂（小石）	村中河流、水源
初二堂（小石）	树林与水田，管理祭萨
初三堂（小石）	维护治安，统领民兵
初四堂（赵）	生产工具制作与村寨贸易
初五堂（赵）	火药，河里的鱼虾
初六堂（赵）	管理古树，分配坟场与墓地
初七以后（大石与其他姓氏）	没有具体职务，义务兵

石某麟详细描述了陡寨村各"兜"在村中事务中的权力与分工。初一堂石家是最早来到陡寨的家族，初二堂获得权力的过程是"向第一个来的人要了一些职务"，后来延伸到管理"森林与水田"，而初一堂则是村中最重要的命脉"水源和河流"的管理者，而后逐渐分配资源，到最后来的"初七"以后的大石，则主要承担"义务兵"的任务。

西山镇陡寨中掌管祭萨的家族是初二堂，初一堂、初二堂两者并称为一个"兜"，是最先来到西山镇陡寨村的家族，共同掌管了村中的水源、山林、田地与祭祀仪式。初一堂和初二堂共同掌管的是维系全寨生存与精神依托的关键资源，"优先阶序"对于陡寨的历史记忆而言则更为明显。陡寨的权力分配和资源占有的多与少，是按照先后来寨顺序排列的。而其中处于最优先级的"初一""初二"堂两者为拟血缘群体的同一"兜"——对应坪寨的石家，由他们共同管理维系村寨集体世俗与神圣的范畴，即水源、田地、树林、萨丙。他们在村寨的日常生活中通过运用这种权力逐渐共享全寨的资源，通过组织"萨丙"祭祀与仪式产生全寨的认同。与坪寨相同，在结群原则与信仰的双重影响下，形成了以"初一、初二兜"为核心的优先阶序格局。

西山侗族通过历史记忆塑造村中"兜"的"先来后到"，以优先性确立各"兜"在村寨中的优先祭祀权和资源分配权。在优先性与萨崇拜两个因素的影响下，形成了以"先住家族"（兜）为核心的优先阶序格局。而这一格局植根于社会的具体情境，与当地人的生态环境、资源竞争与共享、历史发展等因素密不可分，故此针对不同的历史记忆，需要用不同的方法进行因果分析。

五、结论

历史记忆作为一种特殊的记忆，具有溯源性和鲜明的建构特征，不但受历史展演的影响，也同样贯穿一个集体可追溯的历史过程、与周边文化的互动过程，是可以反映集体认同的衍生与建构的特殊文本。在田野调查过程中，笔者发现既存在特点极为鲜明的单一历史记忆逻辑，也存在有血缘为纽带的历史记忆，又有"优先性"阶序的历史记忆，同时也受到历史建构的文本。笔者想要表述的并非那种完全割裂并独立的"历史记忆"的逻辑，而是表述西山地区侗族村寨如坪寨、陡寨、顶洞村等地区人群的历史记忆的逻辑特点，从这一特点中了解其历史记忆的复杂多元的图景，分析植根于图景背后的社会情景，得出了以下初步的思考。

西山镇侗族各村寨的集体认同体是在长期的历史发展过程中，与周边人群进行交流互动，形成和深化了以下认同。首先，在"本寨人"与"外来者"的不断划分中深化的"寨集体"认同；其次，以"血缘"与"非血缘"维系的"兜"集体认同；再次，以"优先性"为核心维系的村寨优先阶序格局。西山侗族村寨的结群原则还存在多种模式，在产生的过程中受到西山侗族村寨中人群互动、历史发展、文化交流等社会各方面因素的多重影响，是塑造西山镇侗族人群在社会各方面行为的重要原因之一，该群体中每一个个体都处于多重而复杂的集体认同之中，这一集体认同背后的逻辑则是社会本身，社会的复杂性导致了其集体认同的多重性。

行文至此，通过详细的论证，本文对西山镇侗族村寨的集体认同有了大致的了解，再回到本文所回应的侗族社会集体由"社会互动"与"文化心理"共同界定的问题。可以认为，用该观点界定西山镇侗族村寨中呈现的"集体"或"集体认同"的范畴划分有一定合理之处，但该理论却忽略了田野点的历史变迁问题。本文的逻辑中包括了"历史—现实"的相互观照——因其历史上逐渐产生的文化交流、人群互动、环境适应、仪式信仰等诸因素形成了如今当地人的集体认同。从历史记忆中，本文可以看到西山镇侗族"寨""兜"与集体认同发展的动态特征，而这一思考继续挖掘与深入，则需要大量的田野、文献材料进行佐证。

指导意见

西南大学

李思睿

　　今年是我以老师的身份指导田野调查的第一年。在我的求学过程中，老师们一直把田野调查视为民族学、人类学专业教学中最重要的环节。初为人师，我打算将这种重视田野的精神薪火相传。如果说黔东南这几个侗族色彩浓郁的寨子给了初入田野的学生们极大的文化震撼（culture shock），那我在田野指导中受到的文化震撼主要来自学生们。与自己做田野不同，作为指导老师，如何消化这些震撼，接纳新生代的思维，结合学生的性情和当地生活的特点，找到适合他们的田野方式，成为我的新问题。

　　一个月的田野调查，除去前期的文献阅读准备，进入田野点第一周的主要任务是"活下来"。两位指导老师带领 18 位学生拜访民宗局、村委会、寨老等关键场所和报道人；要求大家每天保持微笑，刷存在感，让当地人习惯我们的存在；晚饭后聚在一起讨论当日见闻、分主题写田野笔记。这个阶段学生给我的第一个震撼是，我认为山清水秀、让我有如鱼得水之感的黔东南，他们称之为"忧郁的亚热带"。一位同学说每天内心飘过最多的弹幕就是"我好热，我不行，我要挂了"。这份"忧郁感"还源于他们不知如何与当地人打交道的忧虑——如一位同学所言："我在中国的超一线城市长大，所有自来熟和模糊、打破人际边界的行为都让我不适"。他们不理解当地人为什么对我们这么热情？他们对我们太！好！了！这竟是一个困扰。

第二周开始，同学们已经逐渐适应了田野调查的节奏，他们带给我的第二个震撼来自调查方法。由于不知如何进一步与老乡们交往交流，有同学发明了"姜太公式田野调查法"，在侗寨的主要公共空间风雨桥、大榕树、鼓楼下等地乘凉，等待闲散的老人和热情的村民搭讪。为了没事找事、创造同学们和村民交往的机会，两位老师先后参与促成两个寨子的寨老、乡亲们和学生"打平伙"，也就是一起 AA 制买菜做饭，吃一顿很有仪式感的长桌宴。从前期的宴席准备、一起做饭，到共食共饮、唱歌跳舞，学生们参与到宴席的整个过程中，从多个维度增加对当地社会的了解。在参与观察的过程中，学生们也主动或被迫地有了很多打破边界的"第一次"，如第一次吃牛瘪，有人发现牛瘪实为人间美味，有人则发誓不会再次尝试。

打破边界的现象也逐渐发生在老师、学生和当地社会三者之间。一位学生告诉我们，印象最深的一幕是田野调查临近尾声时，坪寨寨老在"打平伙"时对他说的一句话："以前其他人也来调研，不过来了一两天就走啦，你们这次来这么久，还是第一次见。"他说寨老当时很感动，他自己也很感动。我们每天讨论亲属、历史、结构、范式，然而架构在这些死板的概念之上的，是活生生有血有肉的人。也正是这些有血有肉的人的行为的"集体表征"，才形成了这样的社会与文化。我们触摸这些有血有肉有情感的个体，也与他们形成了人类学者自身的"田野社会网络"，这种网络也有人类学者自身的感动吧。听到这些感悟，我很欣慰，年轻人们在田野中经过水土不服、寻找问题、整合材料、触摸整体的忧郁，抵达了人心和人性。

集体与空间的生产

——贵州省黔东南从江县西山镇的社会空间研究

西南大学历史文化学院民族学院 2016 级民族学本科生　胡松繁

指导教师　李思睿　王彦芸

摘要：西山镇的空间结构有着鲜明的特征，既有带有神圣色彩的空间，如鼓楼、萨坛，也有具有世俗性的独特空间，如风雨桥。这些空间从本质上说都是西山的侗族人民在集体活动中所创造的，服务于侗族的社会生活。在此基础上，这些空间不仅是物理空间，更是社会空间，凝结了西山侗族社会的文化观念和社会关系，是侗族社会"集体"意向的集中体现。同时，这些空间反过来也加强了侗族社会的社会关系与集体认同。

关键词：空间；集体；黔东南；侗族

一、导论

（一）研究缘起

笔者于 2019 年 7 月到达贵州省黔东南苗族侗族自治州从江县西山镇进行田野调查。在田野调查中，笔者发现这一地区保留着大量的石碑古井，独具侗族特色的鼓楼和风雨桥，还有许多带有神秘性质的祭坛、寺庙。这些建筑既承载着这片土地的历史记忆，也包含着村寨居民的集体认同，给笔者提供了在田野中去研究这一地区文化的切入点，也为研究这一地区社会关系网络提供了条件。

在西山地区田野调查的过程中，笔者发现侗族人民的空间建筑有自己民族所独有的色彩，而对于不同类型空间的划分有其内在逻辑。笔者以此为切入点，试图去了解西山地区的村落空间有何象征意义，这些意义是如何在侗族社会的生产生活中被赋予的，并探究这些空间在历史的发展中如何动态地发挥作用。在长期的观察和思考中笔者发现强烈的集体观在西山侗族的各个空间中都有着深刻的体现，"集体"是怎样影响这些空间的社会意义形成和发展的，而这些空间又是怎样丰富集体的内涵的？带着这些问题，笔者在田野中借助参与观察、访谈法和文献研究等方法继续进行调查，努力找寻这些问题的答案。

（二）文献回顾

人类学在早期关于空间的研究较少，在批判社会理论所引发的空间反思热潮的影响下，人类学对空间的研究越发重视。其关注点从以往的物质性空间研究转向探讨空间的社会性，关注空间的性质以及空间与社会的互动关系，人类学空间研究开始试图理清空间与社会之间的互动关系。我国学者在空间研究中也做出了一些成果，对空间的性质的讨论一直是空间研究的另一个重点，它是社会文化现象中媒介性的不可孤立的存在还是有内在逻辑的独立自主的存在？[1] 黄应贵针对这一问题总结出了更为客观的回答，认为空间是独立自主而有其内在逻辑的，但是必须与其他社会文化现象或要素共同运作，尤其是离不开人的活动。[2]

另一方面，在已有的侗族社会研究中，大多数的讨论集中在侗族宗教文化研究[3]、侗族大歌、侗族服饰以及风雨桥、鼓楼等传统建筑上。侗族传统建筑的研究

---

① 包亚明：《现代性与空间的生产》，上海教育出版社，2003。
② 黄应贵：《空间、力与社会》，"中研院"民族学研究所（台北），1995，第7—10页。
③ 石开忠：《宗教象征的来源、形成与祭祀仪式——以侗族对"萨"崇拜为例》，《贵州民族学院学报（哲学社会科学版）》2005年第6期。

主题，侧重于少数民族非物质文化遗产保护，村落生态景观研究分析。① 这些研究忽视了空间的社会性，忽视了空间中的人与集体，一定程度上缺少了对空间论述的社会意义、文化意义的关注，对空间的讨论大多停留在静态的物的层面。这些文章与观点也引发了笔者对于这些侗族空间的思考，本文更加侧重对空间的社会性生产进行讨论。

关于侗族社会的"集体"，孙旭指出侗族村寨的集体具有社会互动与文化心理的双重内涵②，同时侗族社会的个体与集体的关系有其特殊性，"集体是多重的，也是互相嵌套多层次的，个体必须在集体生活中不断定位自己。个体是集体中的个体，因而他们所拥有的自由也是受限制的自由。这一限制并不是来自别处，正是他们在结群过程中为寻求稳定生活而创造出来的"③。笔者对于侗族社会中个体和集体的理解也将沿用此观点。

（三）田野点概况

本次田野点位于贵州省黔东南苗族侗族自治州从江县西山镇。西山镇位于从江县东南面，镇内世居着侗、苗、瑶、壮等少数民族，其中侗族人口比例最高。西山地形多为高山林地，耕地面积小于林地面积，由于地势原因多种植梯田。全镇共辖 16 个行政村（居），35 个自然寨，106 个村民小组，总人口约 17 万。

笔者研究的重点是陡寨、坪寨和顶洞三个村寨。这三个村寨都是侗族聚居区，是西山镇人口较多的三个大侗寨。它们由一条公路串联在一起，以坪寨为中心，向南连接顶洞，这一段的公路是 884 县道，向东连接陡寨，名为坪陡路。其中坪寨与陡寨是直接相连的，村寨间无间隔，只有观念上的界限，但没有实际划定的

① 季诚迁：《古村落非物质文化遗产保护研究》，中央民族大学，2011；刘艺兰：《少数民族村落文化景观遗产保护研究》，中央民族大学，2011；唐洪刚：《黔东南侗族民居的地域特质与现代启示》，重庆大学，2007；田泽森：《黔东南侗族鼓楼建筑技术传承方式及其影响因素研究》，西南大学，2014；赵晓梅：《黔东南六洞地区侗寨乡土聚落建筑空间文化表达研究》，清华大学，2012；邹伦斌：《文化基因视角下的黔东南侗族乡土聚落空间形态解析》，西安建筑科技大学，2016。以上均为学位论文。

② 孙旭：《集体中的自由——黔东南侗寨的人群关系与日常生活》，社会科学文献出版社，2019，第 35 页。

③ 孙旭：《集体中的自由——黔东南侗寨的人群关系与日常生活》，社会科学文献出版社，2019，第 22 页。

边界，农田房屋比邻而建。顶洞与坪寨间隔较大，大约有 5.8 千米的距离，乘车十分钟左右，顶洞与坪寨的山林和田地是紧密连接的。就整体地势而言，顶洞的地势高于坪寨，坪寨高于陡寨，这是由河流的流向所决定的。三个村寨相连接的除了公路还有一条河流，有人称其为"顶洞河"，也有人称其为"西山河"，河流自顶洞经坪寨流向陡寨，最终汇入都柳江。在生态环境方面，三个村寨四周都是高山树林环绕，也均有河流流经，生态环境都非常良好，为村寨发展提供了资源动力。

陡寨四周群山环绕，寨子中心处有河流流经，自东向西汇入顶洞河中，最终流向都柳江。房屋布局大致分为两个层次，偏北部的房屋建在山坡上，山坡上还有陡寨的萨坛，偏中部和南部的房屋则位于相对平坦的低处，在村寨中心有一个鼓楼，一座风雨桥。

坪寨与西山镇中心和陡寨紧连，虽无明显的标识界限，但人们都清楚地知道"街上"（人们对镇中心的称呼）、坪寨、陡寨三者的区别。古时是以寨门作为区分，后由于火灾等原因，各寨寨门均被毁，但观念上的"门"被保留了下来，坪寨与"街上"的界限是自镇中心大榕树沿坪陡路向坪寨行走所遇到的第一个桥，而坪寨与陡寨的界限是立有坪陡路的标识处的左侧两间房屋中间与右侧农田的沟渠相连，而这两个界限之间的范围就是坪寨的区域。坪寨周围也被山林包裹，但村寨绝大多数的日常生活空间在平地上，地势平缓，河流流经坪寨边界。现有一座鼓楼，两口古井，一座凉亭和一个萨坛，目前坪寨无风雨桥（计划修建）。

顶洞村寨距离西山镇中心较远，由 884 县道将顶洞与西山镇相连。顶洞大多数房屋建在公路南面，有一少部分的房屋建于公路北部一侧的"火型山"（当地人叫法）上。顶洞的实际面积在三个村寨中最大，人口也最多。整个顶洞由一条河贯穿，当地人称其为"顶洞河"，在河上建有三座风雨桥，除此之外，还有一个萨坛、一座鼓楼、一个戏台、一座白帝庙以及两口古井。

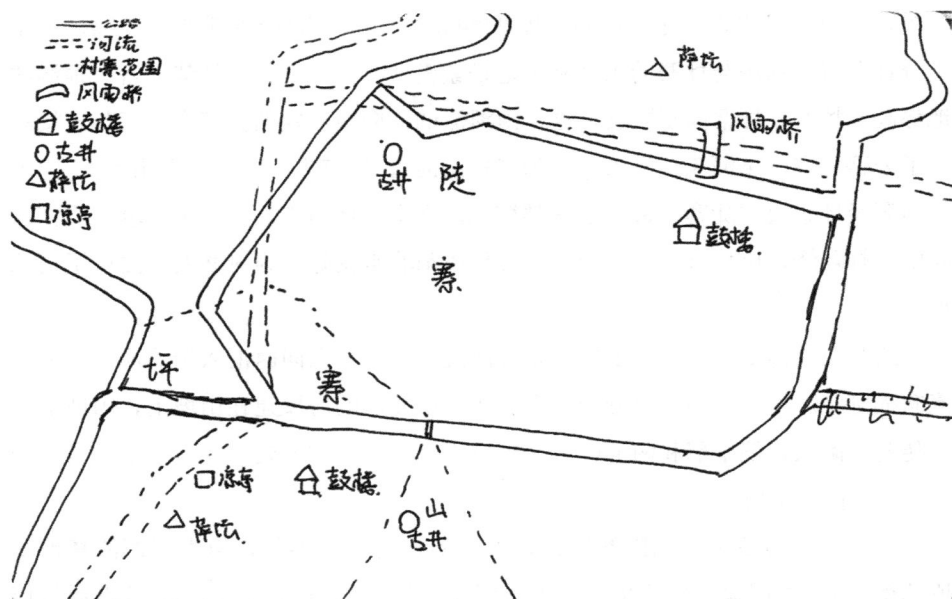

图 1 坪寨、陡寨村落分布图（笔者自绘）

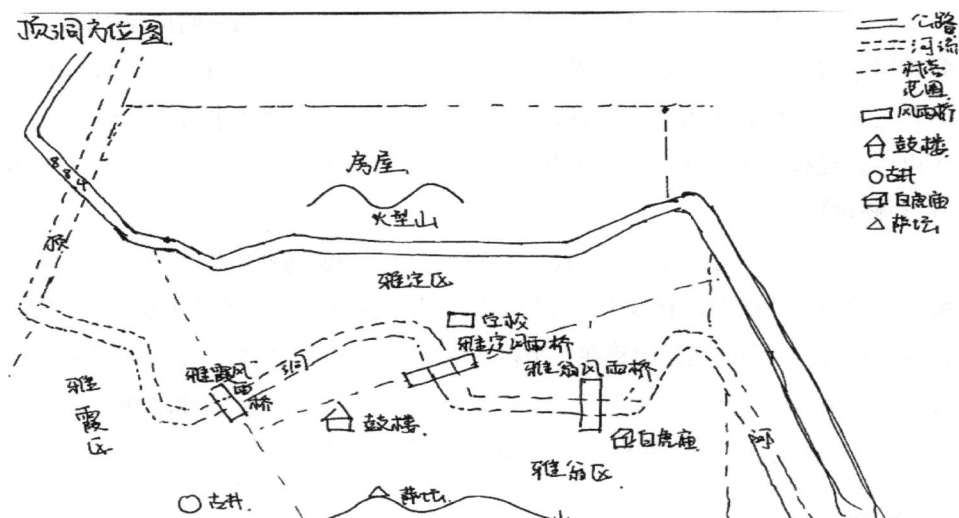

图 2 顶洞村落分布图（笔者自绘）

（四）研究方法

本文采用的主要方法是文献研究、参与观察和访谈法。田野调查大致分为四个阶段，前期准备阶段主要是在学校进行的，为了更好地进入田野，适应当地生活环境，阅读了相关的民族志资料，对侗族以及西山做了大致的了解，例如《六山六水——侗族卷》《月亮山调查报告》《款约法》等诸多文献资料，为之后的调查打下基础。

第二阶段是在到达田野点后，首先与当地民宗局取得联系，在局长和档案室工作人员许可下，浏览从江县民族志资料，包括《从江县志》《从江民族志》等文献，整理相关的资料，与同学老师互相交流分享。针对在梳理资料过程中感兴趣的话题以及遇到一些问题，寻求老师的帮助，并在后期调研中重点关注。

在到达西山镇后开始了全面调查，这一阶段主要是自由结组到村寨内对乡镇干部、民间重要人物及普通侗族群众进行广泛的访谈与观察，在真实的参与观察中熟悉三个村寨各方面的情况，这一阶段的访谈与调查涉及各个方面的内容，不具体深入研究某一特定主题，主要是为了了解侗族社会全貌，方便后续专题调查的开展。同时，在一段时间的交往后，在这一阶段已与老乡们建立了良好的关系，笔者也亲身参与了几次西山三个寨子的文化活动。

在经历了前期调查后，笔者开始在前期调查所得资料的基础上提出个人所感兴趣的问题，并以此为主题开展第四阶段的专题调查，同时开始构思设计报告的大纲框架。在专题调查阶段，结合前期资料，继续寻找关键报道人，有体系、有方向地进行访谈，不断补充关于空间问题的细节。

二、侗寨象征：集体的空间

（一）"义举共建"：鼓楼中的侗族社会

侗家鼓楼是侗族的标志性建筑，是侗族建筑工艺的集中体现，一般多见于南侗地区，在笔者田野的三个村寨中都有属于本寨的鼓楼。鼓楼是纯木质建筑，常见为重檐结构，高度约 20 米，外形似宝塔，楼顶多建有宝葫芦和飞鹤，楼檐处突出翘起，檐角也有飞鹤的形象。另外，在建筑学上也有许多对侗族鼓楼的文献著述可以参考，但本篇着重关注鼓楼作为空间的作用价值，因此在这里就不再对其建筑学上的意义进行赘述。坪寨的鼓楼建于村寨的中心地带，其建造的大致历史在鼓楼旁的"义举共建"石碑上有所记载。

坪寨鼓楼建于清朝中期，后全寨受灾，毁于一旦，深感遗憾。今有国策复兴，再现民族原生态和文物古迹，以寨老、村干为领头，寨民齐心。于公元二〇〇四年农历八月初六起匠动工，十二月十三日竣工，二十四日全寨庆典，总投资十一万六千七百余元。琼楼仿古建筑工艺，鼓楼拔地而起，居于寨中。十五层重檐，雕龙画凤，绘龙王鱼虾、飞禽走兽、人物起舞，颇为别致，雄伟壮观，高耸云霄，象征着民族团结和繁荣昌盛，显示着侗族人民的智慧结晶。从此，鼓楼与民同乐，与世长存。

其余两个村寨的鼓楼旁都有与之类似的石碑，以"义举共建"为名，记载着鼓楼建造的历史以及建造的相关信息。顶洞村的鼓楼也有官方记录，1950 年的大火烧毁了原有的三座鼓楼，后又重建，但在随后的几十年里多次发生火灾，现如今保留下来的鼓楼是在 2012 年全面竣工的。石碑或村委会文件上的记录一般是官方对鼓楼建造的直观说法。民间也有关于鼓楼历史的记忆，赵克阴作为一个数学老师，对日常生活中的数学也十分感兴趣，加之他的家与鼓楼几乎是并列而建，他便对鼓楼进行过专门的研究。

鼓楼最早是宋朝年间侗族人民为来躲避战火修建的类似烽火台的建筑，有任何战事、土匪或敌军就使用鼓楼来传递信息，村与村之间共同应对灾难。到了后来才有了鼓楼的美学意识，有了鼓楼艺术的传承。鼓楼的建筑风格多样，有正方形、正六边形、正八边形鼓楼三种，其中坪寨的鼓楼是正六边形结构的，鼓楼通体是用木材建设的，没有采用一钉一砖，全部由木头拼接而成。现今的坪寨鼓楼是 2004 年修建的，后毁坏了。原先的鼓楼建造在现今"萨丙"、凉亭后的山坡上，地势较高，在鼓楼顶部可以看到陡寨。①

在不同的村寨，鼓楼有自己不同的历史过程，据笔者访谈到的一位陡寨的建造手艺颇巧的老人石不现说：

陡寨鼓楼在"文化大革命"时期被拆除过，改革开放分组后重建。重建时，国家有下发补助，但更多的是由村民和其他村寨集资建造，没钱的村民则出力。以前的鼓楼在山坡中央的位置，由于地基被毁无法在原址重建才建于此处。②

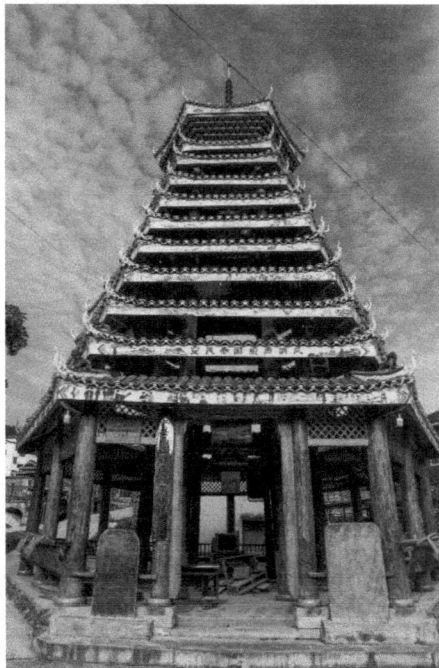

图3　陡寨鼓楼（笔者拍摄）

---

① 赵克阴：西山镇坪寨村人，男，43岁，坪寨西山小学数学老师，访谈于7月19日。文中所引用的访谈人姓名皆为化名。

② 石不现：西山镇陡寨村人，男，69岁，常年外出打工，近年回家退休养老，访谈于7月20日其家中。

由于常年打工在外且在村中没有担任职务，石不现对村寨事务和相关历史并不了解，而与他情况类似的一些村民关于鼓楼与他的说法基本一致，因此他们的说法应该是民间普遍对于鼓楼历史的记忆。为了更准确地了解陡寨的鼓楼，笔者找到了当时建造陡寨鼓楼的 24 位木匠的其中一位——陡寨的鬼师石国华，鉴于其对建造经历的了解，他为笔者提供了更为翔实的信息，他对鼓楼的历史也有更深刻的感悟。

陡寨是在人们会讲侗话之后才有了鼓楼，700 年前是没有鼓楼的。旧鼓楼是在"文化大革命"时期"破四旧"影响下被拆除的，原先的鼓楼在草梯中间，现在已找不到了。现在的鼓楼是 1984 年左右重建的，由寨里集资建造，是由村里七八名老工匠设计的，24 个木匠和两三个大师建造的。至于鼓楼的建造技艺，原来鼓楼是 7 层，现在的是 9 层。一般来说，要有 5、7、9 层，很高的鼓楼有 11、13 层，但必须是单数，因为老人家说双数不吉利，修楼梯也必须是单数，同时鼓楼的层数越高越好。鼓楼上面的画是请高增的一户专门从事这方面的人画的。鼓楼的尖顶和柱子的材料必须由三代同堂的人提供，寓意是整个寨子人丁兴旺。①

顶洞村的孟远天曾在从江某中学任校长，对顶洞的历史了解得非常全面和细致，他告诉了笔者顶洞鼓楼的大致情况。

侗族的鼓楼至今已有 700 多年的历史，其样式为模仿北京的木楼设计（形状模仿天坛）。侗族人每到一个地方建寨，第二年就要在村中心修一个鼓楼。鼓楼的选址也有讲究，要先请一个地理师（风水师），在村中心的甲、乙、丙、丁四个方位中选出"文风"，在"文风"上建楼。"文风"意为气运、贵人、家庭幸福、未来运势，能给村寨带来好运。②

---

① 石国华：西山镇陡寨村人，男，陡寨"大鬼师"，访谈于 7 月 17 日、7 月 21 日其家中。

② 孟远天：西山镇顶洞村人，男，66 岁，曾任从江某中学校长，对顶洞村历史非常熟悉，知识丰富。访谈于 7 月 18 日顶洞村传习所所长家中。

将上述几位的叙述综合到一起，可大致概括出鼓楼历史概况的一些共性：鼓楼始终位于村寨中心，由于村寨范围的变化，鼓楼也随之发生变化，鼓楼由于建材和历史等原因，都曾遭受过破坏或毁损，有过重建和修缮经历，其具体时间与石碑所记载的基本一致。

鼓楼作为木质结构的建筑本身便具有脆弱性，火灾、洪水、风吹日晒都会对鼓楼造成伤害，但无论损毁多少次，村寨都会集资重建，村民为之出钱出力，那么鼓楼到底有着怎样的作用来得到这样的重视呢？关于鼓楼的作用，孟远天告诉笔者，"鼓楼的大鼓有通知功能，遇急事连续敲击，无大事则较为平缓。同时大鼓还有通知时间的作用，在一更的时候，单次敲击，共三次；二更的时候双次敲击，三次；三更的时候三次敲击，共三次。大鼓是由通信员敲，一般就是寨老、族长"。

在几百年的村寨历史中，这些作用是否发生了变化呢？针对这些问题，笔者找到了不同类型的受访者来寻找答案。陡寨的鬼师石国华年岁颇高，经历的岁月较长，对鼓楼作用变迁的感知也更加深刻。

鼓楼的作用从以前到现在也有了一些变化。侗寨以前过年老人去鼓楼打鼓，讲故事（过去的历史传说），但现在基本没了。大年初一、初二罗汉和姑娘要在鼓楼唱歌，"吃相思"、做活动时也要在鼓楼唱歌，这些习俗至今也有保留。以前开会议事也在鼓楼，有一种说法是"有大事到鼓楼才能讲得清"，但现在有了村委办公室，会议便都在办公室进行了。以前有大事情要敲鼓，例如强盗来袭、火警、"吃相思"，紧急的事情敲得急促，一般的喊客人吃饭的事则敲得慢些，现在基本不敲鼓，只在正月初一、初二和大年三十会敲。如今鼓楼还是传习所办公室。①

此外，其他还有许多访谈者，例如顶洞的建筑大师梁鲁班、陡寨的妇女主任石玉等，他们的说法也与这些观点基本一致。而且他们都认为鼓楼的最初的功能是军事防御。因为当时强盗、匪患猖獗，为了观察敌情，通知匪情而修建了鼓楼，

---

① 石国华：西山镇陡寨村人，男，陡寨大鬼师，访谈于 7 月 17 日，7 月 21 日其家中。

这一观点与笔者在其他文献中看到的说法一致。但从不同人的表达中可以发现，鼓楼在不同村寨中的作用也有差异，顶洞的鼓楼还有报时的功能，根据时间的不同，报时的鼓声也不同，按照孟远天的说法这是仿照的京城的报时方式，由于当时顶洞是阳洞长官司，学习到了相对先进的报时功能。

对于侗族人民而言，鼓楼是侗族独特的象征和代表，即使是距离很近的苗族、瑶族也没有类似的建筑。鼓楼最初的作用在于召集聚会议事，外出征战、商讨重要决议都需要在鼓楼进行。现在鼓楼的功能所削减，通知信息的功能已经消失，而休闲娱乐的功能被保留了下来。在这些变化中不难发现，鼓楼从一个政治、仪式和娱乐交织的场所演变为单纯的世俗生活空间，其象征含义已经发生了根本的转变，唯独不变的是鼓楼仍然是侗寨的标志性建筑。

（二）"立寨先立萨"：萨丙的禁忌与规则

祭坛是在讨论侗族社会时必须要探讨的神圣空间，侗族的祭坛名为萨坛，所供奉、祭祀的是侗族的民间信仰——萨丙（汉译：寨婆、萨坛），"萨"指年老女性，"丙"指整个寨子。在不同地区的汉语称呼不同，有萨丙、萨沙、萨岁等多种说法，但在陡寨、坪寨和顶洞的村民都称其为"萨丙"（下文统称萨丙），他们认为这是保佑侗寨平安的守护神。一般来说，在侗寨建寨时就要修建萨坛，但不同寨子的实际情况也有不同。

坪寨的鬼师杨德光[①]说："坪寨的萨婆是从洛香引过来的"。陡寨的鬼师石国华也表示，陡寨原来是没有萨坛的，是"吃相思"的时候从别的寨子学习来的（此外也有说法认为陡寨的萨坛自建寨就有）。而顶洞的鬼师梁国富[②]则告诉笔者顶洞萨坛是建寨就有的，并非向谁学习来的："萨坛是选定一处风水好的千年矮（也叫万年青），此处则自然成为萨坛，而非刻意种植、搭建。"或许是由于每个寨子建萨坛的时间都比较久远了，在问到什么时候引入萨丙以及从哪里引入萨丙的问题时，他们的记忆都有些模糊，但从他们的回答中我们也能了解，不管萨坛源自何

---

① 杨德光：西山镇坪寨村人，男，43岁，坪寨鬼师，他的父亲是坪寨出名的大鬼师，访谈于7月24日其家中。

② 梁国富：西山镇顶洞村人，男，50岁，顶洞鬼师、风水师、地理先生，家中有全套的鬼师工具。访谈于7月24日其家中。

处，它都在寨子中都存在了很长的时间。

图 4　坪寨萨坛门口（笔者拍摄）

　　萨丙作为保佑全寨的神灵，自然在村民心中有着崇高的地位，祭坛对他们而言具有神圣的意义，因此在萨坛必须遵循的禁忌也值得注意。对陡寨的情况，笔者询问了陡寨现存唯一的一位鬼师石国华以及家住在萨坛旁边的女寨老石玉，他们对萨丙以及祭萨的表述基本一致。萨坛自建寨起就有，一般很少重建或修理。除修建萨坛时期外，其余时间，尤其是祭祀时，必须由石宝刀①家族领头才能进入萨坛，其家族负责管理祭坛以及祭祀物品（九龙宝刀、一件衣服、一把旗子），一般人不可随意进入萨坛，只有在过年的正月初一、初二祭祀时由其家族带领才可进入。

　　坪寨的情况则稍有不同。萨坛一般会在正月初一和正月十五去两次，初一的祭祀只有石家人（坪寨也称石家为"寨主家"）前去烧香，向祖先叙述过去一年的事，感谢祖先庇佑，在这一天其他人都不可进入萨坛。第二次正月十五的祭祀则是由石家家主领头，带领鬼师、寨老祭祀，主要是祈求新年平安、祖先保佑，萨坛所摆的鸡、鸭、酒也都由石家人出钱购买。

　　顶洞的祭萨则有正月初一、正月十五、八月十五三次，具体流程与其他两所

_____

① 石宝刀：西山镇陡寨村人，男，80多岁，陡寨曾经的老人协会会长，是萨坛管理家族的家主。

寨子并无什么不同，不过祭萨的物品（仅有一顶帽子）是由鬼师保管，带领其他人进入萨坛的家族是蒙家，也是顶洞的最先到来的家族。

关于这一神圣空间的禁忌，三个寨子的说法大体相同：禁止外寨人和孕妇进入萨丙；除祭萨时，不得随意出入萨坛；不可以在萨坛行不敬之事，此外顶洞还有不可穿红衣服进入萨坛的说法。

我们曾在顶洞村民的许可下，由当地人带领进入到萨坛内部，从村头出发向村尾的方向一路往高处走，路径蜿蜒曲折，差不多走到山的最高处有一条小路通向玉米地，玉米地外围的一部分用木头围起，推开木门进到玉米地深处有一棵万年青，此处即为萨丙祭祀处所在。这一片田地从外观看并无丝毫神圣或特殊之处，祭坛与庄稼融为一体，显得很不起眼，但此地除了特定需要祭祀祈祷的时期，几乎很少有人主动走上来。孟远天在向我们介绍时也说过，当地人相信，如若未经同意随意闯入，会发烧生病，严重者则有可能危及性命，因此村寨的侗族人民都默默遵循萨丙的规则，维护着它的神圣地位。

西山地区的空间不仅仅是集体意志的浓缩，实际上也体现了一种文化分类，是侗族人群宇宙观、世界观的一种反映。以萨丙为例，它作为侗族社会最为神圣的信仰，拥有最多禁忌的空间，深刻地体现了侗族社会的宇宙秩序。不同于汉族社会的"女娲造人""盘古开天辟地"，西山地区有着自己独特的创世体系和信仰系统，萨坛所供奉的"寨婆"就是他们的开寨女神，是庇佑整个村寨的神灵，而这一信仰并非是针对村寨个人的，萨丙象征的是整个寨子，个人一般不会去拜她，只在有村寨集体活动的时候才会以集体的方式祭拜。虽然随着历史发展，侗族社会与其他民族、地区的交流愈加频繁，文化融合也愈加丰富，信仰体系也受到了外来文化的影响，但总体来说，侗族社会的信仰系统是较为单一的。

不仅如此，通过西山的空间禁忌，还可以感受到侗族人民对于神灵、风水的敬畏，无论是萨坛的人员禁入规则和祭萨时严格的仪式流程，抑或是建寨安家的勘测龙脉、清扫"邪气"，都体现了他们对神圣规则的尊崇，与我国许多少数民族存在的"万物有灵"信仰一样，西山的侗族社会也秉持着万物都有灵魂的观念，谨慎地遵循着他们的宇宙秩序。而从他们的这些空间使用和禁忌规则中可以发现，社会的控制力与超越世俗的神圣象征之力对西山侗族人群产生了深刻的影响，二者在社会中协调共存，不断互动，形成了西山所特有的观念世界。

基于这样的观念，人们在使用空间的过程中往往是带有正向情绪态度的，西山地区的人们在空间中的行为表现出了他们的世界观，他们遵循不同空间的规则，对侗族的各种空间都怀有敬意和自豪感，最为突出的就是对鼓楼的骄傲情绪，而这些离不开西山人对世界的认知观念，对自然、灵魂的敬畏。西山地区的人们对于自己所处的位置，如何分析和看待事物有着和他们的宇宙观相对应的一套体系，而这种对于宇宙、世界的看法就可以通过空间与社会的互动展现出来。

三、聚会中的集体与社会

在侗族社会中除了鼓楼和萨坛这类有着神圣意义的空间，还有具有世俗性的日常活动空间不容忽视。本节集中讨论西山侗族人民日常活动的空间，通过对人们在这些世俗空间中的行为来感受这些空间背后的社会关系。

（一）"打平伙"：风雨桥上的交际往来

风雨桥是侗族特有的建筑，因方便行人避雨而得名，普遍流行于南侗地区。一般的风雨桥由桥、塔、亭三部分组成，顶上通常是宝葫芦的形状样式，整体来说是一种木质结构的长廊式建筑。新式的风雨桥一般多在内部顶檐作画，画的内容一般为侗族特色民俗文化，两侧的石柱上写有护寨或建桥的对联，陡寨的风雨桥和顶洞的雅定风雨桥都具有这些典型的特征。

陡寨的风雨桥有三个塔顶，内部亭檐上画有十四幅风俗画。顶洞的雅定桥是三座风雨桥中比较有特色的，雅定桥的桥头上方有一双龙戏珠图，左边柱子写着"杨洞寨中山龙地虎风雨桥"，右边写着"吉星高照国泰民安天地好"，桥内的顶上分别画着"放水排""侗家名菜（烧兔）""七月十四——拦路歌"等侗族特色活动。

图 5　陡寨风雨桥（笔者拍摄）

如今一些侗族村寨已经没有风雨桥的存在了，由于风雨桥自身木质结构的脆弱性，易遭损坏，现存的风雨桥没有历史比较悠久的，大多是翻新重修的，在一些村寨风雨桥旁的石碑上便可以了解到风雨桥的大致历史。例如坪寨的风雨桥自一次毁坏后便迟迟没有重建，直至近年为了传承民族文化，坪寨才准备重修风雨桥。

在坪寨风雨桥原址旁的石碑上至今仍有关于桥的历史记录，《西山新建西华桥碑》[①]记载西华桥原名西梅桥，百余年来曾两度修建，首次建于民国庚辰年，1955 年因朽败而坍塌，由于工程浩大、经费难酬，四十年间并未重建，后在政府资助下于 1982 年重建，桥碑记载到这里就结束了。在另一篇《重建西山桥序碑》的记载中说道，"前届重建在民国十六年之冬至，本年九月又因朽败而崩塌"[②]，而后由于 2000 年西梅公路石拱桥修筑完毕，取代了风雨桥的通行功能，便一直没有重建。石玉是陡寨的妇女主任，她的父亲就是当年建造、设计风雨桥的几位工匠之一，她向笔者介绍了一些陡寨风雨桥的基本情况。

以前的风雨桥只是简单地用一块板和石头搭建而成，其目的是为了方便通行……由于长期接受风吹日晒，这座风雨桥在 1981 年修缮，后又在 1996 年被洪

① 张子刚编《从江石刻资料汇编》，2007，第 82 页。
② 张子刚编《从江石刻资料汇编》，2007，第 90 页。

水冲垮，1997 年再度修缮，但随后又遭损坏，新的风雨桥是在 2018 年重建的。风雨桥的位置从未改变过，形态自二十世纪八十年代后也基本没有大的变动，但其作用随着历史的变迁有所增加，除方便通行外，还增加了闲谈和乘凉的功能，是休闲娱乐以及招待客人的场所。风雨桥的建造和设计的七八位师傅已去世，很遗憾图纸没有保存下来。①

但陡寨风雨桥旁的石刻在时间上与她的说法稍有出入，陡寨《交边桥记》（当地人均称其为"交 dao 桥记"）记载此桥民国庚午年始建，1990 年被山洪冲毁，1991 年村民集资重建。或许是记忆出现了偏差，笔者在问到其他人时，大多也很难回答出具体的时间，只是知道大概的一个历史。

顶洞的梁鲁班就是顶洞雅定桥的设计者，据他说，顶洞现有的三座风雨桥，其余两座都是政府找外寨的人来修建的；高增有人专门从事鼓楼和风雨桥的修筑活动，还有桥上的风俗画也是由其他寨子专门的手艺人来绘制的；当时修雅定桥时，顶洞的村委为了发展民族特色建筑，曾派他去高增学习，学成归来后设计搭建了如今的雅定风雨桥，目的一是为了通行方便，二是为老人提供休闲活动场所，但最主要的还是为了传承侗族的特色建筑文化。但当问到他设计风雨桥的形制要求以及是否有相关禁忌时，他表示他本人对于形制也很难讲清楚，他只是学习了基本形态并未深入了解。至于禁忌方面，他认为风雨桥是公共场所，并没有什么禁忌，大家在风雨桥上都很随意放松。

提及风雨桥上最常进行的活动，除去老人们日常的闲聊避暑，那便是"打平伙""吃相思"。按照西山镇侗族人民的说法，"打平伙"是与客人沟通感情的宴席，参加宴席的双方各自制作一半菜肴，由自己准备自己这一方所需的食材，准备完毕后，双方聚到一起，分别制作自己想要分享的美食，最终一同盛放至风雨桥的长桌上，共食长桌宴。恰好笔者一行人在田野时经历了一次与顶洞人"打平伙"的活动，借此机会便记录了这次宴席的大致流程。

在确定与顶洞的村民约好要一起"打平伙"的当晚，我们便拟定了菜谱和需要购买的食材，第二天一早我们便去集市购买了这次长桌宴准备制作的食材，到

图 6 风雨桥长桌宴（笔者拍摄）

达顶洞后便赶往做饭之处备料炒菜。双方各自制作完一半食材后便在风雨桥的长桌上正式开始宴会，长桌两边分别坐着主人与客人，一面为顶洞的侗族居民，他们身着传统侗族服饰，另一面则是作为客人的我们。正式用餐前，主人要唱迎客歌，歌声落下客人便要举杯表示感谢，用餐途中聊到兴起，便会再度唱起敬酒歌。亲身参与过"打平伙"的活动中，笔者更能感受到顶洞侗族村民的热情好客以及侗族文化的魅力。

（二）"奔苟"的约会：家屋中的公共空间

家屋实际是在探讨空间时不容缺少的一个环节，除了鼓楼、风雨桥等公共空间外，人们最多的就是待在自己所居住的日常生活空间，即自己的房屋。西山的家屋空间也适应了侗族人的生活习惯。传统意义上的家屋实际上是一个非常私人化的空间，但据笔者观察，在西山三寨中，人们对家屋的隐私性并没有想象中重视，许多日常的交往活动都会在家屋中进行，时常可以看到一群人坐在某一位村民的家中聊天吃饭，而往往这些人的聚集并非是为了节日或喜事，而是"奔苟"聚会的常态。

"奔苟"即西山地区年龄组的统称，人类学意义上的年龄组就是指同龄同性伙伴群体，也就是在一定的地域范围内，把社会成员按年龄大小分成若干个群体。在侗族社会中，某一地域范围内，年龄相差2岁以内的社会成员经过自然的相处形成一个团体，同一个年龄段中会有多个这样的团体，也就是有多个年龄组。侗族人民将这样的年龄组称为"奔苟"组织，简称"奔"，在侗语中意为"最知心的朋友"，就是指和自己年龄相差不超过2岁的、从小到大相处在一起的同性伙伴。"奔"组织是限于本寨内成员之间的，没有跨寨的"奔"组织，一个人在一个寨内只能加入一个"奔"组织。同一年龄段的异性"奔"之间常常会形成双向的固定的友好关系，经常对歌聚会，都是一起长大的好伙伴。

在这样的年龄组交往中，家屋作为私人空间的作用发生了转变，它为"奔苟"的日常活动提供场所，带有了公共性的色彩。由于"奔苟"之间亲密的关系联结，家屋就成了他们日常聚会中必不可少的空间。笔者在访谈过程中经常遇到访谈对象的朋友来他的家中找他闲聊、打牌等。在与他们的交流中，他们都表示，只要他们都在寨中，一般每天都要聚会，聚会的场所一般都选择在同伴中一人的家中，有的年龄组的聚会场所会固定在特定某个人家中，有的则是轮流坐庄，一起聊天、娱乐，还要一起做饭吃饭，这就是他们的日常娱乐活动。除了奔苟之间还有寨老协会的日常聚会都会在某一户家中轮流进行。由此可知，小集体间的聚会的大部分都是在家屋中进行的，家屋也因此可以成为研究各个村寨中社会交往联系的重要场所。

遇到婚丧嫁娶等大型的宴会时也会在家中宴请宾客，当家中难以完全放下座位时，会在家门口的街道以及临近的几户人家摆席。坪寨为了满足村民宴请聚会的需求还发展出了新的社会空间——现代化服务中心。综上，无论是服务中心还是家屋，在西山三寨村民的日常生活中都起到了承办集体聚会的功能性作用，而这种以小型集体为核心的聚会也展现出了西山地区人民的社会联系与习俗观念。

四、不同集体意象下的空间差异

上文所研究的空间，大多是以整个村寨为一个集体所认同的建筑空间，是以整个村寨社会为单位，集体共同生产的社会空间。这些空间服务于整个村寨集体，并且从表面上来看，除祭坛外的空间内部的活动并没有什么特殊限制，人们在这些空间中的参与大多没有性别、年龄、权力等方面的差异。但在西山的村寨内部，实际上有着更为细致的空间分类，这些空间分类一方面对应的是村寨内部更为复杂的人群划分，另一方面，也体现着地方文化的文化分类。本节以西山地区规模最大、历史底蕴最为丰厚的村寨——"顶洞"为主。

（一）三区分界：顶洞空间中的年龄组交往

整个顶洞共有三个分区，分别是"雅霞""雅定""雅翁"三个区，在三个区域各有一座风雨桥，风雨桥的名字与分区名字相同。按照孟远天的说法，顶洞历史上有三座鼓楼，分布在三个区域，后在火灾中都被毁坏殆尽，现存只有一座鼓楼，也就是目前位于村寨中心的鼓楼。根据这种说法可以推断，顶洞的三个区域历史上是有着完整而又独立的空间结构的。三座桥按照河流流向，自东向西可依次排序为雅翁桥、雅定桥和雅霞桥，桥与房屋相连，构成了区域的界线，将整个村寨分成了三个区域。

在与许多顶洞居民的访谈中，笔者发现，各区的居民都很明确自己所处的区域范围，并清晰地将自己与其他区域的人区分开来。虽然在访谈中大多数村民对于分界的由来并不清楚，对于各区域的区别也仅仅停留在地理空间的层面，但是笔者将顶洞的所有访谈材料整理分析后发现，三个区域内生活的姓氏家族隐隐约约与区域划分相关联。顶洞共有四大姓，分别为梁姓、石姓、孟姓和潘姓，此外还有最初到达的蒙姓。而笔者在顶洞活动中发现，同一姓氏的村民大多居住在相临近的地区，例如顶洞的梁姓大多居住在雅翁区，石姓大多居住在雅定区，但如今的居住格局并非完全按照姓氏分割开来，只是部分同姓氏的家族相对集中。

不仅如此，不同区域之间的年龄组的交往也有着严格的规则。未成年的男女年龄组在日常的往来中有限定的区域范围，按照当地人的说法，每个区的孩子只能和这一个区的其他同性同龄人结成年龄组，即一个同性年龄组的人员必须是同一个区域的；而异性年龄组交往过程中的规则又与此相反，某一区域的年龄组只能与另一区域的异性年龄组"吃相思"，例如，雅霞区的女生年龄组只能和雅定区的男生年龄组交往，而雅定区的女生年龄组只能与雅翁区的男生年龄组"吃相思"，同样，雅翁区的女生年龄组则只能与雅霞区的男生年龄组聚会。而在婚姻交往方面则不受区域的限制。对于这个规范是否在严格执行，笔者也曾感到疑惑，西山小学的宋老师把她女儿的故事作为例子提供了借鉴。

我是外来媳妇，当时不懂这里的规矩，我女儿小的时候总去找雅翁区的孩子玩，我也没管，但总有人在背后说闲话。后来有人看不下去了告诉我说我们坏了规矩，我们雅定区的孩子应该要找我们自己这个区的孩子玩。大家一直那么说，没有办法，就只能让她换了朋友。再后来（换了之后）她们这一帮人，就固定和另一个区的一帮男生交朋友，然后他们一直玩到了现在。

不难看出，不同区域间的交往有着一套成熟且严格遵循的规则，而这种交往规则或许也与空间的族源历史有关。而在这种规则的要求下，三个区域的空间不再仅仅是物理上的简单划分，更包含着人群划分以及社会关系的社会空间划分，内部有其自身运行的秩序。同时，这种分类方式也体现了顶洞社会空间背后复杂的文化内涵，形成这种独特的空间格局的原因需要进行深入探究。

（二）青龙与白虎：风水观影响下的空间分类

除去受到族源历史影响而形成的三区分界外，顶洞还有与此并行且互不干扰的另一种空间分类，即按照村寨的风水划分的青龙区与白虎区。顶洞现存的庙宇只有一座白虎庙，白虎庙除主体外，还包含三个部分，分为白虎亭、龙虎井和祭台。走近，首先看到的是龙虎井，面对龙虎井，从左边开始看，分别是虎、龙和玉麒麟。

图 7　顶洞龙虎井 （笔者拍摄）

　　龙虎井左手边是白虎庙，其外形是一个木制的小房子，里面十分昏暗。进庙的右手边则为祭台，祭台修了一个小房子。出了祭台，在龙虎井的右边有一个白虎亭，在亭子内部的顶部有一块"白虎亭捐款公示"，在旁边还立着一块龙虎井的介绍碑。根据白虎庙中木牌和石碑上的内容，可以得知这座庙宇最初的修建便是为了适应顶洞的地形与风水，为适应"虎山形"，协调"左膀右臂"的"青龙""白虎"而建成。这也是笔者在顶洞找到的关于白虎庙修建的最官方、最早的记载。为了更好地了解顶洞村民的风水划分，笔者找到了顶洞的风水先生梁国富对空间风水做了更详细的解读。

　　首先，顶洞的空间区分在风水上也有独特之处，寨子内有"青龙""白虎"之分。按照鬼师的说法，整体是"左青龙，右白虎"的布局。白虎庙之所以得其名，则是由于它位于白虎区，"青龙"与"白虎"是以鼓楼和大榕树为界限的，地势偏高的榕树向后一侧（左侧）为"青龙"，榕树向白虎庙一侧（右侧）是"白虎"区。而据老人所说，鼓楼建于此处既有处于全寨中心风水好的原因，也是为了阻挡"白虎"的"气"冲压"青龙"，保护青龙区安稳。白虎庙的选址也有其独特原因，除地处白虎区外，还因为顶洞面向"火型山"（M），并由一条路和风雨桥将寨子对住山的凹口，这种情况下，在此处立庙是为了阻挡火型山"山气"的冲击，保护寨子平安。

　　除了上述的空间布局，顶洞的空间布局还有一些禁忌需要遵循，例如，不能对着火型山建寨子，否则会"冲撞"山的气运，进而引发火灾，于是后来顶洞在火型山上建了房屋，目的在于分散火型山的"气"。按照当地人的说法，自此之后顶洞的火灾也相应减少了。此外，还有不宜在"龙脉"上动土的说法，这一说法不仅仅在顶洞存在，在坪寨和陡寨也很受重视。

综上所述，我们从这些空间中能感受到，空间不是简单的自然地理形式或者是人为建构的物理环境，空间也包含着人的观念与各种实践活动所建构的结果。因此，对于空间的探讨不能仅仅停留于建筑空间本身，更重要的是挖掘人在空间中的活动，从而来了解蕴含其中的侗族社会人群关系以及文化逻辑。在西山，每一个空间都是充满着人的活动的，从鼓楼的修建开始，我们便可以看到集体的参与、具有象征权力的家族参与以及基层权力的复杂关系，在神圣空间的仪式活动以及规则禁忌里，侗族的社会秩序、宇宙秩序，都通过一系列的祭祀活动在空间中得以反映。可以说，侗族人民在与自然的协调过程中，发挥自己的主观能动性来适应客观世界，创造出了许多独具特色的建筑，并赋予这些空间以社会意义。集体生产出了空间的内涵，而空间又反过来在不断塑造着集体的性格与文化。

五、村落空间中的权力与关系

社会集体文化观念塑造着空间的社会意义，而空间也在不断建构着社会的权力与联系。正如黄应贵所说，权力本身就是空间的基本性质，而这种权力的来源之一便是物质性空间的可用性，由此也就构成了社会关系。[①] 空间与权力的关系是一个长久的话题，对二者的联系与相互作用已有许多的讨论。同样在西山地区空间背后也蕴含着社会的权力关系网络，因此在这一节，笔者将聚焦于侗族社会中空间结构下反映的权力与社会关系，来了解空间意义是如何被创造并不断发展变化的。

（一）"入场在人先"：先到家族的权力地位

在与石国华聊天时，他曾表示，"鼓楼所用的柱子必须由三代同堂的家族捐赠"。而在很长的历史时期里，三代同堂需要良好的家庭条件做铺垫才能够实现。

---

① 黄应贵：《空间、力与社会》，"中研院"民族学研究所（台北），1995，第7—10页。

在侗族有文字记载的历史上，也有文献指出许多侗族社会中的鼓楼是由村寨中的"寨主"或当权者主持修建的，而这些人也需要负责捐赠鼓楼建造所需的主要材料。虽然如今的西山地区看起来是一个平等、无阶级的社会，在空间的建造和使用上没有太大的限制和差异，但是"先到家族"的部分特权却是始终保留下来的，而且这些家族也是历史上侗族社会中"寨主"般的存在。

不仅如此，在对萨丙的介绍中，笔者曾提到过陡寨的石宝刀家族，他们掌管着祭萨使用的仪式物品：九龙宝刀、旗子和衣服。在祭萨过程中要由这一家族的人带头方可进入萨坛，在祭萨完毕后需要到鼓楼敲鼓，敲鼓人必须是这一家族的人。顶洞的蒙家也有类似的权力，在祭萨时领头进入，在刻石碑时要先将其家族成员的名字刻在前面，搞活动时要由蒙家家主出面参与主持。坪寨的石家比起这些家族的权力还要更多一些，这一家族不仅掌管着萨坛管理的权力，过年时也要由该家族在鼓楼敲完鼓、放完炮之后，其余的人才可以放，而这一规矩早已成为坪寨人心中约定俗成的习惯法，如若有人不遵循这一规则，需要缴纳罚款。除此之外，石家每一任家主在达到一定年龄后会自然成为坪寨的寨老，同时也是坪寨的寨主，其权力世代传承。石家现任家主石月先家中有一首其姐夫写给他的藏头诗，可以很好地概括出其家族的权力："石质好又坚，明祖建寨先。州乃后裔员，入场在人先。"

这些"特权"家族的共同点就在于，他们都是最早到达寨子的家族，坪寨的石家和顶洞的蒙家都是开寨家族，直至今日，石家家主和蒙家家主都被人们默认为是自己寨子的寨主。虽然现在并没有村民确切地知道陡寨的石家是否是最早到达陡寨的人，但依然有一些依据可以证明这种猜测，石宝刀家族是石家初二堂的，初一与初二两个堂是最早到达陡寨的家族，因此其也可以被认为是开寨家族。此外，还有一个关于其家族权力来源的传说故事，是由陡寨的鬼师石国华讲述给笔者的："相传在陡寨刚刚建寨的时候，寨婆要寻找她的守护家族。一位蒙面鬼师找到寨婆，并问她要选择哪个家族来守护她，寨婆选中石宝刀的祖先，自此这一家族便世代守护着萨坛，管理着祭祀所用的仪式物品。"

顶洞的家族权力对于空间的把控还体现在另一个方面，顶洞最早来到这一地方的家族有四个，按照先后顺序依次分为：蒙、梁、石、潘。据孟远天与梁国富所说，在念到这几个家族名称时，这一顺序非常重要，不可颠倒，否则是对这些家族的不尊重。萨坛是由这四个家族共同管理的，在祭萨时，也需要这四个家族家主共同参与，蒙家要走在最前面，其余人随后。

另一方面，在访谈时，这三个寨子的人都表示，这些家族并不存在什么实质的特权，这些权力只是他们出于尊重给予开寨家族的荣誉与虚权。在询问他们为什么会包容这些"特权"的存在时，有着不同的回答，总结起来原因大概有以下几点：第一，由于这些家族是开寨家族，没有他们就没有这个寨子，最初的"活路"就是由他们搞起来的，他们的家族理应受到尊重；第二，这是祖辈沿袭下来的传统，要尊重历史，尊重祖先；第三，这些特权并未导致生活生产资料分配上的不平等，并没有影响到其他村民的权益，这些家族在土地以及村内事务的决策上并未享受其他人享受不到的优惠，在这些方面全村人都是平等的。

当然，这些家族享有"特权"的同时，自然也承担着对村寨的义务，虽然没有村规民约规定他们必须比别的村民付出的更多的钱财与精力，但是与生俱来的"权力"无形中要求了他们需要为村寨做出更多的贡献。以坪寨石家为例，根据碑刻记载以及村民叙述，石家在坪寨修缮凉亭、古井、鼓楼时都捐赠了大量的金钱。

（二）空间意义的再创造：空间的发展与变迁

随着田野的不断深入，接受访谈的村民也在不断增多，笔者发现，他们在对村寨公共空间，即鼓楼、水井、凉亭、风雨桥、萨坛、庙宇这一类建筑进行捐助时是主动的，也是心甘情愿、充满热情的。究其原因，这些空间及空间下的建筑对于村寨而言，是公共财物，是属于每一个生活在这一村寨的居民可以使用的空间。因此村民认为自己所捐献的财物、劳动力都是在为自己创造价值，造福自己的生活。而出现这种观念及现象的一个关键原因就是，侗族社会的相对平权状态[1]，一般除了神圣空间中有专职人员享有特殊权力外，其余的侗族社会空间都是大家共同使用的，内部并没有明显的等级差异。或许正是由于西山地区的村民享

① 林淑容：《"平权"社会的阶序与权力——以中国侗族人群的关系为例》，《台湾人类学刊》（台北）2006年第4期。

有同等使用空间的权力，才可以使得他们自愿为这些空间贡献自己的一分力量，每一个人都参与到空间的建设中去。

六、结论

笔者认为，要理解侗族社会的各类建筑空间，不应该简单将其视作具有"侗族特色"的象征符号，而应重视空间的社会性，深入了解空间、人群、文化，三者之间的关系。同时，人在空间中的活动也不断生产、调适着人与人，人与集体以及集体与集体间的关系，通过空间，我们得以进一步了解侗族人群真实的生活世界与观念世界。

第一，西山地区的社会空间实际上囊括了不同社会群体的各种活动，不断影响、建构着西山的社会结构。侗族社会结构并不复杂，不同社会角色的权力和职责也很简单，也正是因此，空间是简单社会中交往活动的关键所在；而根据西山社会的各种互动关系，就能了解到集体空间的重要地位。除此之外，村寨间的交往也离不开集体空间。侗族历史上就有"村寨联盟"的说法，直至今日，这种说法变为了"友好村寨"，而为了维持这种关系，就需要定期的聚会。鼓楼和风雨桥长久以来都是村寨间聚会的重要场所，是维系村寨关系必不可少的社会空间。正是基于这样的社会关系和社会互动，人们需要集体空间来进行集体往来，这也是西山地区的侗族人民如此热衷于集体活动的原因所在。

第二，除了上述实质的社会交往空间以外，西山侗族人群也在此基础之上形成了一种具有集体取向的文化观念，并通过各种文化手段传承与强化这种集体意象，如侗歌的集体传唱，以及在侗族的诸多神话传说中都能看出人们强调村寨、人群关系的集体主义取向，这种集体观念又被人们在日常生活中实践，表现为侗族社会诸多集体节日和习俗，如男女对歌、集体聚餐等。而这些实质的交往与文化的象征，都贯穿在侗族社会的方方面面，并且通过物理空间呈现出来。同时，凝聚了集体意象的空间，又反过来增强了侗族人群的集体联系与集体意识，强化了侗族的身份认同。

出于这些原因，西山地区的人民重视集体的观念，究其根本，是因为侗族社会的空间背后是他们特有的社会组织形态与特有的集体观念，而正是这种集体观念生产了社会化的空间，并使其在侗族社会中持续发挥着作用。集体观是最深刻影响侗族空间社会性形成的文化内涵，除此之外，侗族社会整体的风水观、历史传承、方位感等文化观念也都在空间的文化内涵建构中发挥着重要作用。

指导意见

山东大学

和文臻

    这篇文章最初是闫冰同学在 2017—2018 学年春季学期都市人类学课程的学期论文，从"代表传统的广东省博物馆为什么会迁移到花城广场这样一个城市 CBD？"的研究问题开始，闫冰同学开始构思她的研究与田野调查，并最终写成了她作为人类学学生的第一篇正式论文。

    这篇文章有过许多的问题。比如，刚开始，文献综述跟论文正文关系不大，两个部分似乎互相独立，读起来并没有很清晰的逻辑链条，有些混乱。为了解决这个问题，闫冰同学对田野材料进行了补充和删减，并且重新构思了文献综述的逻辑和体量，删去了一部分在研究范围之外的内容，与此同时，她也补充了一些参考文献，以使得文献综述更加条理清晰且切合研究主题。在这个过程中，她对文献综述的把控能力有了提高。

    而这篇文章的田野调查在准备时经过了多方的牵线搭桥。通过我，闫冰同学认识了本校文化遗产研究院的老师，而这位老师又帮助闫冰同学联系上了广东省博物馆的负责人和相关设计师。在进行研究时，她前往广东省博物馆，与广东省博物馆有关工作人员进行了与博物馆、物质文化、建筑、空间和展示等方面相关的访谈。这些访谈比较特殊，因为这要求闫冰同学额外去掌握人类学学科外的知识，以便与设计师们进行更高效的沟通和相互理解。此外，闫冰同学也对广东省博物馆的游客等进行了观察与深度访谈，对他们的特征、行为进行观察，并对他们的感触进行访谈和理解。田野调查所获得的宝贵资料以及后续的理论分析也最终被用于解决最开始的研究问题。从这个意义上说，她的研究逻辑是完整的。

诚然，这个研究有许多的瑕疵，但是，对于当时正上大二、初接触人类学不久的闫冰同学来说，这是一个非常不错的研究，她也在田野调查、论文写作、文献阅读的过程中积累了经验，这些经验都为她日后的学习和研究打下了基础。作为她的指导老师，我非常高兴看到她能在最初接触人类学的时候写出这样的学期论文，并不断对这篇论文进行修改与打磨。希望在她日后的学习中，能一直保持对田野调查的兴趣，以谦虚踏实的心态继续探索人类学的世界。

建在城市中心的博物馆

——城市形象的空间叙事与知识生产

山东大学人类学系 2016 级本科生　闫　冰

指导教师　和文臻

一、导言

从列斐伏尔开始，空间研究便走向了关于空间本身的生产等方向。空间本身也渐渐与空间背后所代表的意识形态、知识等密不可分。"博物馆"作为现代社会经典的社会空间、公共空间之一，因其所具有的文化与教育功能而受到国内外诸多学者的重视。

在第三产业迅速发展的如今，城市发展与城市所具有的历史文化资本有了更深层次的联系。城市的历史文化资本也渐渐成为促进城市经济发展、形象建设等的重要因素。博物馆作为重要的收集、展示城市历史文化的空间与窗口，在现代化建设中起到了提升城市文化软实力与文化竞争力的重要作用。此外，"博物馆"本身作为城市文化的象征，也在招商引资、吸引旅游等方面发挥着重要作用。

本文的研究重点在于广东省博物馆如何利用对广州历史文化的展示及自身场馆设计，配合外部珠江新城花城广场这一广州中心 CBD，构筑广州开放、包容的城市形象。同时，本文也将运用托尼·本尼特的"政治博物馆"理论，将博物馆本身看作是一种文化技术与政治空间，分析广东省博物馆的知识生产如何重整资源，构筑城市形象，助力城市发展。可以说，通过运用广州历史文化进行空间的再生产，产生关于"广州"的城市知识，配合广州珠江新城CBD，完成了广州城市建设与城市转型的重要一步。这其中，对于历史文化作用的发挥以及博物馆在文化教育、经济发展两项功能上的双赢，值得众多城市借鉴。

二、文献综述

（一）国内文献综述

我国关于博物馆与城市形象的研究较多，既有最开始的理论发展研究，也有后来各类学者对各种博物馆或城市进行的个案研究，且我国学界近年来出现了几篇较有代表性的运用知识生产的角度研究博物馆的文献。

我国关于博物馆与城市形象的研究主要集中在博物馆学、设计学与传播学领域，运用社会学与人类学学科知识与方法对其进行研究的文献相对较少。这方面的研究主要分为两类：一是博物馆的外在设计（如建筑本身等）与城市形象的关系；二则是博物馆本身，如展品、空间等，如何通过各种手段形塑城市形象。

早在2008年，项秉仁、吴云一两位学者便在《当代博物馆建筑与城市文化》[①]中提到了当代博物馆建筑设计与城市文化之间的关系。他们二位在文章中从当代博物馆建筑与城市的象征的经济方面、博物馆文化作为组织城市空间的手段方面、博物馆与城市大众文化消费方面探讨了当代博物馆建筑在城市文化背景下的发展特点。两位学者多角度地对博物馆在城市经济与文化中的作用进行了分析，且简要地运用了多个个案进行佐证。当然，这篇文章也存在忽略参观者感受、未对内在机制进行更进一步地探讨等缺陷，但这并不妨碍该文献对本文探讨广东省博物馆建筑设计与其所塑造的城市形象的关系具有重要指导作用。后来，汪晓东在《美术馆的设计与城市形象发展》中树立了北京各个时代美术馆外观设计与城市形象之间的关系，分析美术馆建筑设计如何反映和引导城市形象的发展。当然，

---

① 项秉仁、吴云一：《当代博物馆建筑与城市文化》，《建筑学报》2009年第2期，第81—85页。

这篇文献更侧重历时性研究，所涉及的研究对象较为宽泛，且由于其建筑学的学科限制，并未抽象出美术馆对于城市形象具体的塑造机制理论。

针对博物馆本身及其展品与城市形象的研究，最具代表性的莫过于故宫博物院前院长单霁翔撰写的《博物馆的社会责任与城市文化》①。这篇文章将博物馆的功能与城市发展及其文化挂钩，将博物馆功能拓宽到了城市文化的职能之中，全篇的概括性论述承上启下，指明了领域内研究的新方向，是很重要的理论基础。本文所选取的个案同样印证了这一篇文献所提出的理论，并对其进行了更具体的机制上的分析。除此之外，陈伟平、费静雯也在研究中具体描述了博物馆与现代城市形象职能，阐释了现代博物馆在现代城市形象塑造与推动现代城市形象发展中的重要作用。②

温冰与陈尚荣、张可的研究均是具有代表性的个案研究。温冰分析了中国客家博物馆利用城市文化资源凸显城市形象的途径。③ 而陈尚荣等运用问卷调查，针对南京市城市形象与博物馆之间的关系展开研究，并对南京市博物馆发展的成绩与问题提出了一定的建议。④ 两个研究均展示了博物馆对于城市形象塑造的重要作用，但二者也都具有分析不够深入，停留在博物馆与城市形象的表层关系，并且也未了解参观者的感受以及参观者与博物馆的关系的缺点。这些缺点在众多个案研究中均有出现，本文将进行一定程度的弥补。

陈霖则对苏州博物馆新馆进行了相当细致的研究。在文章中，陈霖运用传播学的叙事分析手法，对苏州博物馆的叙事构成、叙事时间和叙事声音进行了分析，解释了新博物馆建筑所讲述的传统与现代、地方与世界、个性与定制相融合的故事。该文阐释了博物馆作为媒介和被构筑的环境，在城市形象与认同中的叙事建构、参观者通过新媒体手段介入及其两者之间的关系，揭示了意识形态与城市认同之间的联系。该研究分析较为深入，但是侧重点在于博物馆方面的构建，相对

① 单霁翔：《博物馆的社会责任与城市文化》，《中原文物》2011 年第 1 期，第 91—106 页。

② 陈伟平、费静文：《博物馆与现代城市形象职能》，《文物工作》2003 年第 8 期，第 35—38 页。

③ 温冰：《如何利用城市文化资源凸显城市形象——以中国客家博物馆为例》，《客家文博》2016 年第 2 期，第 87—90 页。

④ 陈尚荣、张可：《博物馆文化资源与城市形象传播——以南京市调查为例》，《南京理工大学学报（社会科学版）》2012 年第 25 期，第 91—96 页。

忽略了参观者对城市形象再生产中的主动性。①

运用知识生产对博物馆进行研究的文献相对较少。唐斌在《美术馆与知识生产——全球化背景下美术馆与知识生产及相关问题研究》中通过美术馆与社会、美术馆与文化、美术馆与教育三个角度对全球化环境下美术馆的功能进行了研究，并在最后阐释了美术馆在文化自主、国家形象等方面的社会价值。② 傅美蓉则在《论展品：博物馆场域下的知识生产与性别表征》中运用费勒斯中心主义分析了妇女主题博物馆的展品如何塑造了性别的意义，弥合了博物馆研究与性别研究。③ 这两篇文章均角度新颖，但同样忽视了参观者的感受与接受度，也并未从博物馆这一空间本身出发分析博物馆生产知识的方式。而胡文娟在《美术馆的知识生产方式以及权力演变研究》中运用福柯和布迪厄知识与权力的理论，梳理了不同时期美术馆的知识生产模式及其背后的权力运作方式，并从中抽象出"解码—编码—解码"的知识生产机制，具有重要的理论参考价值。④ 黄贞燕的文章则更进一步，调查了日本 1970 年以来地方博物馆实施的市民参加型调查，阐明了市民参加对于博物馆构建地方知识的独特作用。这篇文章是具有价值的博物馆治理术研究，且重视了博物馆与参观者双方的意义，也是重要文献之一。⑤

由上文综述可以看出，我国在针对博物馆与城市形象以及博物馆知识生产的研究中均存在把参观者与博物馆割裂开，并不将二者看作一体，或较为忽视其中某一方的作用的缺陷，而本文则将运用本尼特的"共谋"理论进行分析，力图弥合这一缺陷。另外，我国似乎也少有研究将地方知识、城市形象等当作意识形态或知识本身，很少有研究从知识生产的角度分析博物馆在塑造城市形态中的具体机制与作用，同时分析知识生产的具体机制，如博物馆如何安排展品等的具体研

---

① 陈霖：《城市认同叙事的展演空间——以苏州博物馆新馆为例》，《新闻与传播研究》2016 年第 8 期，第 49—66 页。

② 唐斌：《美术馆与知识生产——全球化背景下美术馆与知识生产及相关问题研究》，博士学位论文，中央美术学院，2010。

③ 傅美蓉：《论展品：博物馆场域下的知识生产与性别表征》，《吉首大学学报（社会科学版）》2016 年第 37 期，第 86—91 页。

④ 胡文娟：《美术馆的知识生产方式及其权力演变研究》，硕士学位论文，山东师范大学，2014。

⑤ 黄贞燕：《博物馆、知识生产与市民参加——日本地域博物馆论与市民参加型调查》，《贵州社会科学》2014 年第 6 期，第 39—45 页。

究也较少，本文将填补这两个方面的研究空白，创新理论运用。

（二）国外文献综述

国外关于博物馆的研究主要集中在博物馆学、博物馆管理学、社会心理学、建筑学、旅游学等领域。而与本研究相关的研究方向则有空间叙事与知识生产、旅游业与城市地标及城市形象两大方向。

在空间叙事与知识生产中，国外研究既关注博物馆外部空间与博物馆本身的关系，也关注博物馆内部空间如何进行叙事与知识生产。Daniel Paül i Agustí 的研究在关于外部空间与博物馆的研究中具有代表性，他研究了博物馆选址策略对于城市的影响，并指出博物馆选址并非同质的，每一种选址都有相对应的优缺点。他认为，博物馆的选址不仅应该评估其对于整个城市的影响，更要考虑周边环境能否适应博物馆的建造并会受到何种影响。[①] 这一研究思路与后文将阐释的广东省博物馆与其选址地珠江新城 CBD 的关系不谋而合，对本研究具有启发作用。

国外关于博物馆内部空间如何进行叙事与知识生产的研究较多。Samuel A. Smith 等考察了科罗拉多州两个博物馆的文本、媒体与工艺品，认为展品之间具有序列、联系、递进等联系，他们运用话语叙事的手法对展品进行了分析，关注了话语的空间性，展示空间与博物馆叙事、参观者感情卷入及主题表达之间的联系，虽然整体对参观者的关注较少，但依然不失为一篇具有代表性的文章。[②] Philipp Schorch 考察了新西兰 Te Papa 博物馆，重点关注了空间设计如何影响参观者的观感以及博物馆建筑与布局如何创造和传递意义，在这个过程中参观者本身也是创造意义的主体。[③] Schorch 的研究有扎实的长期访谈材料，通过访谈材料的梳理将博物馆与参观者共同塑造成创造知识与意义的主体，具有很全面的借鉴意义。而最为经典的莫过于 Kali Tzortzi 的研究，他分析了博物馆的建筑与空间设计，认为

---

① Agustí D. P. I，"Differences in the Location of Urban Museums and Their Impact on Urban Areas，" *International Journal of Cultural Policy* 20 (2014)：471-495.

② Smith S. A.，"Foote K. E. Museum/Space/Discourse:Analyzing Discourse in Three Dimensions in Denvers History Colorado Center，" *Cultural Geographies* 24 (2016).

③ Schorch P.，"The Experience of a Museum Space，" *Museum Management & Curatorship* 28 (2013):193-208.

博物馆在与参观者的互动中成为城市印象与知识生产、传播的新方式。[1]Tzortzi 在另一本书中，从建筑学的角度出发，通过对研究方法、分析方法的研究，对博物馆的空间与城市形象之间的联系进行了理论上的探讨。[2] 可以看出，Tzortzi 进一步融合了上文提出的两个相关方向，将城市印象与城市历史本身看作是知识，且并未割裂博物馆与参观者，将两者共同视为城市形象与城市知识的塑造者和传播者。美中不足的是，他的文章并无太多访谈，且 4 个博物馆的对比研究未免有些庞杂，稍显笼统。本研究试图用 1 个博物馆来与这篇经典且较新的文献进行对话。

而针对博物馆与城市形象的研究，国外有相当一部分文献专门考察了古根海姆博物馆对其城市旅游业的促进作用，由于本文与旅游业并无关联，再此不做赘述。值得一提的是，Maria Alvarez Sainz 在自己对古根海姆博物馆所做的研究中提出，古根海姆博物馆这一类城市地标的兴建可能背离了最基础的城市生活，并提出城市营销和城市品牌应该从城市本身能够提供何种价值开始进行设计，以便让其更有效率，这不失为一篇具有创新性的研究。[3]Ozorhon 等与 Altinbasak 等分别对伊斯坦布尔的博物馆与城市形象进行了研究。前者的研究通过对比伊斯坦布尔的 3 个博物馆，分析了景观与旅游业之间的联系，稍显空泛。[4] 而后者的研究则将博物馆视为关于地区形象的市场策略，将其视为一种"品牌"，通过结构性问卷与定量分析方法分析博物馆与地区形象之间的联系，但其分析草草掠过，不够具体。[5] 此外，Katharine W. Hannaford 通过考察芝加哥 Libby Prison Museum 在 1889 年至 1899 年十年间所遇到的各种互相矛盾的内外部评价与态度，证明博物馆与城市形象塑造之间关系的复杂性，这一复杂性反映出了城市传统形象的持久

---

[1] Tzortzi K., "Displaying Cities: Museum Space as a Presentational Device," *Interiors Design* 7 (2016): 1-19.

[2] Hillier B. and Tzortzi K., *Space Syntax: The Language of Museum Space*，2006.

[3] Sainz M. A., *(Re)Building an Image for a City: Is A Landmark Enough? Bilbao and the Guggenheim Museum, 10 Years Together*，2012.

[4] Ozorhon I. F. and Ozorhon G, "Investigation of the Relationship Between Museums and Cities in the Context of Image: Cases from Istanbul," *Journal of Architecture & Urbanism* 39 (2015) :208-217.

[5] Altinbasak I. and Yalcin E., eds., "City Image and Museums: the Case of Istanbul," *International Journal of Culture Tourism & Hospitality Research* 4（2010）:241-251.

性与稳定性。她也认为博物馆不同的修辞其实映射了不同历史时期博物馆所面临的社会环境。①

总而言之，国外的研究相对而言更为先进和全面，但也有缺陷。国外已出现了将博物馆与参观者、空间知识与城市形象相结合的研究，且这一部分的研究出现的时间较新，可能代表了未来博物馆研究的新趋势。本文希望与这些研究进行对话，在这些研究的指导下力图拓展我国博物馆空间研究的研究方向，弥合空间研究与城市形象研究之间的鸿沟。

（三）托尼·本尼特：政治博物馆

托尼·本尼特认为博物馆具有文化技术与政治空间两种属性。当博物馆作为文化技术时，也可将其看作一种文化空间。

作为一种政治空间，博物馆展览是一种表征过去与权力话语的历史叙事。本尼特认为，博物馆发挥了一种对历史记忆的存储与检索体系功能，其本质是对过去的物化崇拜，并且使得现在可以对过去进行一种跨时空的重新阅读。他认为，博物馆同样存在隐藏空间与公共空间。在隐藏空间中，知识被秘密地组织与生产，而公共空间则将知识提供给大众消费，两种空间相互配合，在博物馆中塑造出一种代表权力话语的可读的意识形态。

作为一种文化空间的博物馆既是管理的目标也是管理的工具。在博物馆中，作为空间的博物馆与展品之间存在一种视觉上的联系，并因此构成了文化区分的空间与实践。博物馆及其展品分别成为公众效仿的空间与灌输公众行为的新代码。而进入博物馆的公众则看到为审视而安排的展览物品，而且还看到自身并被自身看见。②

本文将利用上述托尼·本尼特的博物馆理论，分析广东省博物馆如何通过展示广州历史文化，建造出一种关于广州的城市形象，并且其如何与公众进行互动，

---

① Hannaford K. W., "Culture Versus Commerce: The Libby Prison Museum and the Image of Chicago，1889-1899," *Cultural Geographies* 8 (2001):284-316.

② Bennett T., "Civic Laboratories: Museums, Cultural Objecthood and the Governance of the Social," *Cultural Studys* 19, no. 5 (1996)；[英] 托尼·本尼特：《文化与社会》，王杰译，广西师范大学出版社，2007。

对公众施加影响，进一步深化这一形象。同时，本文也将联系广东省博物馆特殊的地理位置——广州花城广场，分析两者如何相互配合，构建广州"国际化"的城市形象。在都市人类学中，空间与博物馆研究是个长久的话题。本文力图运用政治博物馆理论，分析博物馆可以如何助力城市建设与经济发展，为其他城市提供一定参考。目前，该理论在我国运用依然相对较少，本研究也可以填补相关的研究空白。

（四）方法论指导

本文涉及一定的博物馆空间设计有关知识，且由于本文将在后文分析这些设计与城市、公众等的关系，博物馆人类学的理论知识必不可少。

博物馆学及博物馆人类学领域有众多从展陈、叙事、知识生产、文化区隔及参观者等角度对博物馆进行理论研究或个案研究的研究。在这之上，Stephanie Moser 对这批著作进行了方法论角度的概括，成为笔者进行田野调查时重要的方法论指导。[1]Moser 在文中提出，展览本身也是诠释性的，展览塑造着被展览对象的知识，塑造着藏品的身份，是一种关于展示的策略。作者认为，博物馆研究应从建筑风格、博物馆地点、博物馆展示空间、内部设计、色彩、光线、藏品、信息、文本、藏品布局、展示形式、展示风格、参观者及其接收等方面着手，对博物馆以及参观者两方面进行研究。也就是说，博物馆并非孤立存在的，而被设计出的展览构筑了博物馆与参观者之间的联系。更进一步推断，博物馆的展示策略或设计策略也是一种对参观者的教育策略，与博物馆治理术、托尼·本尼特的"政治博物馆"概念不谋而合。

三、研究方法

（一）文献研究

由于本研究涉及大量建筑、城市规划等方面内容，笔者针对广东省博物馆的

---

① Moser S.，"THE DEVIL IS IN THE DETAIL: Museum Displays and the Creation of Knowledge，" *Museum Anthropology* 3 (2010):22-32.

建筑设计、珠江新城 CBD 设计构想、广州市城市规划等内容进行了多方面的资料查阅，资料来源包括广东省博物馆官方网站、广州市城市规划勘测研究院发布的相关资料如《GCBD21——珠江新城规划检讨总说明 2002》《广州城市新轴线系列空间调查——珠江新城》等，中国政府对博物馆事业发展的一系列政策布局，建筑学与建筑设计所相关资料，以及广州市城市规划展览中心提供的资料等，力图从文献资料中梳理出广东省博物馆内部外部相关的空间设计构想与空间生产目的。

（二）参与观察

笔者对广东省博物馆进行了为期 14 天的田野调查，对广东省博物馆的四层常设展厅、建筑构造等进行细致观察，并且了解相关常设展、流动展的设置特点，这些观察资料都将用于了解广东省博物馆如何对城市形象建设起到了推动作用。

（三）深度访谈

深度访谈对象包括博物馆相关负责人、博物馆设计师、志愿讲解员与博物馆游客。其中，博物馆游客既有来自外地（如四川、北京等地），也有广州本地的。外地游客会关注广州历史文化展与木雕展等常设展，也会顺便观看流动展；广州本地人中的大多数时常去广东省博物馆观看各种流动展览，他们对广东省博物馆更为了解。针对工作人员和志愿讲解员，深度访谈话题主要集中在博物馆设计、呈现等诸多有关博物馆及其展览本身的话题，侧重隐藏空间的知识生产策略。针对参观者的话题则集中在对博物馆的印象，例如看了哪些展品、博物馆让其认识到了怎样的广州等，侧重博物馆对人本身的影响以及在公共空间中的知识消费。

四、田野点介绍

（一）广东省博物馆新馆

广东省博物馆筹建于 1957 年，于 1959 年 10 月 1 日正式对外开放。迁馆后，新馆坐落于广州新城市中轴线——珠江新城中心区南部的文化艺术广场（珠江东路 2 号），规划总用地面积 4.1 万平方米，总建筑面积 6.7 万平方米。广东省博物馆与中央林荫大道、滨江绿化带共同组成广州文化艺术广场，构成广州市一道亮丽的风景线。

广东省博物馆拥有 16.6 万余件展品，其中，一级文物 404 件，二级文物 7284 件，三级文物 12639 件，自然标本、化石 4 万余件（套）。广东省博物馆的展览以广东历史文化、艺术、自然为三大主要陈列方向，分为历史馆、自然馆、艺术馆和临展馆四大部分。常设展有四楼展厅的广东历史文化展、广东自然资源展，三楼展厅的潮州木雕展、端砚展、瓷器展等。同时，广东省博物馆也引入较多高质量流动展，如 2018 年的香港长衫服饰展、荷兰阿曼多艺术展等，均获得好评。

本文主要的田野点是四层展厅的广东历史文化展。广东历史文化展具有非常鲜明的广东海洋文明特色，这与笔者曾参观过的南京博物院、四川博物馆、山东省博物馆等非常不同，具有独特性。并且，这与花城广场力图展现出的广州形象相符。将两者结合具有研究价值，故而笔者选择在此进行研究。

花城广场是广东省博物馆新馆所在地，由于花城广场并不属于本文的主要田野点，在此不做介绍。但因为其属于博物馆的外在环境，与博物馆以及城市形象有一定联系，因而在下文中将对其进行一定的分析。

广东省博物馆的建筑主体以黑红相间为主，整体为长方体，具有东西南北四门，其中，西门为参观者主要进入的大门。西门外有灰色地砖铺就的长斜坡，长约 30 米，站在斜坡上抬头便可以看见黑色透明玻璃长方体镶嵌在建筑主体西侧长面的中间，内有"广东省博物馆"六个宋体大字。建筑主体由香港许李严建筑设计所设计，整体而言相当具有现代建筑特色。

五、研究结果

（一）隐藏空间：博物馆的设计与幕后

问：当你第一眼看到广东省博物馆，你有怎样的感觉？

受访者 1：我觉得很美，非常具有现代气息，但是又很灵秀，带着岭南的特色。

受访者 2：感觉很有广州的风情，但是红色、黑色又很洋气。

受访者 3：觉得好像南越王墓那些博物馆都是这个高度，外面黑色、红色好像有点花纹，就是广州一些传统建筑上会有的。

这是笔者在访谈中第一个问的问题，在这里选取了一些被访谈者对该问题做出的较为典型的回答。从这些重复度极高的回答中不难看出，广东省博物馆的外在建筑便给参观者带来了一种"扑面而来的岭南感"，非常具有岭南文化特色，而这也是隐藏空间中所进行的关于广东地区形象知识生产的第一步。根据广东省博物馆官网的有关介绍，博物馆建筑取材于广州传统工艺品"牙雕"，通过层层嵌套的结构打造立体的外观效果，且以黑、红为主色，既具有岭南风情，又因"黑""红"的搭配颇具现代风格。广东省博物馆有关负责人在访谈中透露，之所以在主色调中选取红色，一方面是因为外观黑红搭配视觉效果好，另一方面则是因为广东盛产红砂岩。负责人表示，广州南越王宫、南越王墓等重要历史博物馆其实均以红色为主色调，这种红色是广东省盛产的红砂岩的红色，这是对广州自然地理特征的反映。

然而，博物馆内部的装潢却并不若外部这般具有传统岭南韵味。其内部同样以黑红为主色调，进入博物馆之后首先看到的是馆中央演讲池，许多演讲会在该处开设，演讲池的照明主要依靠顶部巨大的玻璃天窗的自然光。进门右侧有服务处、存包处、引导处与通往二楼的楼梯，楼梯周围有灰色的网格将其与外界略微隔离，且每一道楼梯均有网格、金属管等装饰，极富现代气息。博物馆的墙体主要为朱红色，与外部建筑相对应。整体而言，省博物馆内部更具现代特色，且设计更为简约、时尚。

本文主要研究的"广东省历史文化陈列"为广东省博物馆常设展，位于场馆四楼，楼梯口沿回廊即可到达。这样的回廊在广东省博物馆非常常见，因为整个建筑便类似牙雕，是层层嵌套的，因而内部也常常需要通过回廊进行连接。"广东省历史文化陈列"主要陈列广东省自石器时代以来的历史文物与文化痕迹，通过"南粤源流""扬帆世界""近代巨擘""粤海烽火"四个部分的展览，将广东文化、岭南文化展现给大众。其中，"南粤源流"主要包含远古时期文物、三大民系（广府、潮汕、客家）及其迁徙历史与各自文化特色（如广府花市、早茶、龙舟、潮汕饮茶、海鲜、女子一生需要经历的仪式、客家迁徙历史）等，初步展示了广东省对于三种相互独立且具有差异的文化的包容。"扬帆世界"则讲述了包括瓷器贸易、近代外销产品等多种文物在内的广东繁荣的对外贸易，访谈中也有被访谈者提到，这正是广东"开放"感的源泉所在。"近代巨擘"则更进一步展示了广东近代时期的繁华与开放。近代，广东不仅仅培育出诸多留学生、海外商人，亦发展了更为繁华的海外贸易，并且在新中国成立后，伴随着改革开放的步伐，成为改革开放前沿阵地。深圳、广州等多座城市凭借其出色的地理位置崛起，为广东省经济带来高速发展的动力。"粤海烽火"则展示了广东近现代的战争史，近现代以来，广东一直是革命的发源地，该主题融合了粤北会战、黄花岗起义等众多广东人民抗击帝国主义、封建主义的运动，配合相当具有感染力的解说词，带给参观者"属于广东的振奋与活力"。

可以看出，"广东省历史文化陈列"侧重广东悠久的对外开放历史与独具特色的海洋文明，这跟广东省地理位置具有重要关系。广东省位于中国南部沿海，是祖国的南大门，且毗邻我国的香港、澳门，靠近东南亚，海运交通便利发达，适宜发展商业。博物馆负责人与设计师均在访谈中明确表示，"开放"是整个常设展不变的主题。负责人告诉笔者，广东自身是一个海洋贸易很发达的城市，所以这方面相关的物品，包括文物，数量上会比较多，也会比较成体系，自然成为陈列的重头戏，而这也与广东的"开放"相关。笔者分析，这一"开放"并不仅限于地理意义与商业意义上的"开放"，如允许通商、旅行等，而更多与所谓态度上的、意识形态上的"开放"相关，这也是为什么基本陈列中近现代的部分涉及众多革命、斗争内容，这些内容均可以展示广东省作为革命策源地所拥有的思想上的自由与开放，给人留下深刻印象。

除开对实体历史文物、历史记载的展示与重现，广东省博物馆也相当重视展厅氛围的营造，笔者选取了三处较为经典的例子作为分析对象，分别代表了对博物馆展览氛围相当重要的装饰设计、文字描述、光线设计三部分。

首先是装饰设计。在"扬帆世界"主题的开始之处，有一牌坊，牌坊高五米，宽约三米，采用传统的飞檐与斗拱设计，且有一块板悬于其上，上书"海不扬波"四个大字，为广州南海神庙牌坊的复制品。"海不扬波"在中国传统文化中用于比喻"太平无事"，也是广州沿海渔民对于"出海时海上无风浪，平安归家"的祈愿，其原型南海神庙因每年春节时人们都去求平安而出名。牌坊之后约五米处是一巨大的帆船，宽三米，长五米，高约七米，立于海滩礁石模型之上，风帆鼓起，似正要出海。船舱可以进入，进入之后便可看见粮草堆积，仿佛真正走进了古时出海贸易的商船，且船舱内设置有瓷器等出口品展示，极具情境性。在这一装饰的四周便是进出口瓷器贸易的文物展览，这一装饰贴合整体"扬帆世界"展览主题。帆船、海洋、"海不扬波"等物化的意象整体组合在一起，便是典型的代表着广东的"开放"特征，为展区营造出走出广东、走向广阔世界的"开放"氛围。

其次便是文字描述。用对展品的文字描述营造气氛是博物馆经常采用的设计手段，这在广东省博物馆的近代革命史展体现得最为淋漓尽致。省博设计师认为，抛开不同执笔者的文风差异，文字描述首先应与展览内容、展览主题相契合。在广东省博物馆，其余展览均可用平铺直叙、冷静客观的描述对历史进行展示，近代革命史则不然。在近代革命史展区，文字描述风格偏向于激情澎湃，有"革命策源地""带领大家向前"等诸多代表自由的、极富感染力的词语，且标点符号也出现了感叹号，情感十分激荡。这种语气较为贴合展览的"革命"主题，强化了"革命"激昂、自由、热血的内涵，将这种内涵赋予广东，让广东成为当年历史感觉的延续，也让广东"开放"的特质有佐证地被强化。

最后是灯光设计。从整个展览来看，广东历史文化陈列展的灯光普遍偏暗，一方面出于文物保护的要求，另一方面也出于对"历史感"的塑造——昏暗灯光有利于塑造历史感，而垂直打光有利于塑造神秘感，这些都是博物馆设计师们所认可的业界通识。前两个主题的展览更加偏向棕黄色系灯光，柔和且昏暗，富有历史感，而后两个则偏向直接在黑暗的展厅中用白色灯光进行打光，尤其是在展柜中使用明亮的白色灯光，配合展厅中的 LED，将大厅光线调整得较为具有现代意味。而改革开放展览区则不仅不同于其他区域的昏暗，甚至比本就相对明亮的近代史展厅更为明亮。改革开放展览区展板边有一小窗，距离展板约三米，这一较小的玻璃窗使得一束自然光得以照亮黑暗的展厅，配合着展板四角白色的照明灯，远看如同一束光射入黑暗之中，非常符合改革开放走向富强的意境。这一设计相当巧妙，访谈中两位负责人、设计师均对其加以称赞，并认为应该不仅仅是巧合，而是最初设计者刻意为之。

托尼·本尼特将作为政治空间的博物馆视为"对过去的物化崇拜，跨时空的重新阅读"。笔者认为，对"过去"的物化崇拜其实在广东省博物馆的例子中略显狭隘。无论哪个城市与地区，过去实际上都与现在勾连，这一点在广东省，尤其是广州，非常明显。因此，倘若只说博物馆是将一个地区的"过去"搬到展演现场，进行所谓的"物化崇拜"，笔者认为有失偏颇。博物馆的展品确实是过去留存的，但博物馆所创造的知识却是可以代表现在的。也就是说，展品不单只是一种对过去的"物化崇拜"，也可以成为对当下地区知识的"物化崇拜"。对广东省博物馆而言，众多被采访者提到，广东省博物馆连通着广州的"现在与过去"。它位于花城广场中心 CBD，出门便可看见广州新电视塔，现代化的气息无处不在，而它也是一扇代表着过去的大门，传统与现代在这里交替，过去的广州形象与现在的广州形象在这里连接。由此笔者推论，托尼·本尼特的理论亦可稍做拓展：博物馆不仅是对过去的物化崇拜，也是对如今的物化崇拜。过去与如今相通的联系，让博物馆不仅可以展现过去，也可以展现当下。

而这一对当下的展示，便是位于 CBD 的广东省博物馆的知识生产精髓所在：生产关于广州，甚至整个广东省的城市与地区知识。城市形象与地区形象通过"过去与现在的连通"和"物化崇拜"展现出来，传递到参观者的头脑之中。而参观者的阅读、接收再生产，则是公共空间里所进行的活动。

（二）博物馆公共空间及作为文化技术的博物馆：博物馆与参观者

上文已经分析了在隐藏空间中博物馆一方作为掌控着生产权力的生产主体进行空间知识生产的方式。空间中，知识被生产出来之后，则需要传递给大众，并依靠大众接收与解读，这也是托尼·本尼特博物馆理论中"跨时空的重新阅读"的一部分。

针对参观者的访谈主要从参观体验、参观后留下的对于广州的城市印象两方面展开。参观者主要包含广州本地参观者、博物馆志愿者与外地参观者。由于论文规范性要求，笔者修改了部分口语表达，并对多个问题答案的合并以便成文。

在深度访谈中，外地参观者做出了如下回答：

受访者 4：我是从北京来的。我看完省博感觉广州是个大都市。感觉省博的展览很精细，端砚给我感觉很精致，让我印象很深刻。

受访者 5：我是从四川来的，广州一直都是个很包容的地方。而且我今天看完博物馆，感觉广州很开放，很国际化，但是它又不会失掉自己的传统。你看那些木雕，一刀一刀刻的，很神奇，我很佩服。

受访者 6：我在广州工作挺多年了，也是从四川来的，我一个外地人在这里很舒服，感觉广州很包容。省博物馆展出的展品也让人觉得广州是个开放多元的城市。

广东省博物馆志愿者 T：我从南京来的，来工作，当时成为省博物馆的志愿者就是因为很喜欢博物馆，也很喜欢文化、历史。广东省博物馆最让我喜欢的是它的普通话讲解，广州很多博物馆都是粤语讲解，有普通话讲解让我觉得很亲切，能听懂了，感觉也融入进来了。而且省博物馆很安静，大家都静悄悄地看展，让我觉得广州人的素质很高，很尊重这个地方。我虽然是个外地人，但觉得广州很友好，很包容，我在这里生活得挺开心的。省博物馆也很有趣，广州是近代革命的策源地，很少在其他博物馆看到这么多关于近代史的展览。

以上来自外地的参观者其实被分为两类，一类是从外地临时来到广州出差或旅游的，将广东省博物馆当作旅行途中的一个景点，另一类则是从外地来到广州工作生活的外地人。这两类人的体验有一个非常明显的不同点，就是对于"广州是包容开放的城市"这一感受的获得方式。前者主要通过一时的参观，结合在广州临时落脚的经验，主要依靠展品与博物馆设计、与外地的对比获得对广州的印象；而后者则是更多地联系自己在广州的生活，博物馆的展品对他们而言更像是对"城市印象"的佐证，而非一手的知识来源。这里便涉及参观者获得"认同感"与"区分感"的问题。

在这里着重分析区分感，因为认同感在广州本地人的参观体验中体现得更为明显。笔者由此分析，外地移居广州者在参观中能获取对广州的认同感，是因为他们在广州生活了一段时间，并且如志愿者 T 一般，对广州具有心理上的熟悉与赞赏，由此才能在有历史文物"佐证"这种赞赏感时联系自身实际，获得认同。而区分感，则是源自在广州进行短期停留的旅客们对于广州及其文化尚且属于"他者"，他们在观看历史文化展时能感受到的是"这与我们自身的文化并不相同"，例如北京和四川的参观者认为，广州这种与众不同的精致给他们留下了深刻的印象。同时，省博所处的地理位置、建筑特征又使得这种传统的精致与繁华的都市形象相互调和，辅以博物馆内诸多关于对外贸易、改革开放、近代革命相关的展览，"开放与包容"的城市形象便进一步得以升华。

广州参观者做出了如下回答：

受访者 Y：我经常去广东省博物馆，去看一些流动展。以前看过常设展，但是那里很久不变了，我偶尔会上去看一看打发时间。看完就觉得广州有一种非常独特的气质，博物馆也很独特，很侧重对外贸易，让我感受到广州的开放和包容。而且那些端砚、木雕在潮州地区十分常见，但如果不是来看展览，我根本不知道它们的历史和来历。我感觉很惊喜，让我发现了平时生活中忽略的技艺。听到别人的称赞作为广州人，我还是很骄傲的。

被访者 L：我去广东省博物馆主要是去看流动展，至于常设展，因为我也去过南京博物院、故宫博物院，我知道广州历史文物真的不如人家多。但省博就是很独特，每次看近代史的时候我都热血沸腾。我想我看完也要对传统和对外来的人多一些包容吧。

匿名受访者：我刚看完常设展，平时最主要还是会去历史文化展厅。历史文化厅让我觉得广州很开放很包容，而且端砚又很精致很传统。我觉得广州就是这个样子的，经济发展得很快，是个繁华的大都市，但是走进来却会发觉我们依然没有让传统文化消失。博物馆就像广州的一张地图，也像一扇门，走进来了才叫真正走进了广州。作为广州人，看到这些，真的很自豪。而且广州很包容，近十年来，我从来没有感觉过外地人在广州被排挤，而且我自己也不会去排挤外地人。

看到这些展览,希望广州和广州市民能更加包容吧。

不难看出,广东省博物馆使得本地参观者获得了对于广东文化和广州城市的认同感、自豪感,也让他们发现现代化的大都市广州并没有摒弃过去的传统文化,而是在开放与包容中结合了现代与传统,令人赞叹。

综合来看,广东省博物馆同样也是"扩展表征空间"的典例。据此,笔者推论,托尼·本尼特虽然并未指明公共空间与文化技术的联系,但是公共空间中参观者所获得的文化感受其实是发挥博物馆作为文化技术功能的基础。

六、结论

广东省博物馆作为"会客厅",在博物馆治理术中打造了城市与人的空间连接点。人们能够在博物馆中获得关于城市的认识与知识,且这认识或知识是具象化的。无论是本地人或是外地游客,"广州""广东省"都是抽象的概念。作为本文研究重点的"广东省历史文化展"作为博物馆空间的一部分,在隐藏空间中进行展览设计与空间设计,并通过说明板、说明文字等与观众接触的媒介,将自身的设计与展览在公共空间中展示给参观者。这里所展示的,主要是一种关于"广东省历史文化"的具象化体现,参观者由此获得关于城市的形象知识,这也是博物馆教育功能的体现。

广东省博物馆的说明板与说明文字,一方面连接了隐藏空间与公共空间,将隐藏空间中所希望表达的信息传递给公共空间以供消费,另一方面连接了博物馆与参观者,将参观者纳入"凝视与被凝视"的展示体系之中。

综上所述,博物馆作为公共空间,可以利用其文化历史资源展示和塑造城市形象,通过展馆氛围、展品布置、介绍词撰写等组织方式构筑出关于一个城市的可视化形象,形成展示体系。而参观者们在其中感受与记忆这一形象,并加深对其的印象,让城市的形象更加独特而丰满地留存在参观者的记忆之中。广东省博物馆也因此可以成为现代空间助力城市形象塑造的典型一例,值得借鉴。

指导意见

山东大学

王　昕

　　该生善于从日常生活中发掘研究课题，从所学理论知识中展开思路，发现新的观察视角，并进行实地调研。本研究来自课后交流中对老城区中充满城市文化符号的书店是否也是承载城市记忆的空间的初步探讨。之后，该生探访济南市的老商埠区，与市民深入交流，并发掘独立书店对老城区文化符号的消费行为中与现今济南城市记忆传承的关联。从"消费社会""记忆之场"等理论的已有研究出发，本研究对作为城市文化空间的独立书店进行深入探析。在多次前往田野点的过程中，该生不断完善提问大纲、细化观察的内容记录，深入探索研究课题。与此同时，本研究综合利用书店的宣传资料、活动记录等，将其作为丰富的田野调查文本资料。

　　该生查阅文献资料能力强，论文写作过程中运用城市文化研究相关知识，全面分析书店中的文化符号及消费，综合运用知识能力强。此研究在济南老商埠城区的实地田野所得中发现理论创新点，将思路梳理为逻辑简图，以此展开论述。全文结构明晰，体现了一定的创新性，不失为一篇优秀的本科论文。

研究者的兴趣来源于生活中的观察和追问，从小问题、真问题入手，以小见大，这种能力不仅能够使研究做深、做细，而且能够很好地锻炼思考和写作能力。本文很好地体现了以上特点。

文化符号在经营中的利用与消费

——以济南市独立书店"阡陌书店"为例

山东大学人类学专业 2016 级本科生　汤韫颐

指导教师　王　昕

摘要：近年来，在网上书店日益繁荣的冲击下，实体书店面临着进退维谷的局面；而实体书店中的独立书店一类，面临着较为艰难的生存状况。但实体书店中不乏通过多样化经营手段、结合城市独特人文气息、在当今数字阅读的浪潮冲击下经营并生存的个体。本研究以济南市"阡陌书店"为例，以波德里亚的"消费社会"为指导框架，并利用诺拉的"记忆之场"辅助分析，将实体独立书店中的文化的具象化实体和非实体要素视作消费社会中消费的符号物，分析这些脱离实体（原件）的文化符号所构成的记忆空间。书店通过利用符号达到超越销售书本的经营活动，成为一个城市中独特的文化实体。与此同时，这一文化符号构成的记忆空间也可成为一个"记忆之场"，成为老济南记忆所依托及用以传承的实体。

关键词：独立书店；消费社会；符号；记忆之场；城市文化

一、绪论

（一）问题提出及选题意义

1. 问题的提出

近年来，在网上书店日益繁荣的冲击下，全球的实体书店面临着进退维谷的局面：美国第二大连锁书店博德斯于 2011 年 2 月申请破产保护，美国目前仅剩的一家大型连锁书店巴诺的规模在以每年 8—12 家的速度减少，英国著名的水石书店利润持续下滑。在国内，2011 年，上海季风书园相继关闭数家分店，北京风入松书店关闭，厦门等地的几家实体书店光合作用书坊相继关闭，国内最大的民营连锁书店光合作用也宣告破产；2012 年，香港三联书店退出广州市场，上海地区分店也经营困难，北京"单向街书店"因租金高涨无力维持，搬离繁华的蓝色港湾①。但实体书店中的独立书店一类，不少通过多样化经营手段，结合城市独特人文气息，在当今数字阅读的浪潮冲击下赢得了生存之路。

济南作为一个历史古城，有古老泉城文化在前，有老舍笔下的人文气息续后，浓郁的历史文化气息及市民文化情怀亦孕育着量少但生命力旺盛的独立实体书店。这些书店如何在当今的数字时代利用自身文化要素延续经营、丰富城市文化氛围及在消费社会成为独特的文化经济实体，成为此研究的出发点。

2. 理论意义

本研究是关于实体独立书店利用文化符号、建构记忆空间的经营方式的，以波德里亚的"消费社会"理论为指导框架，并利用诺拉的"记忆之场"理论辅助分析，即将实体独立书店中的文化实体及非实体要素视作消费社会中消费的符号物，分析这些脱离原件的文化符号所构成的记忆空间，即书店，通过利用符号达到超越销售书本的经营活动，成为一个城市中独特的文化实体。与此同时，这一文化符号构成的记忆空间也可成为一个"记忆之场"，成为老济南的城市记忆所

---

① 郭晨：《独立书店转型经营模式——以合肥保罗的口袋独立书店为例》，硕士学位论文，安徽大学，2014。

依托及传承的实体。

此次研究是对"消费社会"与"记忆之场"理论的进一步探索，希望对这两个理论进一步充实地分析，使其更具有实践价值。

3. 现实意义

此次研究对当今城市中的实体独立书店进行深入了解，并开拓审视当代城市文化生活的新视角。

（二）相关理论及概念界定

1. "消费社会"与"符号社会"理论

波德里亚关注和研究新的消费社会的特征。他从物的消费进入符号消费的领域，建立了以符号消费为主导的符号政治经济学体系，并从人们对"物"的消费行为中看到物或商品对人的本性的支配与异化，看到深层的"符号"消费。尽管20世纪70年代中期以后，波德里亚的符号权力分析逐渐脱离了早期将消费的符号学与马克思主义政治经济学相结合的尝试，表现出明显的相对主义、虚无主义和形而上学倾向，他的理论对分析从物的消费到符号的消费的转变仍有重要意义，如对广告符号的分析。[①]

在《象征交换与死亡》一书中，波德里亚分析了符号社会的基本特征：在符号社会中，任何本真的原件都不存在，传统社会中的真假二元性消失了，一切都是符号编码的结果。[②] 而在《消费社会》一书中，波德里亚在对大众传媒文化的分析中讨论了"新潮"与"文化再循环"现象。[③]

2. "记忆之场"理论

皮埃尔·诺拉对记忆和历史关系的分析主要为：（1）记忆是鲜活的，由现实的群体承载；历史是对过去事物不完整的、成问题的重构。（2）记忆是当下的现象，是经验到的与现在的联系；历史则是对过去的再现。（3）记忆带有情感色彩，排斥与其自身不容之物；历史是世俗化的思想活动，采用分析方法和批判性话语。

---

① 梅琼林：《符号消费构建消费文化——浅论鲍德里亚的符号批判理论》，《学术论坛》2006年第2期，第181—183页、第187页。

② [法]让·波德里亚：《象征交换与死亡》，车槿山译，译林出版社，2006。

③ [法]让·波德里亚：《消费社会》，刘成富、全志钢译，南京大学出版社，2014。

（4）记忆把回忆置于神圣的殿堂中；历史则把回忆驱除出去，让一切去神圣化。（5）记忆与集体相连，既是集体的、多元的，又是个体的；历史属于所有人，具有普世理想。（6）记忆积淀在空间、行为、形象和器物等具象中；历史关注时间的连续性和事物间相互关系。（7）记忆是绝对的，历史只承认相对性。①

在有关于"记忆之场"的分析中，诺拉认为它"既简单又含糊，既是自然的又是人为的，既是最易感知的直接经验中的对象，又是最为抽象的创作"。记忆之场的"场"一词有三种特征：实在的、象征的和功能（传承）的。如，档案馆是实在的"场"，被赋予了一定的象征意义，而教科书、遗嘱、老兵协会因成为某种仪式中的对象也进入了"记忆之场"。②

3. 实体书店

实体书店是相对于网络书店而言的、以线下实体书店为经营场地、以实体书本为主要商品的书店类型。实体书店这一类别，自 1980 年 12 月 2 日国家出版局发出《建议有计划有步骤地发展集体所有制和个体所有制的书店、书亭、书摊和书贩》通知，标志着民营书业诞生，具体分为国营书店与民营书店两大类。

4. 独立书店

自民营书店诞生起，其数量一直在增长，其中经营不善的书店倒闭的情况也一直存在。九十年代开始出现的一批特色独立书店逐渐被市民关注并形成为数不少的书店品牌。

2003 年出版的《中国民营书业发展研究报告》按照民营书业的角色定位，将其分为五个类型：一为零售型，包括书店、书摊、书亭等；二为连锁型；三为新生代型，主要指网络书店；四为策划编纂型，即民营文化工作室；五为准出版社型。这是官方较早以前对于民营书店的划分，根据当时的社会情况基本区分了民营书店的特质，具有一定的合理性。本文讨论的书店类型为"独立书店"，与《中国民营书业发展研究报告》分类中的第一类，即零售型书业中的书店所指基本相同。

独立书店通常指一般为当地人所有、经营的书店。独立书店与当地紧密结合，

---

① [法]皮埃尔·诺拉编《记忆之场》，黄艳红译，南京大学出版社，2017。
② 孙江：《皮埃尔·诺拉及其"记忆之场"》，《学海》2015 年第 3 期，第 65—72 页。

且经常组织非营利性活动。独立书店往往比国营连锁书店选书较为专门化或充满人文气质。近年来独立书店也以书吧的形式出现。国外著名独立书店如巴黎的莎士比亚书店、旧金山的城市之光书店。国内比较出名的如南京的先锋书店、北京的万圣书园、杭州的晓风书屋等。①

（三）文献综述

笔者通过对已有文献的研究总结，将国内目前对于实体独立书店及文化空间消费与生产的研究关注点归纳为以下三个方面：

1. 有关实体书店空间设计的研究

在一个关于设计艺术学的硕士课题研究中，大量的书店案例和分析体验设计在书店中的应用被用以解读"体验"对于书店空间是不可或缺的、具有巨大影响的设计手段。② 而以广州太古汇方所文化书店为例，对文化微空间的感知与认同的研究则剖析了实体书店文化身份的展演，并对消费者的感知与认同进行了解读。③ 还有关于概念书店的软装饰④、新华书店商业空间展示设计⑤ 等不同研究。

2. 有关实体书店经营转型的研究

在一篇出版专业的硕士论文中，通过分析合肥保罗的口袋独立书店的发展模式，试图为独立书店提供一套可行的转型策略（郭，2014）；基于对目前消费者需求与购买行为转变趋势的分析，并结合"轩客会·格调书店"体验营销实施案例，还有从差异化定位、感官体验运用及服务等方面，探讨实体书店运用体验营销落地的有效策略；⑥ 另有分析注重于实体书店的自生能力，倡导借助现代传媒和国民的力量促进实体经济的升级转型，通过开拓资金源头和树立高端品牌，实现

---

① 黄飞龙：《新华书店商业空间展示设计研究》，硕士学位论文，南昌大学，2012。
② 温书明：《书店空间环境的体验化设计研究》，硕士学位论文，南京林业大学，2012。
③ 封丹、谢晓如：《对文化微空间的感知与认同研究——以广州太古汇方所文化书店为例》，《地理学报》2014 年第 2 期，第 184—198 页。
④ 王鹏：《概念书店软装饰设计研究探讨》，硕士学位论文，四川师范大学，2013。
⑤ 黄飞龙：《新华书店商业空间展示设计研究》，硕士学位论文，南昌大学，2012。
⑥ 周萍萍：《从消费行为转变看实体书店体验营销的实施——以"轩客会·格调书店"为例》，《出版发行研究》2013 年第 12 期，第 5—8 页。

实体书店的转机。①

3. 有关城市文化空间生产与消费的研究

关于"无地方性"空间的生产模式的确立和复制，所促成的一种强有力的空间消费文化机制在全国范围内的扩散和繁殖，从商品和消费文化的视角来考察城市空间等。而从学科研究方法上看，现有针对实体独立书店的研究多为设计学及出版学的研究方法，较少利用参与式观察以及深度访谈法进行实证资料的搜集，视角较为单一，多样性和鲜活性有待加强。

（四）研究对象与研究方法

1. 研究对象

（1）研究对象的选取

本文在综合多方面因素，考虑典型性和代表性的基础上，确定选取济南市历下区经三路阡陌书店作为研究对象。基于以下原因：一、阡陌书店自 2014 年建立以来，发展至今已足四年，形成了作为独立书店较成熟的定位及运营机制，并具有典型性；二、地处济南老城区，浓郁的文化氛围成为该书店的文化符号之一，这也是本文分析对象之一；三、对于期末论文的实地时间有限的情况而言，该书店易前往，便于开展相对短时间的实地田野调查。

（2）研究对象基本情况

阡陌书店坐落在济南老商埠地区的经三纬三路，所在建筑为一栋德式老建筑，原为皇宫照相馆的部分场地。2014 年，阡陌书店的老板买下现在书店所在的半栋建筑的使用权，将其改造为一间注重民国情怀及老济南历史、文化的实体独立书店。

在阡陌书店的宣传手册及书店老板的讲述中，此书店的定位为根植于济南的本土独立书店，一方面注重济南文化传承，另一方面侧重人文社科、摄影电影、艺术美学、独立思想等。除了书籍与原创文创产品的售卖，此书店还常承包举办及自行策划举办各式文化活动，但在此次田野中未参与文化活动，在本文中不予赘述及分析。

---

① 王子博：《实体书店的困局与转机——北京实体书店生存现状及出路调查研究》，《编辑之友》2013 年第 2 期，第 83—86 页。

2. 研究方法

根据研究内容，本文选择通过内容分析法与实地田野结合，对选题进行定性研究。具体研究方法包括：

（1）内容分析法

通过互联网、图书馆、书店等收集有关"消费社会"与"记忆之场"理论、实体书店、独立书店、空间生产与消费等方面的研究文献，对研究文献进行整理和深入分析，形成本研究的理论基础和研究依据。收集上述书店关于经营定位、活动承办、活动开展等方面的资料，并对收集到的资料进行分类、分析。

（2）实地田野

通过在阡陌书店约两个月的实地田野调查，记录其空间实体布置及空间使用者对其进行生产及消费的情况，对其有关文化符号的空间生产及消费情况做深入了解，以待后期分析。

（五）逻辑框架和创新点

1. 逻辑框架

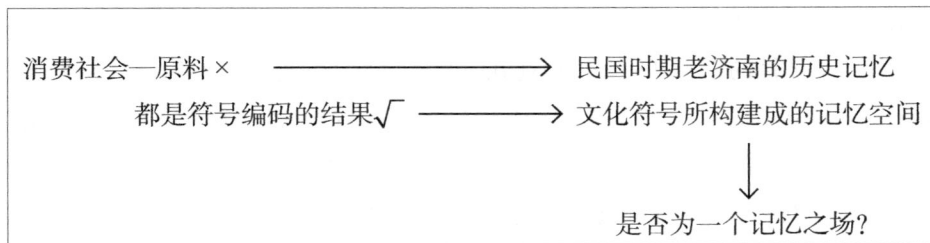

图 1　逻辑框架

2. 创新点

首先，笔者将书店中的实体及非实体文化要素作为符号理解，不仅关注符号的运用（对于书店主而言），亦关注该类符号在实体独立书店消费过程中的利用（对于消费者而言）。通过对这些文化符号在独立书店这一场景下的分析，希望有助于从别样角度对实体独立书店在当今数字阅读兴盛时代的经营策略进行认识和解读，看到更加立体、鲜活的实体独立书店状况。因此，"消费社会"及"记忆之场"理论下的实体独立书店分析比一般的研究分析就更加鲜活生动，丰富饱满。

其次，实体独立书店在中国的发展历史还很短暂，属于新兴事物。而学界的相关研究在研究方法上较为集中于少数角度。因此，本次调研的课题和所搜集的材料都富有创新之处。

二、文化符号建立的记忆空间

阡陌书店从建店规划起，便选择了皇宫照相馆老店的一半场地，经加固装修后，成为现在的书店场地。在空间布置中，一方面依托原有建筑，活用建筑的历史元素，辅以暖黄色灯光等，营造复古的氛围；另一方面，通过布置老家具及老城区物件，兼以形式上的民国风格与物质上的民国元素传承，用非实体的建筑氛围与实体的建筑构造及布置，构成符号编码的怀旧空间。

而这一整体性的符号运用，在消费方面表现为：对其"民国遗韵"的宣传，并多次承办及主办有关民国情怀的读书会和其他文化活动，是对空间文化氛围的间接利用；另外，充分利用其环境氛围，开设有关拍摄场地收费服务，是对空间文化环境的直接利用。

除了整体性的符号利用，书店还在书籍种类上进行选择，不仅侧重人文类书籍，突出独立书店的人文风格，还特别设计在门口吧台前摆放老济南相关书籍，并在顾客选购饮品时予以特别推荐。此外，相关文创产品如明信片、书签、老城区地图等，也置于书店显眼处，特别是把老城区地图置于书店临街的窗户上。在笔者两个月间断的田野期间，曾见过 8 名路过的人被老城区地图吸引入店询问。上述要素在书店中形成了注重老城回忆的小型记忆空间。

三、不需要原料的消费符号

据笔者了解，阡陌书店中的文化符号并非都是物有所指的民国古物，背后也并非都有老济南历史"原件"。波德里亚在对符号社会的分析中指出，随着工业社会的发展，"原件"本身已变得不再重要，机器生产创造出来的是系列性的产品，这些产品之间是一种平等的关系，而到了后工业社会，"原件"就不再存在了，存在的只是拟象。进入店内消费的顾客，直接消费的是书店空间的文化符号，或为利用符号中所承载的"原件"意义，或仅仅消费符号本身，而并不在乎"原件"的意义。

　　路边经过的老爷爷：（一边进门一边说话）这个不是济南老火车站吗？真的好久没有看过了，这个画得好好啊……以前济南老火车站可好看了，来济南玩的人都会去看看。而且那个还是很珍贵的古建筑，德国人设计得很漂亮，是和清华、同济一样重要的古建筑，不知道怎么就拆了……

　　受访者 1：之前在朋友圈看到有朋友发了图，感觉还不错就找来了……还挺不错的，氛围很好，待在这读书也很舒服。

　　就像在电脑设计中，没有所谓的"原件"，有的只是通过符码的重新组合，产生出一个到目前为止最佳的结果。设计的过程不是如何达到"原件"的最高水准，而是如何在"原件"自身的拟象中不断反复修改的过程。这一生产过程就是将设计的图像复制化，不断进行再生产，这个过程是没有终点的。在实体独立书店对于文化符号的运用中，二次创作的文创产品及老济南记忆的相关书籍通过对老济南历史文化符号的重新组合，产出一个承载老城记忆的典型物件，再通过批量生产、售卖，达到对济南老城区文化的再生产。独立书店的实体环境要素也不是不可复制的，通过对古建筑本身这一"原件"的利用，如承办有关老济南及民国风情的活动，产出使用者的活动体验及活动记录，又或是通过租用老建筑的部分空间作为拍摄场地，产出图像产品，并就这一怀旧文化组合的图像产品进行再生产。而这些过程的本质是一种"符号消费"，并不都是为了对这些文化符号背后的"原件"——老济南历史及民国历史元素进行消费。这体现了当今符号社会的消费中，真假二元性的消失，一切都是符号编码的产物这一根本特征。

四、有关记忆之场的浅析

从历史角度进行进一步分析，这家以传承济南老城区历史为定位的实体独立书店，包括店中个别文化符号的载体，都可作为一种"记忆之场"。从"记忆之场"的实体性特征看，书店及其中的文化符号载体是人们可以直接接触的社会实在；从"记忆之场"的象征性特征看，书店象征着一个"穿越回过去"的复古空间，通过符号象征唤起历史记忆，形成"时空压缩"之感①；从"记忆之场"的传承性特征看，书店中有关济南老城区历史及民国时期历史的书籍及文创产品不同程度传承着过往的历史记忆，因而成了传递历史记忆的"记忆之场"。

但阡陌书店这些对文化符号的利用所形成的记忆空间是否及多大程度承担了"记忆之场"的作用，仍有待后续进行深入探究。

五、结语

以阡陌书店为例分析，笔者探讨了实体独立书店通过对特定文化符号的选取及利用，构成一个符号编码的怀旧的历史记忆空间，而消费者在消费的时候，并不都是在消费这些文化符号背后的历史记忆"原件"，或仅消费着文化符号本身——代表着"复古""民国""老济南""怀旧"的符号。这也体现了当今实体书店，以独立书店为典型，通过对实体书籍之中的文化符号物的利用，构建其作为一个个体文化空间的独特性，从而在当今数字阅读的浪潮冲击下，获得存在的合理性并经营、生存下去。

而阡陌书店这一实体独立书店及其文化符号载体，也构成了一个历史的"忆之场"，成为有关老济南城市记忆的，具有实体性、象征性与传承性的历史记忆相关实体。

---

① 张妙若：《明信片：都市"慢"文化的现象研究》，硕士学位论文，华东师范大学，2014。

指导意见

广西民族大学

郝国强

　　赵新欣同学的这篇论文以互联网视角来研究非遗文化的活态传承，结合了乡村振兴与文化旅游的时代热点，具有重要的现实意义，对于深化乡村非遗文化传承与创新研究具有一定的学术价值。2019 年 6 月，我与她共同讨论了研究主题，此后她按照要求阅读了大量非物质文化遗产研究、非遗传承、侗族非遗等相关的文献，确立了初步调查提纲。7 月，由我带队，加上当时的三位研究生以及三位本科生一行七人从南宁出发，正式进入程阳八寨。

　　此行田野，我们最重要的报道人是程阳八寨中马鞍寨的陈哥。陈哥早年间在南宁打拼，2005 年为了照顾家中老人从南宁返回老家，在马鞍寨利用非遗文化旅游资源开办旅馆。陈哥除了开办旅馆，还是当地治安联防队的队员，是地方的能人，有丰富的人脉资源。通过陈哥的介绍，我们结识了当地的文艺队队长杨队，杨队是当地的乐器达人，精通芦笙、侗笛。在杨队的牵线下，我们又结识了区级非遗侗款的传承人石老先生，搜集到丰富的侗款活态传承材料。陈哥的妻子田姐在当地的旅游公司工作，通过她的关系，我们体验了当地的篝火晚会、侗族百家宴，还结识了马鞍百家宴的负责人杨姐，通过杨姐了解到当地百家宴的运作流程与线上组织方式……以陈哥为中心点，通过他的人脉网络，我们采用滚雪球的方式一步步结识报道人，逐步融入当地，顺利进行 42 天的田野调查，搜集到翔实的第一手资料。

在指导赵同学的调研和写作过程中，我常常嘱咐她要沿着费孝通先生"迈向人民的人类学"的路径，研究当下的中国农民利益攸关的关键问题，通过亮点思维发现部分新文化农民的好的做法，这是值得前进的实践人类学与应用人类学的研究方向。

本篇文章的完成对于赵同学来说可谓是十分不易，她不仅要面对田野过程中的种种困难与艰辛，还要忍受我对她的严格要求，以及随时可能发生的头脑风暴，文章的写作与修改过程中也会不断收到我在电话里的各种修改意见。但她不曾有过怨言，并且在此过程中迅速成长，不断产生对民族学人类学的兴趣和热情。

民族学的同学要有社会担当、要有人文关怀，要致力于文化资源的传承、文化资本的传播与转化，要与不同的文明进行对话交流，基于文明的交往、交流、交融，进而构建人类命运共同体。学术没有捷径，需要厚积薄发，希望她在日后的学习生活中更加勤勉，学有所成。

线上非遗

——广西三江平岩村侗族非遗文化活态传承研究

广西民族大学民族学与社会学学院 2016 级本科生　赵新欣

指导教师　郝国强

摘要：随着移动互联网时代的到来，互联网技术对社会政治、文化、经济及人们的日常生活都产生了巨大的与影响。"互联网＋乡村"则为乡村非遗文化的传承提供了一种新的实践路径，一些村民开始基于互联网技术进行传统文化资源的传承与创新，广西壮族自治区三江县平岩村侗族非遗传承人的网络实践具有典型意义。这一群体充分利用了日益普及的移动互联网技术、当地市场经济发展现状以及文化旅游政策的推动等有利条件，通过微信渠道有序地组织和传播"百家宴""侗歌"和"芦笙"，实现了非遗文化的活态传承，并成功地将传统文化资源提炼为文化资本，并借由旅游产品转化为经济资本，进而提升为个人的社会资本。传承人不仅成功地探索出非遗活态传承之路，而且带来了经济增收，增强了民族文化自信。非遗传承人基于互联网技术的网络实践，所探索的非遗文化活态传承，对于在乡村振兴背景下传承与创新非遗文化具有重要的学术意义和现实意义。

关键词：互联网时代；三江侗族；非遗文化；活态传承

一、绪论

(一)选题缘起

非遗文化是最能反映地方特色的文化资源。非遗文化的传承与开发对提升地方文化软实力、增强民众民族认同与文化自信具有重要意义。随着移动互联网时代的到来,互联网技术引发了多方面的变革。2015 年,政府提出了"互联网 +"的行动计划,"互联网 + 乡村"为乡村振兴战略提供了一种新的实践路径,一些村民开始基于互联网技术进行传统文化资源的传承与创新。在此背景下,关注互联网空间与传统文化资源的融合与互动、研究非物质文化遗产的活态传承具有重要的学术意义和现实意义。

时代的发展对非遗文化的传承与发展提出了新的机遇和挑战,也对人类学工作者提出了新的问题和研究方向。正如费孝通先生所言,"……你们这辈年轻学者,脑筋要灵活,要能跟上这个时代的变化,这是一个很大的变化。你们看东西要看到里面去,不能表面上看东西,不要记录下来就算了,要到后面去,研究事物背后的这个东西,能够抓住它……"① 我们也要密切关注新时代的特征和变化,从而研究非遗文化传承所面临的新问题,并提出解决方案。英国人类学家大卫·帕金认为,传统的村落和社区人口规模较少、地域环境空间有限、文化均质性高。但随着互联网时代的来临,村落的边界逐渐淡化,乡村、社区呈现出强流动性的特征,人类学应该关注互联网时代的乡村流动群体和网络。② 基于此,笔者认为有必要关注乡村非遗文化在现代化进程中面临的新问题,该问题既是当今时代所产生的现实问题,也是人类学一贯热衷研究的文化变迁主题,遂产生了研究非物质文化遗产在移动互联网时代的活态传承问题。

"广西非遗看柳州,柳州非遗看三江",在跟随郝国强老师进行毕业实习的 42 天时间里,笔者对民间流传的这句话有了切身的感受和体会。作为乡村文化旅游

---

① 费孝通:《费孝通文集》(第十五卷),群言出版社,2001,第 1—7 页。
② [英] 大卫·帕金:《身处当代世界的人类学》,北京大学出版社,2017。

的先行者，广西柳州市三江县程阳八寨已经成为广西非遗文化旅游的典型村落。在这里，不仅可以看到乡村旅游给当地经济发展带来的机遇，更欣慰的是看到了当地非遗文化传承人借助文化旅游、互联网技术以及地方政策的支持等，走出了非遗文化活态传承的新做法，而这些是笔者在之前三年的理论学习中所无法看到的。在导师的鼓励下，笔者开始了三江侗族非遗文化的活态传承研究，以非遗传承人和传播者为个案，分析非遗文化借助互联网技术的活态传承，力求丰富和深化非遗文化传承与保护的研究，并形成关于线上非遗的互联网人类学研究文本。

（二）研究综述

目前国内的专家学者对非遗文化的研究主要有以下代表性成果：一是从非物质文化遗产传承这一切入点来研究其保护与发展，包括刘晖、伍娟、陈炜、高小康等的研究。刘晖将体育类的非遗作为研究对象，进行其相关的保护与传承研究，提出做好非遗传承需要加强国民教育、提高公民的文化保护意识；提出保护体育类的非遗是对实现社会发展可持续甚至对实现中华民族的伟大复兴有积极的实践意义。[1] 伍娟则是将民族传统体育类的非遗放置在经济全球化与现代化进程加快这一大的背景环境下阐述，提出了非遗教育具有增强民族认同感的教育价值、审美与艺术教育的价值、历史教育的价值。[2] 陈炜在对三江县内非物质文化遗产资源进行调研的基础上，总结了保护侗族文化遗产的创新思路与有效方式。[3] 高小康认为，令非遗文化成为现今群众文化生活的有机体，是目前保护非物质文化遗产工作的最重要任务，需要让非遗文化在当代文化环境中继续继承、存活、发展下去。[4] 陈又林借鉴日本的经验，提出非物质文化遗产的传承规律主要表现为以人为载体的"代代相传"，政府在文化遗产传承保护、学校课程的设计等方面，

---

[1] 刘晖：《我国非物质文化遗产之传统体育文化的保护与传承》，《体育与科学》2007年第6期，第21—23页。

[2] 伍娟、林志军：《民族传统体育非物质文化遗产保护传承研究》，《沈阳体育学院学报》2011年第5期，第132—134页。

[3] 陈炜、张瑾、梁林溪：《民族地区非物质文化遗产保护与传承策略研究——以广西三江侗族自治县为例》，《桂林师范高等专科学校学报》2008年第1期，第35—39页。

[4] 高小康：《非物质文化遗产——保护与利用的再思考》，《探索与争鸣》2008年第4期，第65—67页。

要增强儿童对文化遗产的保护意识；同时，民众要在各种民俗活动等方面将儿童放在极为重要的位置加以考虑，强调儿童的参与。① 二是在乡村振兴、社会发展等宏观的视野下对非遗传承进行研究，具代表性的研究者有秦红增、郝国强、方李莉等。秦红增指出现代农民通过手机获取生产经营、外出务工等市场信息，充分开展传统文化的产业融合，大幅提高了经济收入，并在此过程中增强了市场意识。② 郝国强以三江侗族绣娘③、厨娘④ 等为研究对象，提出非遗传承群体应该打破自身的信息茧房，提升自身的创新力与文化竞争力，从而促进非遗文化的传承。方李莉通过对景德镇传统手工艺这一个案的分析，讨论在全球化发展背景下非物质文化遗产的传播与传承模式，认为不同国家与不同地区的文化应该进行交融与互动，非遗传承人和传播者也不应该仅局限于当地民众，而是不同地区、国家的人们应该共同传承与传播。⑤

尽管前人的研究成果颇丰，但仍有待深入和拓展的空间。首先，多数是在非物质文化遗产传承与保护方面，进行单一、静态的研究；其次，强调从市场经济的角度出发，在网络时代这一背景下讨论如何使农民利用网络工具参与市场经济从而提高经济收入，而忽略了对非遗文化资源的创新与发展。本文意在研究三江侗族自治县侗族芦笙、侗歌、侗族百家宴几项非物质文化遗产在互联网时代背景下的活态传承，探索新时代非物质文化遗产的网络传播，从而丰富非物质文化遗产传承保护的研究成果。

---

① 陈又林：《从日本经验看非物质文化遗产的活态传承》，《神州民俗（学术版）》2012 年第 3 期，第 11—14 页。

② 秦红增：《对文化复杂性的认知——基于中国西南地方文化抒写讨论》，《思想战线》2014 年第 5 期，第 51—56 页。

③ 郝国强、刘景予：《线上绣娘——乡村非遗文化活态传承研究》，《广西民族大学学报（哲学社会科学版）》2019 年第 4 期，第 12—19 页。

④ 郝国强：《线上"厨娘"的网络实践与文化资本研究》，《云南民族大学学报（哲学社会科学版）》2019 年第 6 期，第 23—29 页。

⑤ 方李莉：《论"非遗"传承与当代社会的多样性发展——以景德镇传统手工艺复兴为例》，《民族艺术》2015 年第 1 期，第 71—83 页。

二、田野点概况

（一）三江侗族自治县及其非遗文化

三江侗族自治县位于广西壮族自治区柳州市，东面接壤广西龙胜各族自治县，南面接壤融安县、融水苗族自治县，西面与贵州的从江、黎平两县毗连，北面与湖南通道侗族自治县接壤。三江县古称怀远，曾是夜郎国的属地。北宋崇宁四年（1105）开始建县，后改为平州，并置怀远县，不少汉族官吏和老百姓陆续迁入怀远，与此地的其他民族共同发展。1914 年，将名字正式确立为三江县。①1949 年 11 月 18 日三江县解放，12 月 18 日成立县人民政府。1952 年成为县级的侗族民众自治区域，1955 年改名为三江侗族自治县并沿用至今。

三江县位于广西北部，受地理位置与交通条件限制，长久以来受外来文化影响较小，加之世代多民族聚居，久而久之形成了众多具有地域特色、民族特征的非遗文化。三江的侗族非遗文化主要包括民间音乐、传统手工技艺、传统戏剧、传统医药、民俗（节庆）、民间美术、民间文学、传统体育、游艺与杂技等八大类别。2011 年，国家级非物质文化遗产名录将侗族刺绣技艺纳入其中，在国家战略层面将桂绣作为非遗文化进行保护、传承与发展。据统计，截至 2018 年底，柳州三江县共有国家级非物质文化遗产 3 项，自治区级的非物质文化遗产 31 项，市级的非物质文化遗产 40 项，县级非物质文化遗产 50 项。②

（二）平岩村及其乡土文化

平岩村位于三江县城的北面，多山地，植物种类丰富，气候类型是亚热带湿润气候，非常适宜植被的生长，山林郁郁葱葱，植被覆盖率非常高。距离三江县城 20 千米，距林溪镇政府所在地 10 千米，更是被称作林溪镇的南大门，内有举世闻名的程阳永济风雨桥。不仅如此，平岩村处在程阳八寨景区的中心地带，被

---

① 三江侗族自治区民族事务委员会编《三江县志》，广西人民出版社，1946，第 3 页。
② 黄昭其：《"创特"战略背景下三江侗族非遗文化旅游发展路径研究》，《新西部》2019 年第 24 期，第 24—25 页。

评为我国首批"中国景观村落"，这里极具特色的侗族传统木楼民居，历史悠久的风雨桥和鼓楼成为世界范围内的一大旅游亮点。全村管辖有平寨、岩寨、马安、平坦4个自然屯，有950户4276人，主要民族成分为侗族。旅游产业经济与对外劳务输出是全村主要收入的来源。①

图 1　平岩村全貌

三、侗族非遗文化活态传承中面临的困境

　　非遗保护有多种形式，有的需要抢救，有的要讲究传承，有的要进入生活，有的要和它周边环境结合起来保护，我们探索、鼓励用不同的方法来保护非遗，最重要的就是"活态"传承。我们所说的"活态"传承，其实就是要让非遗"活"

---

　　① 资料来源：三江县平岩村村委。

起来，从古老的岁月中苏醒，走进现在老百姓的生活，在普通人的生活中找到一方位置，这样才不会被边缘化，这样的传承才会顺其自然、水到渠成。地方性知识最根本的是当地人对事物的想象以及随之的解释与行动。① 因此非遗文化作为地方性知识，也必须随着时代的发展而不断地发展，需要活态地传承下去。有一种观点认为，"我们不能按照今天的价值观和审美标准要求古人、判断历史上的民间文学作品。历史上的民间文学所反映的思想和内容，对于我们认识和研究过去的社会和思想发展、认识古代社会和文化形态，是非常珍贵的资料。"② 对于非遗我们同样应该秉承这样的态度，放在特定的历史背景下，那些非遗具有独特的文化价值，我们不能否定，但是要做到"活态"传承，传承人还必须积极创新，不能让非遗定格在历史里，而是帮助它们创造性转化、创新性发展，不断地去符合现代的价值观和审美标准，不断地跟上时代发展的脚步，从而真正地、永远地"活"下来、传下去。在三江县众多非遗项目中，较为适合采用活态传承这一方式的有侗族芦笙、侗歌以及侗族百家宴这三项非物质文化遗产。在笔者进行田野调查的过程中，发现它们在活态传承的过程中面临以下困境：

（一）文化传承主体的流失

三江县林溪镇平岩村是国家 AAAA 级景区——程阳八寨景区的核心区，旅游产业较为发达，受现代化冲击较大。现代侗族小学生自身的民族意识尚未觉醒，往往会被外来新鲜、有趣的文化所吸引，对民族文化的兴趣也没有被激发，因此很少主动去学习侗歌。这就反映了在当代的农村中，传统文化传承人存在着忽视下一代培养的问题。③ 在笔者所走访的十几个家庭中，只有三个家庭的儿童学习侗歌，原因是其父母原本就是文艺工作从业者或文艺爱好者。在现代没有文艺氛围熏陶的家庭中，绝大多数儿童对自身的侗族文化了解甚少，自然也没有学习兴趣。在这种传统家庭传承渐失的背景下，提高学校教育的举措就显得十分重要了。

① [美]克利福德·吉尔兹：《地方性知识》，王海龙等译，中央编译出版社，2000，第273页。
② 徐洪绕：《浅议民间文学调查》，《淮海工学院学报（人文社会科学版）》2011年第24期，第123—125页。
③ 莫幼政、何厚棚：《中国传统文化传承人保护研究》，《广西师范学院学报（哲学社会科学版）》2019年第2期，第52—57页。

柳州市三江县是广西区内唯一的侗族自治县，留存有大量、珍贵的侗族传统文化。但是在现如今如此快速的现代化进程影响下，原有的文化功能在逐渐失去作用。农村传统文化的传承主体是广大农民，主要通过代际相传的方式进行传承。中青年劳力平时忙于生计，以家庭教育的方式来传承侗歌的家庭变得少之又少。侗族儿童是未来侗族文化的传承主体，一旦"传承链"出现断裂，那么农村的传统文化就岌岌可危了。①

（二）非遗文化代际传承的困境

近些年三江县政府不断加强对民族传统文化保护与传承的力度，明确要求学校开展"民族文化进校园"活动。平岩小学积极响应号召，在学生的课程中加入侗歌、侗族芦笙、多耶课程，增加学生的民族传统文化实践，提升对传统民族文化的学习热情。这项活动在开展好几年后，一些困境逐步显现。

首先，师资力量不足，老师教学压力比较大。目前，平岩小学没有专门担任民族传统文化课程的老师，存在一位老师同时担任多门课程的任课老师的情况。同笔者交流的杨老师说："我们学校有 300 位学生，15 位老师，但是从陈老师退休以后，目前能教民族传统文化课的只有我一个。我一个人要教他们侗语、唱侗歌、吹芦笙。另外，我还要上数学课，我还是五年级其中一个班级的班主任。像现在假期，我每天还要在家长的微信群里上传当天给同学们布置的假期作业。"笔者前去学校调查时正值暑假，学生们自愿到学校里参加英语学习班，为即将到来的小学升初中考试做准备。担任数学教学的杨老师还需要到学校里看看同学，处理一些杂事，可见老师压力之大。平岩小学是一所乡村学校，每年教育局能够给的编制也很少，能有新的老师已经实属不易，虽然学校内的教师普遍对民族文化很熟悉，但能胜任传统民族文化课程教学的老师寥寥无几。平岩村小学内共有 15 名教师，他们均为当地的侗族人。作为当地的文化精英，他们担负着传承与创新民族传统文化的责任，但随着老一辈教师的退休，如今平岩小学内可以胜任侗歌、芦笙等传统民族文化课程的老师仅有一名。由于缺乏兴趣或是吹芦笙的技术

---

① 郝国强、周玮杰：《乡村振兴视野下农村传统文化传承创新研究》，《广西师范学院学报（哲学社会科学版）》2019 年第 4 期，第 78—84 页。

掌握起来比较困难，年轻一代的老师很少愿意主动学习民族传统文化。

其次，部分家长不给予学校相应的配合。在调查过程中笔者发现部分的学生家长对学校的"民族文化进校园"课程存在不理解现象。这部分家长认为学习民族传统文化占用了平时学习语文、数学等考试科目的时间，会对自家孩子考试成绩产生消极影响。布迪厄指出，当习性与生成它的场域相遇，行动就呈现为"信念状态"。"信念"（doxa）是经由社会内化而在行动者心中形成的对社会世界的不容探讨和挑战的社会准则和价值的接纳，它是对"世界是什么模样"的不假思索的信念，并且构成了个人和社会群体未经批判的实际经验。[1]在个体的生命历程中，信念是其看待这个世界的透镜，会影响到他们看见或者看不见什么，以及影响他们的认知。[2]农村家长们虽然重视子女的教育，但他们所拥有的文化资本与使用文化资本的技巧与其他社会阶层的家长截然不同。另一方面，程阳八寨景区旅游业不断发展，开客栈、农家乐，卖工艺品等旅游业发展所衍生出来的新的生计方式令很多家庭积累了丰厚的经济资本，读书已经不是他们实现社会流动的唯一路径。又或者是由于思维观念的限制或幸福延迟能力的不足，一些家长并不计划将经济资本转化为文化资本，投入到子女身上，因此造成父母不理解、不配合学校的工作。

（三）文化旅游开发带来的机遇和挑战

程阳八寨景区是三江侗族自治县内规模最大的旅游景区，距离三江县城仅19千米，闻名遐迩的程阳永济桥就坐落于此。程阳八寨保存着原生态的民族风情，也保留着原始的国家级重点文物。程阳八寨每年接待游客数百万，承接商演大大小小不计其数。在"走出去"与"引进来"的两条路径中，芦笙作为侗族的民族乐器为外界所熟知，也转化成了相应的经济收入。

以芦笙这一项非物质文化遗产举例，吹奏芦笙是侗族地区重要的活动，逢年过节、红白喜事、丰收庆典，种种仪式都需要吹奏芦笙。程阳八寨内节日繁多，每月都会过不同的节日，因此芦笙从未缺席。一月是侗乡的月也节，在节日到来

[1] [法]皮埃尔·布迪厄：《实践感》，蒋梓骅译，译林出版社，2012，第95页。
[2] Wright L. M. and Watson W. L., eds., *Beliefs: The Heart of Healing in Families and Illness*, New York: Basic Books，1996.

之前，制作芦笙就仿佛开战前双方的军事物资储备一般，要先探听到对方用的芦笙。因为每个寨子的喜好不一样，许多师傅就会组织人马去探听其他寨子定的芦笙基调，以便制作的芦笙能够在比赛时压制对方。有趣的是，制作芦笙的师傅通常会组织两堂芦笙，一堂混淆视听，另一堂在正式上场表演的时候拿出来出奇制胜。二月是新娘回门的姑巴感恩节，侗族人在结婚前三年有"不落夫家"的习俗，在怀孕之后才正式住到男方家中去，住过去之后并不会常回娘家，因此每年的农历二月，侗族的已婚妇女都会回到家中孝敬父母。而在统一回寨的当天，芦笙吹奏得越响越热闹，就代表这个寨子嫁出去的女孩子嫁得越好。三月是侗族人的大歌节，在这个唱歌的节日，芦笙将激扬的民族精神融进了侗族大歌这一非物质文化遗产之中，在旅游业快速扩张的今日，也将和侗族木构、侗族农民画等非物质遗产一同成为新的民族符号。

通过发展旅游业，促进了人们对芦笙等非遗文化的关注、推动了当地经济的发展。但同时，也带来了一系列挑战。就目前的非物质文化遗产保护工作来看，存在着保护意识较弱、保护工作碎片化与竞争能力不断衰弱等问题。[1] 更令人担心的是由于景区开发、缺乏创意等，非遗产业的经济开发出现了趋同化的趋势。原有的文化逐渐在现代化开发的包裹下失去原有的味道，这种情景一旦发生，对于当地的文化将是一种极大的伤害。

四、互联网与侗族非遗文化的活态传承

（一）互联网与侗族芦笙的活态传承

2006 年，广西省级的第一批非物质文化遗产名录将侗族芦笙纳入其中。2008年，侗族芦笙入选第二批国家级非物质文化遗产名录。芦笙距今已有约两千年的历史，最初是由簧管乐器演变、发展而来的。《诗经》记载："吹笙鼓簧，吹笙吹笙，鼓簧鼓簧"[2]。芦笙是侗族的典型符号，是侗族文化的象征，在侗族文化中有

---

① 杨军：《少数民族非物质文化遗产保护探究》，《中南民族大学学报（人文社会科学版）》2016年第 1 期，第 64—68 页。

② 王秀梅译注：《诗经》，中华书局，2015，第 15 页。

举足轻重的地位，侗族人民也将它视作日常生活中重要的伙伴。自古以来，芦笙就是侗族人民喜闻乐吹的民间器乐，侗族人民也围绕着芦笙发展出了多种表演形式。吹芦笙时，站、坐、跳都可，芦笙奏出优美的音乐时，人们随歌起舞，音乐声与舞蹈相互交融。侗族人还从世代居住的山区获得芦笙曲的灵感，芦笙可以模仿林中的各种信号和声响。侗族人在吹奏时采用的和弦，可以促进芦笙声音的传播。和弦的配合使得各个高低音芦笙之间此起彼伏，连绵不绝，形成了悠扬、生动仿佛万物齐鸣的艺术效果。多变的和弦也能表现出山泉淅淅、虫语鸟鸣、人欢歌扬的天人合一的情景。芦笙具有侗笛一般清脆的音调、又包含着木叶的婉转甜美，是一种极具音色魅力和艺术表现力的乐器。大部分的芦笙吹奏都是以古音的"徵"和"羽"为主，前者音色明亮，后者则温柔婉转。芦笙作为侗族的传统乐器，是老一辈侗族人民不可缺少的生活调味剂。在政府的推动下，将芦笙这一古老的乐器演奏技艺纳入非物质文化遗产，在一定程度上提高了传承人与芦笙演奏技艺者的热情。但对于芦笙的活态传承与创新传承，除了政府的大力支持，更需要传承人与当地民众的不断努力。静态的单线保护传承不是对芦笙的最优解，在4G 网络技术飞速发展与智能手机普及的时代背景下，芦笙表演的传播面不断扩大，生计方式与地方性文化逐渐融合，芦笙演奏者利用网络平台探索出一条芦笙市场化的新路子，古老的芦笙焕发出新的活力。

个案 1：微信带来的演出机遇

我从小就生活在三江，爷爷和爸爸芦笙吹得很好。从小就听着家里的长辈吹，听着听着我就产生了对芦笙的兴趣。我十几岁的时候就去县城的演艺队学艺了，半辈子都奉献给了芦笙。在演艺队，我们几个年轻人拜芦笙的非遗传承人张老师为师，跟着他巡演。

张老师有很多弟子，但是因为巡演机会不是很多，一直没放弃这个手艺的人很少。我跟着张老师在演艺队积累了很多经验，后来我转业回我们平寨，开始自己组织队伍，寻找演出机会。寨子里日常没有组织芦笙演艺队，以前有演出都要一个一个去家里或者挨个打电话组织。现在我们就在微信上的舞蹈交流群和演绎交流群叫人。除了组织我们自己寨子里的人，跨乡跨县的独侗、八江，甚至是贵州融水人都能联系。有微信以后现在联系都很方便。程阳八寨能接活动以及组织类似演艺活动的人只有我，都是以前在县演艺队全国巡演积攒的人脉。2019 年 6 月初，广东"非遗节"联系我，希望我们过去表演，中间人是演艺队以前的同事，在微信上聊天谈好了价钱我才在这边组织一个芦笙队。去年我接了很多单子，去了贵州、湖南的一些地方。从乐曲的选取到节目的编排都是我策划的。①

图 2　艺人家中的芦笙

微信作为一种网络技术，逐渐将人们的社会生活一体化，它不仅将社会分工细化，帮助演艺人建立演艺网络，也能让这些演艺人摆脱时空的界限通过网络进行在线教育、在线学习和在线交流。拥有这些表演技艺的人散落分布在各个地方，而微信打破了信息的阻隔，也促成了人员高效组织的完成。同样，微信也成为桥接资源的手段。格兰诺威特认为，在社会网中，相同的信息往往指向相同的端口，信息的重复性导致了找工作的人很难实现工作的大幅度跃升。② 而信息的稀缺性

---

① 访谈时间：2019 年 7 月 18 日；访谈对象：YDZ，男，侗族。

② Granovetter M. S.，*The Strength of Weak Ties*，Social networks：Academic Press，1977。

则倾向于使信息在小范围内进行传播转化，在结构缺口位置的人，往往能掌握不同网络的资源。随着市场的不断扩大和深入，人们就更容易通过"弱关系"来实现工作跳跃，"弱关系"能改变的质量也更高。将本地拥有芦笙演艺技能的人与外界对演艺的需求两个端口桥接，在实现资源的重组与整合过程中形成横纵两向的社会动员。

（二）互联网与侗歌的活态传承

侗族大歌，是侗族文化的重要组成部分。2009 年，世界非物质文化遗产保护名录将侗族大歌纳入其中。随着侗族人民生活的发展，侗歌也不断传承、创新，在漫长的历史中，侗歌的内容发生了巨大的变化，现代的侗族叙事大歌与原生传统的侗族大歌已相去甚远，如今想要考证最原始的侗歌文本已经十分困难。侗族大歌是具有浓郁民族风格的传统歌曲，有的长歌可以连唱一整天，因此传统师徒面对面口传心授的传承方式费时费力。而互联网时代可以使用各类网络平台，线上传播与数字化传承方式由此产生。

个案 2：侗歌的互联网传播

我对我们侗族的传统文化非常感兴趣，从小就贴着墙角听邻居家的爷爷唱琵琶歌。后来随着我出嫁和外出打工挣钱，在外地一直都没有办法接触很多我们侗族的东西。2016 年我回到寨子里以后就开始学习唱琵琶歌、侗歌。我们马鞍寨像我一样爱唱琵琶歌的加上我一共有三个人，两女一男。我们在微信上面建立了一个叫作"欢乐斗唱琵琶歌"的微信群，最初只有我们几个人，主要是方便我们每天在上面交流唱歌。这几年随着我慢慢收了一些徒弟，他们每次都到我家里来学也很不方便，我就把他们拉进群里了，我可以在微信上指导他们。群里现在有 30 人，大家都是侗歌、琵琶歌的爱好者，我们每天都在微信群对唱琵琶歌，觉得很有趣。我不仅在自己的"欢乐斗唱琵琶歌"群里唱，还有一个"侗家阿妹开心聊天"微信群，里面有 166 人，都是我们侗家人，大家都用侗话语音聊天。我在里面唱侗歌也不会显得很突兀，而且"侗家阿妹开心聊天"群里人很多，我这样一唱，也吸引了好多人学习唱侗歌、琵琶歌。除了在微信上面唱，我还在"全民 K 歌"这个 APP 上面创建了账号。我的账号叫作"侗家女",隔三岔五就把我的录音传上去,免费给大家听,现在已经有快 3000 名粉丝了。很多人都很喜欢听琵琶歌,一些老人为了每天可以听到琵琶歌还让家里的小孩给他们买智能手机,学着上网来听。现在科技发达了真的很方便,不像以前我们小的时候,想听琵琶歌只能去买磁带和录音机来放,不然就听不了。这两年因为流行在网络上传播,琵琶歌、侗歌又慢慢开始火起来了,听歌和学唱歌的人越来越多。我们这里的歌王吴永勋,他已经去世了,我们很久都没有办法听到他的歌声。他的孙子看到网络上琵琶歌这么火,又把收藏的吴永勋的磁带拿出来翻录,传到"喜马拉雅"APP 上免费播放。现在我们不管什么时候,走到哪里,只要点开手机就可以免费听琵琶歌,真的非常方便。①

图 3　歌娘的即兴侗歌表演

互联网的快速普及应用,使得程阳八寨的本地居民与外界的联通超越了时间和空间的限制。琵琶歌王的影响在科学技术的加持下变得恒久与悠长。九十年代的磁带,不仅帮助了已去世的歌王传播自己的歌声,也为后代留下了宝贵的资源。互联网给侗歌的传播带来了新的手段和契机,"喜马拉雅""抖音""快手"等一

---

① 访谈时间:2019 年 7 月 20 日;访谈对象:TJ,女,侗族。

些网络平台上都能即时上传作品。互联网的方便性、共享性、快捷性，最主要的是易操作性，给普通大众操作"科技黑箱"的机会，无须了解基本的原理知识就能迅速习得并利用。互联网发展成熟的标志在一定程度上是知识付费时代的来临，让拥有小领域知识和技能的人得到相匹配的经济回报。对文化的良性发展而言，跨越少数民族地区传播的界限，向更广泛的大众进行乐器的普及，加强乐曲创作的灵活性和潮流性，才是非遗文化新的保护与传承路径。

（三）互联网与侗族百家宴的活态传承

2008 年，三江侗族百家宴手工制作技艺被选入第二批自治区级非物质文化遗产名录，现今已成为柳州市"十大旅游名片"之一。程阳八寨升级为国家 AAAA 级景区以来，马鞍寨搭上文化旅游的顺风车，百家宴也逐渐成为本地村民的一个经济增长点。如今侗族百家宴可以分为两种：一种是在侗族地区流传了百年的传统式百家宴，另一种是面向游客的百家宴。传统百家宴又分为两种情况：一是寨子内部"搭伙"（聚餐），一般在农历三月八日、五月三日以及九月九日举行，每家每户拿出家中美食；二是附近村寨来"月也"（集体做客），远道而来的客人无须带任何东西，只需要带来文艺交流的表演，宴席则由主寨各家各户准备。

在互联网移动时代的大背景下，马鞍寨百家宴开始基于微信平台进行组织与传播。目前，马鞍寨百家宴整体上的组织与协调是通过微信群完成的。194 户村民中，除去外出打工以及身体不佳原因等无法参与的家庭外，共有 83 名厨娘成了马鞍寨百家宴的制作者。2013 年，马鞍寨第一批年轻的村民开始安装微信，发现了微信带来的便利性，随后便建立了延续至今的厨娘微信群，极大地提高了百家宴的组织与分工协作。

个案 3：实时沟通的厨娘

马鞍寨的百家宴制作团队目前共有 83 位厨娘，其中三位负责人由集体选举产生，任期一年。现在"厨娘"群改名为"马鞍纺纱妈妈"群，因为每位厨娘同时还兼任纺纱表演。厨娘团队的发展经历了很多事情，成员之间不断地磨合，如今稳定在 83 人。之前高峰时候曾经有近 100 人，包括几位侗戏表演和芦笙演奏的男性。只是近几年旅游区在修建地下停车场和南北两个服务区，所以限制了游客进入，百家宴不像以前那么忙碌，再加上我们这里正在建设茶园项目，很多男性忙于修路等工作只能暂时退出，他们的工作改由厨娘担任。所以在百家宴表演的时候，清一色都是女性，包括在侗戏中的女扮男装等。

三位负责人的分工明确，一位负责对接导游，确定旅游团参与百家宴的人数，以及散客的卖票工作。统计好人数之后确定桌数，然后在百家宴之前2个小时通知到群里。不是每一次百家宴都需要83位厨娘共同参与，我们有一个按顺序排列的名单，轮着参与，每位厨娘都是平等的。一位负责文艺队的表演与百家宴的主持工作，同时负责表演队的排练、人员协调等工作。另一位主要负责对上面的衔接工作，比如县旅游局安排的厨娘培训工作以及卫生局的质量检查工作，此外还包括内部质量评估和检查，比如每次百家宴结束，检查哪一桌的饭菜剩得最多，如果连续几次都是这样，则要提醒厨娘加以改进。以上这些协调组织工作大多通过微信来完成，极大地提高了效率，比过去一个个打电话方便多了。除此之外，我们还定期在微信群里开会讨论，定期交流经验，提出问题，讨论解决方案。当然，还有一些小群，比如经常搭伙做饭的临时讨论群，两人负责一桌的时候谁煮糯米饭，谁准备酸鱼等。

可以说，因为有了微信群，使得我们能够及时沟通千头万绪的工作。面向游客的百家宴举办几年来基本上没有发生大的错误，极大满足了游客的用户体验。①

平岩村厨娘微信群是厨娘在制作百家宴的过程中产生的自组织，包括负责人的选举和日常工作的分工协调等。正是基于微信的即时通信功能带来的组织和协调，再加上上级旅游部门的重视和加持，使得程阳八寨包括马鞍寨的百家宴日渐成熟，成为侗族的一张旅游名片。从2012年起，三江县推动旅游服务标准化，参照国家标准制定了包括百家宴服务、油茶服务、民俗节庆服务、农家旅馆服务质量要求与等级划分、旅游景区导览员等5项规范。马鞍寨百家宴也与时俱进，进行了升级改造，比如餐具使用前要清洗消毒，每桌配备公勺公筷，冬天有火锅，每桌最少5个侗族特色菜肴，接待外国游客配备刀叉可乐等。

在马鞍寨，线上厨娘根据乡村社会的"熟人—市场"两个维度组合成一个新

---

① 访谈时间：2019年7月20日；访谈对象：CJ，48岁，女，侗族。

的协作网络：在互联网技术作用下，基于熟人关系和市场经济形成的业缘关系网络，既有人情往来又有利益共享的互助关系网络。不同于传统家族社会的人情网络依靠差序格局的亲疏远近原则来配置稀缺资源，该关系网络通过互联网技术，将平岩村马鞍寨厨娘紧密联系起来，围绕百家宴进行分工协调，在人情网络基础之上叠加了市场经济网络，并在此基础之上共同建构了一个侗族传统文化空间。

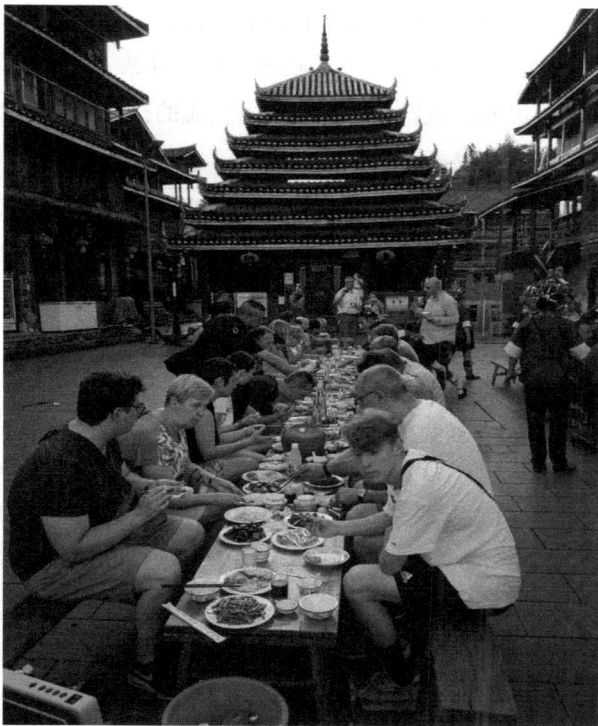

图 4　声名远播的侗族百家宴

五、线上非遗活态传承的启示

（一）增强文化自信

地方群众是文化传承的主体，我们应该将立足点放在当地。芦笙培训班的老师在教授芦笙技艺的同时，也积极寻找各种表演机会，带着学生们走村串寨，参加乡村才艺表演。同时，老师还通过互联网寻找省外线下民族乐器交流的机会，让孩子们拥有与不同民族、不同地区学生学习交流的机会。在此过程中，不仅大大提高了孩子学习芦笙的兴趣，也让家长看到了学习民族乐器的价值。在交流表演这一形式下，无形中实现了民众的自我价值，增强了当地群众对本民族文化的自豪感，实现了文化的乡土认同、提升了文化自信。这无疑是将文化传承的种子埋进了土壤里。

（二）增进传承人交流

由于社会发展的现实情况，大多数有威望的侗族歌手和歌师已经年迈，侗族青年则多外出务工或在校读书，造成了文化主体传承人的断层。除了由政府和企业成立的艺术团、演艺队里受过专业训练的演员之外，实际上，现今已经很少有青年参与侗歌的表演活动。另外，传统的拜师学艺受空间和时间的各种限制，特别是像侗歌这类依靠口口相传方式传承的传统文化面临现代化各方面的冲击。因此，利用现代互联网来推动传统文化的"创新型发展"成为一个不可或缺的部分。诸如"微信""QQ""微博"等即时通信软件，以及各个社交平台的迅速发展也为传统文化的传承与发展带来了崭新的机遇，让更多非专业的侗歌爱好者也能不受地域约束学习。

微信作为一种网络技术，逐渐将人们的社会生活一体化，它不仅可以高效组织分工协作，帮助传承人建立自己的网络，还能让年轻人摆脱时空的限制，通过在线教育的方式低成本地学习刺绣技艺。[①] 政府带动了侗歌非遗传承人的热情，

[①] 郝国强、刘景予：《线上绣娘——乡村非遗文化活态传承研究》，《广西民族大学学报（哲学社会科学版）》2019 年第 4 期，第 113—119 页。

而通过微信这类网络平台，学员可以自由地学习传统技艺，也加深了师生、侗歌爱好者之间的联系，使传统文化的传承方式实现了创新发展，从而唤醒更多人的非遗文化传承意识，无形中提升了侗歌的影响力。互联网传播的优势同时也让职业传统文化培训者拥有稳定的生源数量，保证了他们的生计，形成了保护传统文化的良性循环。

乡村人口的流动、市场经济的发展、文化旅游的开发以及互联网技术的普及等因素带来了乡村社会关系网络、经济结构、文化形态的变革。乡村社会关系从高度重合的单一的亲缘互助关系网络转变为多重互助关系并存的复杂网络，经济结构从单一的农业模式转变为多产业融合、三大产业共同发展的格局，资源配置从计划转向市场经济主导，文化形态从传统文化衰落向文化"复振"①转变。

（三）实现文化资本转化

2001 年联合国教科文组织首批公布的"人类口头和非物质遗产代表作"名录中，非物质文化遗产被纳入"文化资源"保护范畴。在文化创意产业兴起后，"文化资源"进一步泛化为一切可以转化为文化产业资源的相关要素。同时，随着知识经济逐步兴起，"文化资源"也被等同于"文化资本"，在社会网络分析中广泛运用。百家宴作为广西壮族自治区非遗项目，是马鞍寨线上厨娘所掌握的传统文化资源。然而，并非所有乡村的传统文化资源都能够提炼为文化资本并最终实现向经济资本的转化，那么是什么条件和因素让马鞍寨线上厨娘能够脱颖而出，一步步通过网络实践来实现向经济资本转化和社会资本提升的？

布迪厄将资本分为经济资本 (economic capital)、社会资本 (social capital)、文化资本 (cultural capital) 三种类型，并且认为三者之间可以实现转化；他还将文化资本细分为"身体化的文化资本""客体化的文化资本"和"体制化的文化资本"三种。② 在没有进入市场成为商品交换之前，百家宴只是作为资源存在于侗族的节日习俗之中，并不能成为文化资本而表现出来。正如戴维·思罗斯比所言："文化资本是以财富的形式具体表现出来的文化价值的积累。这种积累紧接着可能会

① 秦红增：《对文化复杂性的认知——基于中国西南地方文化抒写讨论》，《思想战线》2014 年第 5 期，第 51—56 页。

② [法] 皮埃尔·布迪厄：《文化资本与社会炼金术》，包亚明译，上海人民出版社，1997。

引起物品和服务的不断流动。与此同时，形成了本身具有文化价值和经济价值的商品。"① 在文化旅游的带动下，百家宴成为特色旅游产品和服务提供给游客之日起，它便成了文化资本。非物质文化遗产是最能体现文化差异的文化资本，作为自治区级非物质文化遗产的百家宴在侗族地区已有数百年的历史，它蕴含着侗族独特的饮食文化："侗不离酸""鱼生""油茶"和"糯米饭"等。

作为自治区级非遗的百家宴成了厨娘们的文化资本，并且通过文旅产品转化为了经济资本，而这又驱动马鞍寨的村民开始主动学习和传承侗族文化，从而吸引更多的村民计划加入厨娘的队伍。这一良性循环的核心在于侗族传统文化能否成为可以转化为经济资本的文化资本。三江县各镇也根据自身传统文化资源的不同，开发出不同的文化资本，例如独峒镇平流村的斗牛文化、冠洞镇和林溪镇的百家宴、同乐乡的侗族刺绣等。

六、结语

乡村振兴战略提出了乡村发展的崭新道路，为新时代乡村建设指明了方向。农村传统文化资源是乡村振兴的重要内容，实现乡村文化振兴必须以农村传统文化资源传承创新为基础。非遗文化作为乡村传统文化中的典型，在互联网时代面临着活态传承的现实问题。以往的人类学研究主要集中于对地方特色文化遗产的挖掘，聚焦于该文化形成的历史情境，并在该情境中得到确认和辩护体系，关注地方传统文化的真实性保护。近年来的人类学对非遗文化的研究有一个重要的转向，即以非遗文化的传承主体为中心，关注村民如何在乡村振兴的背景下，充分利用互联网技术、乡村文化旅游以及市场经济的发展，进行非遗文化的活态传承与创新。

透过对三江侗族非遗文化的活态传承的调查研究，特别是非遗传承人利用互联网技术的网络实践，笔者总结出当地非遗文化活态传承的几点启示：首先，要吸引年轻一代目光、将他们拉回到传统文化中，以实现非遗文化的代际传承。其

---

① ［澳］戴维·思罗斯比：《什么是文化资本？》，潘飞译，《马克思主义与现实》2004 年第 1 期，第 50—55 页。

次，通过网络平台创新传承方式，实现非遗的活态传承。受到互联网技术普及、旅游业开发、外来文化冲击与融合、农村人口的向外流动等因素的影响，传统的非遗文化传播与传承方式发生了改变。因此，传统文化的传播从口口相传变成了音频、视频等多方式传播。传承方式也由面对面的口传心授发展为使用聊天工具、图文直播等线上学习方式。最后，借助市场经济，创新传承。市场经济与旅游发展为非物质文化遗产的特定群体带来挑战的同时，也带来了机遇。新的传播路径与传承方式使传统非物质文化资源向文化资本转化，更在一定程度上增强了民族认同与文化自信，进一步促进了非物质文化遗产的活态传承。